# 大学全入時代における進路意識と進路形成
――なぜ四年制大学に進学しないのか――

長谷川 誠 著

佛教大学研究叢書

ミネルヴァ書房

大学全入時代における進路意識と進路形成
——なぜ四年制大学に進学しないのか——

目　　次

序　章　「大学全入」が高校生の進路選択行動にもたらした
　　　　ものとは何か ……………………………………………………… 1
　　　1　高校生の進路選択行動を取り巻く諸問題　1
　　　2　本書内でみる研究の目的と方法　15
　　　3　本書の構成と要旨　17

第 1 章　現代社会における高校生の進路問題 ……………………… 31
　　第 1 節　「リスク」が高まる現代社会 ………………………………… 31
　　　　　1　リスク社会の到来　31
　　　　　2　リスクの個人化と二極化　33
　　第 2 節　教育をめぐる格差問題と大学進学費用の負担問題 ……………… 38
　　　　　1　教育格差問題の台頭　38
　　　　　2　大学進学機会の不平等問題　45
　　第 3 節　大学進学費用の負担問題と奨学金政策の動向 ………………… 50
　　　　　1　諸外国の大学進学環境との比較──OECD データを基に　50
　　　　　2　日本における奨学金政策への期待と実態　56
　　第 4 節　学歴取得に対する価値観の多様化 …………………………… 64

第 2 章　大学大衆化と高校生の進路選択行動の変化 ……………… 81
　　第 1 節　大学の大衆化をもたらした戦後日本の私立大学政策 ………… 81
　　　　　1　大学の大衆化と私立大学の量的拡大　82
　　　　　2　高等教育政策の計画的時代への移行　87
　　　　　3　地方における私立大学立地の推進　90
　　　　　4　大学の自由化　93
　　第 2 節　私立大学を取り巻く環境の変化 ……………………………… 95
　　　　　1　私立大学入試環境の二極化　95
　　　　　2　私立大学入試における推薦入試・AO 入試の拡大　97

第3節　高校生の進路動向 …………………………………………… 102
　　　　1　大学（学部）進学率と就職率の動向　102
　　　　2　性別による進路状況　106
　　　　3　学科別の進路状況　109
　　第4節　私立大学の現状と高校生の進路行動からみえてくる課題 …… 113

第3章　大学全入時代における大卒就職問題 …………………… 125
　　第1節　大卒就職環境における就職格差問題 ……………………… 125
　　　　1　大卒就職環境の変化と就職機会の二極化　125
　　　　2　大卒就職における「学校歴」の影響　131
　　　　3　大学全入時代において大卒就職格差が意味するものは何か　138
　　第2節　非選抜型大学における就職未決定者の実態 ……………… 142
　　　　1　入学理由に関するアンケート調査　143
　　　　2　就職未決定者へのインタビュー調査　147
　　　　3　非選抜型大学生の就職意識の特徴　154
　　第3節　大卒就職問題の背景にあるもの …………………………… 155

第4章　進路多様校生徒の進路意識に関する実証分析 ……… 163
　　第1節　非大学進学者への接近 ……………………………………… 163
　　　　1　学科別調査　163
　　　　2　志望進路別調査　169
　　　　3　非大学進学者の進路選択行動の特徴　174
　　第2節　短期大学・専門学校進学志望者の進路意識に関する調査 …… 175
　　　　1　アンケート調査　176
　　　　2　インタビュー調査　179
　　　　3　短期大学・専門学校進学志望者の進路選択行動の特徴　182
　　第3節　大学・専門学校進学志望者の進路意識に関する調査 ……… 184

　　　　1　志望進路別の全体結果　184
　　　　2　大学進学志望者への調査　186
　　　　3　専門学校進学志望者への調査　193
　　　　4　教員に対するインタビュー調査　204
　　　　5　保護者に対するインタビュー調査　206
　　　　6　大学・専門学校進学志望者の進路選択行動の特徴　208
　　第4節　高卒就職志望者の進路意識に関する調査 …………………… 211
　　　　1　アンケート調査　212
　　　　2　インタビュー調査　215
　　　　3　高卒就職志望者の進路選択行動の特徴　220
　　第5節　進路多様校生徒の進路選択行動が意味するもの ………… 222
　　　　1　進路多様校生徒の進路選択行動の特徴　223
　　　　2　「大学全入」によって強化される大学進学「回避」のベクトル　229

# 第5章　進路多様校生徒の大学進学回避行動が示唆するもの
　　………………………………………………………………………………… 241
　　第1節　リスクの高まりと大学進学圧力の弛緩 …………………… 241
　　　　1　「大学全入」がもたらす能力に対する意識の差異　241
　　　　2　「（積極的に）大学に進学しない者」の台頭　244
　　第2節　進路選択に潜むリスクとその対応策 ……………………… 246
　　　　1　高まり続ける能力不安　246
　　　　2　資格取得に傾斜するリスク　250
　　　　3　「キャリア・リスク」への対応　253
　　第3節　加速する進路選択の多様化 ………………………………… 256
　　　　1　大学進学意義に対する喪失感の高まり　256
　　　　2　学歴獲得競争からの撤退　258
　　　　3　「学歴再生産論」の限界　261

目　次

## 第 6 章　大学全入時代の行方 …………………………………… 271
　　　　　──新たな公共の担い手としての大学教育──
　　　　　1　大学教育の必要性をあらためて問う　272
　　　　　2　大学の機能分化を再考する　274
　　　　　3　新たな公共としての大学教育──地方私立大学の役割　277

## 終　章　高校生の進路問題を捉える現代的視座 ………………… 285
　　　　　──格差問題を超えて──
　　　　　1　各章の整理とまとめ　285
　　　　　2　「リスク」の観点からみえてくる新たな射程　288
　　　　　3　本書内で扱った研究の限界と課題　292

参考文献　295
初出一覧　307
参考資料──アンケート用紙　309
あとがき　313
索　引　317

# 序　章
# 「大学全入」が高校生の進路選択行動にもたらしたものとは何か

## 1　高校生の進路選択行動を取り巻く諸問題

（1）「大学全入」が高校生の進路選択に与えたインパクト

　大学全入時代といわれて久しい。日本社会は1990年代中頃に18歳人口の急激な減少期を迎え，大学入試を取り巻く環境も大きな影響をうけることとなった。そして，2000年代中頃を過ぎると，大学の入学定員が受験人口を上回ることになり，大学受験環境において大学優位の状態から，受験者優位の状態となったことで，えり好みをしなければ，誰もが大学進学が可能となる大学全入時代が到来したのである。この間の大学（学部）進学率(1)（以下，大学進学率）の動向をみると，1994年に30％を超えた大学進学率は2002年には40％を超え，2009年には50％を超えるまで上昇し続けたのである。

　この「大学全入」をめぐる議論の発端は，1997年の文部省（当時）「21世紀を展望した我が国の教育の在り方について（中央教育審議会第二次答申）」にある。この答申のなかで文部省は「大学入学者選抜をめぐる競争については，少子化に伴い，大学全体の収容力の観点からは，総じて緩和される」と指摘し，「収容力（入学者数を全志願者数で除したもの）は平成21（2009）年に100％に達し，理論上，大学進学を希望する者はいずれかの大学に必ず入学できるようになると見込まれる」と述べている(2)。しかし，実際には，18歳人口が急減するなか，2007年の答申において「大学・短期大学の収容力は平成19（2007）年には100％に達するものと予測される」と，従前の試算よりも2年前倒しをすることとなったのである(3)。このように大学全入の現象が急速に加速する一方で，日本私立学校振興・共済事業団「平成19（2007）年度私立大学・短期大学等入学志願動

向」によると，2007年度の私立大学入試において大学数559校のうち221校，全体の約40％の大学が定員割れの状況になったとしている(4)。つまり，「大学全入」はあくまで理論上，大学進学希望者を収容できる大学数があることを示したもので，必ずしもすべての大学の入学定員が充足する意味を表したものではないのである。

　それではなぜ，定員割れを起こす大学が多いにもかかわらず，依然として大学に進学しない者が多いのであろうか。この点について矢野眞和（2008）は，経済的事由によって進学をあきらめている層の存在を強調し，「大学全入の時代」ということで，誰でも大学に進学できるようになったと錯覚してはいけないと，大学全入時代という言葉が「機会の不平等」を隠蔽することを指摘する(5)。つまり，大学進学の機会が広がったとしても，経済的事由によって大学に進学できない者が多くいるかぎり，大学側にどれだけ収容力があったとしても，現実的にはすべての者が大学に進学できるとはかぎらないということである。また，政府が2009年の教育再生懇談会「大学全入時代の教育の在り方について」において，大学の適正規模，大学教育の質の担保に対する方策について言及しているほか，学生への給付型の経済支援方策の拡充の検討といった，経済的事由に対する対応が大学全入時代の論点になると指摘しているように(6)，大学全入時代が到来したことにより，大学進学に関する費用の問題に関心が高まると，高校生の進路選択に本人の経済力（主に家庭の経済力）が影響する見方が強まることとなったのである。

　ところで，これまでの日本社会においては，できるだけ高い学歴を取得することによって，社会的に地位の高い職業に就き，それに見合った収入を得ることができるとされてきた。企業側も，より高度な技術や知識を必要としたため，大学新卒者を採用し幹部候補生として期待したのである。そして，こうした考えと高度経済成長という社会背景のなかで急速に大学教育需要も高まったのである。この点について潮木守一（1979）は，「このような進学要求の高まりをもたらした要因として，日本の社会システムが二十歳代前半までの時期に，激烈な競争メカニズムを作り，その競争の勝敗をもとにその後の人生コースに各個

人を振り分けるという特異な社会システムを作りあげ，それに依存してきた結果である」と指摘している(7)。また，竹内洋（1981）は，大企業の大卒入社数の推移から，「経済の高度成長は，大学とくに私立大の高度成長期でもあり，その結果この時期に，私立大を中心に非特定銘柄大出身が以前よりも多く入社した」と指摘している(8)。つまり，大企業への就職を実現するためには，たとえ有名大学ではなくても，大学へ進学すること自体が必要条件であったのである。そして，近藤博之（2002）は「終身雇用や年功制の定着とともに，組織の中には学歴ごとの標準的な賃金体系や昇進体系が整備され，学歴主義と呼べる傾向が社会全体の中に広まり，こうして個人の教育経験は労働市場を通じて成人期の社会的地位と密接に関わるようになり，ますます多くの人が望ましい地位を獲得するための条件として上級学校への進学を求めるようになっていった。教育をめぐるこのような動きは一般に近代社会に共通のメリトクラシーの発達として理解される」と指摘している(9)。

　メリトクラシーとは，イギリスの社会学者マイケル・ヤング（Young, M.）が1958年に造り出した言葉である(10)。また，竹内洋（1995）は，メリトクラシーについて「メリトクラシー（meritocracy）とは，貴族による支配（aristocracy）や富豪による支配（plutocracy）になぞらえてメリット，つまり能力ある人々による統治と支配が確立する社会のことをいう」と述べており(11)，メリトクラティックな社会とは，階級や血縁によって身分や地位が決定するのではなく，個人がもつ能力や努力によって社会的地位が決まることを意味すると考えてよい(12)。

　これまでの日本社会では，このようなメリトクラティックな社会を形成するためには，誰もが等しく教育を受けることができる社会において，大学入試をはじめとする一元的な競争システムのなかで勝ち抜くことによって学歴を獲得し，社会的地位の高い職業に就くことを目指してきた。この点について竹内（1995）は「学歴は人々の『まなざし』のなかで『プライド』や『貴種』として作用しており，有名大学を卒業していることは，人々の『まなざし』のなかで『人間としての基本的価値が高い』ことや『社会的毛なみの良いこと』，『貴種』であることを意味する」と指摘し，これを「学歴の象徴的価値」と呼んだ(13)。ま

た，苅谷剛彦（1995）は，高度に発達した大衆教育社会の特徴のひとつに「メリトクラシーの大衆化」を指摘する。苅谷は，メリトクラシーの大衆化は，教育の大衆的な規模の拡大が重要な条件であったとし，さらに「メリトクラシーの大衆化した状況は，メリトクラシーが大衆にまで広がったという量的な側面だけを意味しない。業績による選抜のしかたそのものが『大衆化』するという，『質的』な面もまた重要である」と述べている。つまり，戦後日本においては大学に進学し学歴を取得することの価値が重要視され，メリトクラティックな社会の進展は，大学大衆化の流れを強めることとなったのである。

そして，佐藤俊樹（2000）は，こうした日本型学歴社会について「高い学歴をもつ人間は実績主義にかたむく。自分の地位を実力によるとみなせる。親の学歴や職業といった資産が，選抜システムのなかで『洗浄』されているようなものだ。本人の努力という形をとった学歴の回路をくぐることで，得た地位が自分の力によるものになる。だからこそ，自分の地位を実績主義で正当化できたり，努力主義を『負け犬の遠吠え』とみなせたりする。そういう魔力こそが，『学歴社会』の学歴社会たるゆえんなのだ」と述べ，戦後日本社会において根づいた実績主義，能力主義，エリート支配主義といったメリトクラティックな社会を支えた，日本の選抜社会を鋭く指摘している。つまり，このような社会的な価値基準が，日本では根強く支持されてきたのである。

こうした学歴取得に対する社会的価値観が高まることを背景に，大学進学需要も高まっていくこととなるが，大学全入時代の到来は，このような動きを一層強めることとなった。その大きな要因が大学入試の軽量化である。先述のとおり，高度経済成長期によって高まった大学教育需要は，家計所得の増加を後押しにさらに強まった。そして，詳細は後述に譲るが，1990年代初頭に迎える18歳人口のピークを見据えて全国各地に大学を開設させることとなり，また，これに呼応するかのように強調された，大学進学を前提とした高校生に対する進路指導の強化と大学受験圧力は，偏差値重視，学力偏重といった社会的問題をクローズアップさせることとなり，大学入試において学力に偏らない多様な能力を評価対象とする推薦入試，AO入試制度が浸透することとなった。しか

し，1990年後半以降の18歳人口の急減は，すぐさま大学教育の供給過多を招くこととなり，学生募集活動に苦しむ私立大学を中心に入学定員を確保するための入試の軽量化が進んだのである。これにより，大学教育に耐える学力水準に満たない多くの学生が大学進学にシフトすることとなった。[17]

　このように「大学全入」は，高校生の進路選択の幅を広げながら，大学進学に関わる費用の問題や，大学入試の在り方，学生の質の変化など多くの課題を表面化させることとなったのである。

（2）近年の大学進学率の停滞要因に対する見方

　日本の大学進学率は30％を超えた1990年代以降，上昇傾向が続いてきた。このような大学進学率の上昇は，1990年代後半以降，日本が長期の経済不況に突入したことにより高卒者の就職環境が悪化したことや[18]，詳細は第2章に譲るが，大学入試の緩和策，とりわけ推薦入試の拡大等によって，多くの高校生が大学進学にシフトしたことも要因のひとつにあるといえる。しかし，近年の高校生の進路状況をみると，大学進学率が停滞しているなか，一方，就職率や専門学校への進学率は微増傾向にある。[19]大学進学率の動向をみても，2011年の51％をピークに2012年は50.8％，2013年は49.9％と50％を下回ることとなったが，2014年3月に高校を卒業した生徒の大学進学率は51.5％に上昇することとなり，依然として，50％付近で停滞をしている。また，実際の大学進学者数をみると，2013年の約61万4000人から2014年は60万8000人と減少している。これは，18歳人口が，2013年の123万人から2014年は118万人と大幅減少していることから，進学者数は減少しているものの，進学率は上昇するといった状況が生じているのである。このように，大学進学率は，50％付近で停滞しているものの，実際の進学者数は減少している点は留意しなくてはならない。

　このような大学進学者数の増加を阻害する要因については，とりわけ大学進学費用の捻出が困難な家庭が多いことや奨学金制度が不十分なことにより，大学進学をあきらめる生徒が多いことが指摘されている。例えば，東京大学経営・政策研究センター（2007）の調査によると，両親の年収が400万円以下の場合，4年制大学への進学は33.9％であるが，年収が上がるにつれて進学率も高

くなり，1000万円超では60.7％となっている[20]。短期大学への進学率は年収によって大きな違いはみられなかったが，専門学校への進学率や就職率[21]をみると，年収が低ければ低いほど，数値は高くなっており，これをみても，大学進学を可能にするためには，一定の経済力が必要になることがみてとれる。矢野眞和・濱中淳子(2006)は「現在の大学進学需要が停滞し安定しているのは，実質所得の減少，実質授業料の上昇，および失業率の高止まりによる帰結である」と述べ[22]，小林雅之(2008)は，「これまで日本においては，多くの親が子どもの進学に対する根強い期待を持ち，家計をやり繰りして無理をしてでも学費を捻出するという親の教育費負担観がきわめて強かったことが，大学進学率の上昇を支えてきた」と指摘している[23]。さらに現代における大学進学費用の負担問題について小林(2009)は，教育費負担の重い「無理する家計」が少なからず存在し，こうした家計では，奨学金がなければ，大学進学そのものが困難になると述べている。そして奨学金が受給できずに進学を断念する場合を想定したシミュレーションでは，所得階層別格差が拡大すること，とくに低所得層で奨学金が受給できないで進学を断念する者が増加することによって，格差が拡大することが示され，教育機会の格差を是正するためには，こうした「無理する家計」に対する奨学金政策が重要であると主張する[24]。

また，濱中淳子(2007)は，専修学校への進学行動に注目し，専修学校への進学率が上昇した理由として，専修学校への進学が就職を有利にするという可能性は指摘しながらも，「所得が伸び悩み，私立大学の授業料が上がると，専修学校の進学率は上昇することになる。また，男子の場合は，大学に合格しやすくなると，専修学校への進学を選択しなくなる傾向がある」こと，換言すると，「家庭の経済事情や進学事情が許せば，高卒者は，専修学校への進学を選択しなくなる」と述べ，専門学校進学率の上昇は，「大学進学に替わる二次的な選択の帰結」と指摘している[25]。

しかし，一方で，橘木俊詔・八木匡(2009)の研究では，格差社会が教育を通じて再生産されるという主張に対して「生徒の高度な職業に就きたいといった自己達成動機や教育アスピレーションがあれば，必ずしも支持されない可能

性がある」と述べ，学歴形成に与える家庭環境の効果は複雑で，経済的要因を通じた影響が予想以上に小さかったことが明らかになっている[26]。また，山内乾史（2012）は，大学全入について，誰でも大学に志願すれば入学できるという仮説を「無条件全入仮説」とし，これに対して経済的事由によって進学不可能になっている層の広がっていることを「条件付全入仮説」と呼び，高等教育進学の決定要因を分析した結果，経済的要因のみが決定的な要因ではないこと，そして高校時代の成績よりも在学していた高校ランクが重要であること，すなわち「高等教育機関への就学の有無に決定的な大きな影響を及ぼすのは，高校の同級生の進学率」であることを明らかにし，「無条件全入仮説」のみならず「条件付全入仮説」も肯定できないと結論づけた[27]。この橘木や山内の指摘は非常に興味深い。なぜならば，現代社会において大学進学者数を阻害する要因や進学率の停滞要因が家庭の経済環境の格差の拡大であり，このような格差を是正するためには奨学金制度の拡充が必要であるといった主張に疑問を呈することになるからである。

　また，植上一希（2009）は，専門学校へ進学する者が，学力や経済環境などの自らがもつ資源と向き合い，それらを用いながらキャリア形成要素を抱いて，キャリア形成ルートを選択し，そのなかで学び，働いていくという，そのプロセスに主体的な要素が多くみられることを指摘している[28]。安田雪（2003）は，高校在学中の志望進路の決定には，個人の学力など本人の努力だけでなく，家庭の経済状況や好不況の波など本人には責任のない要因が大きく規定されるとしながら，就職志望者は積極的に就職していく者と，進学できないという消極的な理由で就職していく者にわけられるとし，調査の結果「理由は消極的であっても，就職せざるを得ない以上，働くことに意義を見出し誇りをもって就職していこうとする多くの生徒がいた」と述べている[29]。そして，松永一臣（2006）は，4年制大学と短期大学の両方を進学先として検討した結果，最終的に短期大学に進学した理由として，希望した4年制大学に進学できなかったことが多いことや，4年制大学より早く社会に出られることをあげた者が一定数いることを指摘し，経済的な理由から短期大学に進学した者はこれらに比べると少な

いことを明らかにしている(30)。さらに，大学入学の門戸が広がり(31)，学力への不安が結果的に緩和されている現状や，最近では大学独自の奨学金制度が整備されているとの報告もなされる(32)など，受験生の経済不安を解消するために大学側も積極的な経済支援に取り組んでいる。

　これらをみれば，大学進学者数の増加や，進学率が上昇する余地があるにもかかわらず，大学進学者数の減少，進学率が停滞傾向にあるのは，経済的事由のほかに，大学進学を志望しない強い理由が存在することが考えられる。また，先ほどの濱中の指摘を支持するならば，大学ほどではないにせよ，一定の進学費用が必要となる短期大学や専門学校に進学する生徒に対して，さらなる経済支援をすることによって，かれらは大学進学へシフトすることになるが，この点についてもいささか疑義が残る。

　近年では，大学進学率の伸びが50％程度で止まっている要因について吉川徹（2006）は，階層的出自の直接効果として一般に重視されている，高等教育進学機会に経済的な格差が現れつつあるといった，これまでの研究について，「日本の学歴社会を長く牽引してきた，学歴についての社会意識のあり方に反する動きである」とし，日本社会の高学歴化が親の向学心，大衆的なメリトクラシーへの信頼によって成立してきたとみることが有力な考え方であるとすると指摘したうえで，「子どもに十分な学力があり，進学を希望しているにもかかわらず，親の家計の都合で大学進学を断念させるということが，こんにちの学歴社会の主要なメカニズムのひとつとして成り立っているというのは，どうも現実味に欠ける」と述べている(33)。また，株式会社ニッセイ基礎研究所の米澤慶一（2013）は，「近年日本における大学進学率の減少傾向は，不況による家計部門の教育支出の減少や，職人文化等の様々な要素の複合的所産ではないかと思われます。これらをさらに踏み込んで見ると，『教育』というサービス，『学位』という商品を購入する消費者において，対費用効果の面から教育機会を戦略的に選別している」ことや(34)，OECDデータから，各国における大学進学率は単純に経済的豊かさに連動するものではないことを指摘し，さらに「確かに家計の教育支出減少により進学を断念するなど，大学への進学には経済的な要素が付

いてまわりますが，むしろ大学進学率の増減にとって決定的な要素は，各国の文化や歴史等の長期的・複合的な条件ではないか」と述べている(35)。

　このように，大学進学者数や進学率の動向については，経済的要因が大きく影響しているとの指摘が定説化していることを理解しつつも，一方で，大学進学者数や進学率の増加や上昇を阻むことには，様々な要因が複雑に絡み合っていることがみてとれるのである。

　（3）若年層の雇用環境の変化

　さて，日本の経済，政治の動向をみると，1990年代後半以降，日本社会はバブル経済の崩壊によって，経済，政治，教育など，あらゆる面において変革が求められるようになった。経済面では1980年代後半から90年代前半にかけての好景気をピークに，90年代中頃から長期にわたる不況に突入した。そして政治は構造改革として「小さな政府」と「規制緩和」の大号令のもと，市場の競争原理を正当化したのである。これにより雇用が流動化され正規雇用から非正規雇用へシフトする動きが加速し，その結果，大企業の利益増加がもたらされたとの見方も強まった。しかし，2008年9月のリーマンブラザーズの破綻に端を発した世界金融危機により日本経済も大きな影響を受け，未だ厳しい情勢が続いている。そして，このような不安定な経済状況にあるなかで，2013年に内閣府がおこなった「社会意識に関する世論調査」をみると(36)，社会全体の満足度について53.4％の者が満足している（「満足している5.8％」「やや満足している47.6％」の合計）と答えたが，社会に満足していない点については，第1位が「経済的なゆとりと見通しが持てる」に対して満足していない者が41.7％（前年比マイナス3.5ポイント）に続いて，第2位が「若者が社会での自立を目指しやすい」に対して満足していない者が40.0％（前年比プラス0.4ポイント）となり，依然として経済的な見通しや若者の自立に向けた社会づくりに対する不満が高い結果となっている。さらに内閣府の「国民生活に関する世論調査」によると(37)，日常生活での悩みや不安を感じている人の割合が，1991年の46.8％を底に，毎年上昇を続け2013年には66.1％となった。このように，現代社会は経済的に厳しく，若者の自立がしづらい社会環境にあると認識しつつ，日常生活に不安を

抱く者が多い社会であるとの見方ができる。

　こうしたなか，若者の無業者の増加が大きな社会問題となっている。厚生労働省（2011）によると，2010年の長期失業者の年齢構成において，25歳から34歳が26.2％と最も多い年齢層となり，次いで55歳以上が24.6％，35歳から44歳が22.1％であることが明らかとなっている[38]。このような状況は，2002年以降続いており，厳しい若者の雇用状況が常態化していることをうかがわせる。この間，厚生労働省の「フリーター25万人常用雇用化プラン」の推進や，企業側の団塊世代の大量退職への対策として，新規学卒者の採用環境が改善されたこともあり，24歳以下の若者の失業率は，2003年をピークに減少に転じ，フリーターの数についても2004年から３年連続で減少するなど一時的ではあるが回復に転じたのである。

　しかし，若年層のうち25歳から34歳だけをみると，減少幅は小さく厳しい状況にあるのは変わらない。また，若年層のうち30歳から35歳の世代は，1990年代中頃が学卒時期にあたり，日本経済が一気に低迷期に突入し，企業が人件費を抑制するためにリストラや新規採用を抑えたことで，やむなく非正規雇用者となっていることも特徴のひとつであり，新規学卒採用の文化が強い日本において大きな就職機会を失った多く者が，正規雇用者になるにはきわめて困難な状況となっている。実際に，この年齢層が大学卒業時期となった2000年から2005年前後の大卒就職環境は大変厳しいものであった。文部科学省によると，2000年３月に大学卒業者のうち「進学も就職もしない者」「一時的な仕事に就いた者」の割合は26.7％となり，４人に１人は不安定なまま卒業をした者となった[39]。その後，2003年には近年では最も高い27.1％となり，2005年の21.3％まで20％以上を示していた。2012年３月の卒業者からは，「就職者」のうち「正規の職員等でない者」と非正規雇用を表す項目が新たに追加され，「一時的な仕事に就いた者」及び「進学も就職もしていない者」を合わせると，卒業者のうち，安定的な雇用に就いていない者の占める割合が22.9％となった。2014年現在では，18.6％と改善され，若干，大卒就職率の回復や，雇用全体の環境が好転している動きはみられるが[40]，安定した正社員として職に就けるかについては，

未だ不透明な状況が続き、また、不本意就職を避けるための留年者が増加していることをみると、大卒就職環境が安定化したとは言い難いのが実情である。このような状況は、これまでのような大学に進学することが、安定した職業に就くための条件であるという考えが成立しなくなっていることをうかがわせるものである。

このように、1990年代後半以降、「終身雇用」「年功序列」といった伝統的な日本型雇用慣行が崩れ、若者の非正規雇用という新たな問題が生じたことや、大学や大学院を卒業した者が就職できないことが社会問題となるなど、若年層の雇用不安に対する関心が高まりはじめる。児美川孝一郎（2007）は、1980年代までは「学力競争で良好なパフォーマンスを発揮することが、労働市場や企業社会においても優位なポジションを約束する」といった「独特の『接続関係』があった」ことを指摘しながら、しかしながら、「1990年代以降における『日本型雇用慣行』の再編と『新規学卒就職』の縮小・解体は、こうした『接続関係』をなし崩し的に壊していった」と論じている。さらに児美川は、このような状況が生じた結果、「子どもたちが直面することになったのは、かつてとは様変わりした労働市場と企業社会の『現実』――おそらくは、学校以上に能力主義と競争主義の跋扈する厳しい『社会的競争』の世界――にほかならない」と述べており、現代社会においては、大学進学は容易になったものの、不安定な就職環境のなかで、労働市場からは競争主義に勝ち抜く能力を求められているなど、厳しい現実が待ち受けているといえる。そして、詳細は第3章に譲るが、進学する学部系統や大学規模によって就職機会に格差が生じはじめている現状をふまえると、雇用環境が大きく変化し社会が不安定化する今日においては、大学に進学することへの不安が高まっていくことが考えられるとともに、こうした状況は、同時に大学進学の価値や意義に対する揺らぎにつながりつつあることを示唆していると考えられる。

（4）進路多様校生徒への注目の必要性

以上のように、高校生の進路を取り巻く環境や若者の雇用環境は大きく変化している。そして、1990年代以降は、日本経済は長期の不況に突入し、学歴取

得が必ずしも将来の安定をもたらすとはいえない状況となった。さらには，人口減少期に突入した2000年以降には，大学を取り巻く状況も変化し，大学入試環境が全体的に易化の方向に進むことで高校生の進路動向にも大きな影響を与えることとなったが，こうした動向を読み解くためには，「進路多様校」に注目する必要がある。

　まずは，「進路多様校」とは何かについて整理してみたい。進路多様校について苅谷剛彦・粒来香ら（1997）は，「従来，普通科の区分としては『進学校／非進学校』が一般的であったが，高卒労働市場と進学動向の双方の変化により，1980年代以降，高校の進路指導関係者の間では『非進学校』に代わり『進路多様校』の呼称がもちいられるようになった」と述べ，さらに，「1990年代以降の専修学校の拡大や大学・短大などの推薦入試機会の拡大により，それまで学力を基準に進学をあきらめさせ，進路選択を就職に切り替えさせるといった『野心の冷却（クールダウン）』を中心とした進路の水路づけはもはや必要ではなくなった」と指摘しており，1990年代以降，普通科でも進路多様校とされる学力下位層が多い高校において，それまで学力不足で大学進学を断念していた学力下位層が，大学や短大，専門学校への入学が易しくなったことで，就職から進学への進路変更が可能となり，無理に就職する必要がなくなったことが明らかになっている。また，片瀬一男（2005）は，進路多様校の成立過程について「かつての進学校が進学実績を落としたケースと，もう一つは専門高校（職業科）が18歳人口の減少による大学等の入試の易化，多様化の庇護をうけ，次第に進学実績をあげていったケースがある」と指摘し，そして，最近の中村高康（2010）の研究においても，専門学科を含んだ進路多様校研究がおこなわれ，推薦入試の拡大によって普通科のみならず専門学科においても大学進学にシフトする傾向にあることが確認されており，近年の進学率の上昇は，高校全体というよりは，専門高校を含む進路多様校の変化がかなりの程度を占めていると指摘している。つまり，1990年代後半以降の大学進学率の上昇は，普通科下位校のみならず，専門学科を含めた進路多様校生徒が，大学や専門学校の推薦入試の拡大といった入試の易化が加速したことや，高卒就職環境の変化によって，

就職から進学にシフトしたことが要因であると考えられるのである。なお，進路多様校の定義について片瀬は，進路多様校の定義についてはしばしば異論が出されているとしつつも，進学に加え，就職や無業者などの多様な進路がある高校を意味するとし，就職率が10％を超えると「進路多様校」と定義している[50]。これらをふまえ，本書では普通科，専門学科のうち就職率が10％を超える高校を「進路多様校」と定義することとした。このように近年の高校生の進路動向を探るうえでは，進路多様校への関心が必要不可欠であるが，続いては，進路多様校生徒の特徴について述べてみたい。

　進路多様校を対象とした研究は，比較的新しい。例えば，苅谷剛彦（1997）は，「大衆化時代の大学進学──〈価値多元社会〉における選抜と大学教育」のなかで，「受験競争の緩和という方策が教育を思わぬ方向へ導いてしまう可能性はないのか」といった問題意識から，第1の特徴として，いわゆる進学校ではなく，多様な進路をとる生徒の多い学校を対象とし，第2に，当時，高等教育の大衆化のより進んだ状態にあった東京都内の進路多様校を対象に調査を実施した。ここで苅谷は，学力の面だけにとどまらず，意識や行動の面でどのような学生たちが高等教育機関に押し寄せてくるのかを検討した結果，かれらを「『過度の受験競争』とは無縁の存在」と指摘し[51]，こうした進路多様校を対象とした研究の意義として「将来の高等教育進学像をある程度先取りしていることができるのである」としている[52]。

　そして，苅谷剛彦・濱中義隆ら（2002）の研究によると，そもそも学力不安を抱える生徒のなかには，業績主義的な価値観を持ち合わせておらず，大学に進学して学歴を獲得することに対して意識が薄い者もいることを指摘している。この点について苅谷らは，「現行の進路決定のプロセスが就職，進学を問わず業績主義的な価値観によって編成されているため，そもそもそうした価値観に馴染まない生徒は自らの進路のための活動をおりてしまう」ことや，「進路決定のメカニズムが従来のように業績主義的な価値観によって編成されている限り，かれらによっては進路選択が困難な状況に置かれたままなのであり，奨学金制度等による経済的支援のみによって解決できる問題ではない」と論じてい

る。この苅谷らの研究で注目すべき点は，高校生の進路決定プロセスにおいて自身の適性を把握しながらも「メリトクラシー」に対して親和的ではない者が，専門学校への進学を魅力的だと考えていることが明らかになっていることである。西田亜希子（2010）は，進路多様校の生徒が大学進学ではなく専門学校を選ぶ理由のひとつに「専門学校が大学以上に『専門』性が高いと評価し，集中して学べるところである」と指摘しており，こうした進路選択行動からは，かれら特有のメリトクラシーへの考え方が見え隠れする。

　つまり，このような主体的に大学進学を望まない生徒たちが一定数いることをみると，大学進学率の停滞の要因を，家庭の経済的事由や奨学金制度の在り方を含めた大学進学費用の負担問題に帰することは，いささか不十分さを内包していると考えることもできる。しかし一方で，杉田真衣・西村貴之らの研究（2005）によると，進路多様校生徒の進路選択に影響していることとして，まず生徒には一人親家庭の者が多いことや，大卒の親をもつ生徒が非常に少ないなど，経済的にも文化的にも家族が進路選択に与える影響が大きいことが明らかになっている。これらの指摘は，進路多様校を対象に研究を進めるうえでは重要な示唆を与えることは間違いない。それは，第1章において詳述するが，教育をめぐる格差問題を考察するうえでは家庭の経済力や教育観が大学進学機会にどのような影響を与えているのかを検討することが求められるからである。

　そして，かれらの進路選択意識には自身の価値観や自由な意志が反映される傾向が強いことも本書において進路多様校生徒に注目するひとつの理由である。それは，大学入学の門戸が広がる現状においても，主体的に短期大学や専門学校，就職を志望するかれらの進路意識を解明することは，大学進学率が停滞している要因を探るうえで，きわめて重要な視点となると考えられるからである。つまり，このような問題意識から高校生の進路問題を再考するならば，冒頭で示した近年の高校生の進路動向については，必ずしも大学進学費用の負担問題が大きな要因であるとはかぎらないのである。すなわち，先述の苅谷らの研究で示されたようにメリトクラシーに対して親和的ではない層の拡大や，就職環境が改善された際には積極的に就職を志望する層が拡大していることが，大学

進学者数の増加や大学進学率の上昇を阻む要因であるとみることもでき，そこには大学進学費用の負担問題を超えるかれら特有の進路意識が内在されていると考えることができる。

これらをふまえると，1990年代から現在にかけてのおよそ20年間の高校生の進路動向を捉えるためには，「進路多様校」に注目することが重要な視点であることが再確認できる。さらにいえば，進路多様校生徒は，これまでの大学進学率の上昇を支えた層であると同時に，かれらの進路決定の要因を探ることは，近年の大学進学者数の減少，大学進学率の停滞要因を探ることにつながると考えることができるのである。

## 2　本書内でみる研究の目的と方法

（1）研究の目的

本研究では，以上の問題意識を背景として，進路多様校生徒へのアンケート，インタビュー調査分析を基にした実証研究を通じて，大学進学率の停滞要因，進学者数の減少要因を探るとともに，これまで大学進学率の上昇を支えた進路多様校生徒の進路意識を明らかにしてみたい。

先述したように，確かに，今の日本において，家庭の経済力が学力形成に影響を与えることや，経済不況によって大学進学費用の捻出が難しくなっていることは認めるところである。しかし，大学全入時代といわれるなかで，こうした経済的事由や学力不足によって大学進学を断念する者が多いことが，大学進学率の停滞要因や進学者の増加を阻む要因であることを，十分に説明しているとは言い難い。それは，1つは大学全入のなかでは，入学するために必ずしも高い学力水準を必要とする大学が多いとはいえないこと。2つ目として大学側も定員充足のため学費の軽減策を積極的に実施しているなど，大学入学のハードルはそれほど高くない状況になっていることである。すなわち，大学進学を断念している大きな要因が「経済的事由」や「学力不足」であるとすれば，「奨学金制度等による経済支援の拡大」や「大学入試の軽量化」によって，この問題は解消することとなるが，果たして本当に解決するのであろうか。この疑問

が本研究の出発点である。

　また，本書では，不安定社会とされる現代においては，「リスク」に対する視点が重要であると考えている。なぜならば，高校生の進路選択における大学進学の意義のひとつに将来的な雇用問題が密接に関わっているとみることができ，そのなかで社会が不安定な状況にあることによって，若者の雇用に対する不安感も高まり，それは大卒就職に対する不安にもつながっていると考えられるからである。そして，こうした視点を背景に置けば，現在の日本社会においては，自身の選択が果たして将来的に安定をもたらすのか，あるいは不安定な状況を招くのか，将来の見通しを立てることが難しい状況となっているとみることができ，言い換えれば，現代日本において高校生が進路選択を考えるときには，選択するリスクに向き合う必要性が生じていると捉えることができる。すなわち，将来不安，リスクの増大，リスクの個人化が拡大する社会的背景のなかでは，高校生の進路選択においては「大卒就職問題」に象徴されるように若年層雇用問題が深く関係しており，大学進学率の停滞の背景には「学歴主義に対する疑念の増大」と「大卒就職環境に対する不安，リスクの増大」が影響しているのではないかと考えられるのである。

　このような視点から本研究では，「大学進学者数が減少，進学率が停滞しているのは，経済的なことが大きな理由ではなく，将来の自身の就職環境に対する不安が高まり，自分の意志で進学をしない生徒が顕在化していることにある」という仮説を立て，検証をおこなうこととした。

　そして，「大学全入」が進路多様校生徒にどのような影響を与えているのかについても注視することが必要であると考えている。これまで進路多様校を対象とした研究においては，「大学全入」は生徒の進路選択に与える影響を検討するうえで，あくまで大学入試環境の変化を説明するひとつの事象に過ぎないとされてきた。本書においては，これまで大学進学率の上昇を支えたかれらが，大学全入時代において主体的に大学進学を選択しなくなっているのだとすれば，それはなぜなのか。その事由こそが，大学進学率の停滞の要因であると考え，「大学全入」が形成された制度的プロセスを整理し，大卒就職環境の現状分析

から得られた知見から,「大学全入」が進路多様校生徒の進路選択にどのような影響を与えているのか考察する。そして最後に,進路多様校生徒の進路意識の背景にあるものを明らかにし,進路多様校生徒の進路問題における新たな課題の提示をするとともに,かれらの進路行動が今後の進路多様校研究にどのような示唆を与えるのかについて論じてみたい。

(2) 研究の方法

本書で扱う研究では,アンケート調査(量的分析)とインタビュー調査(質的分析)による分析,検証をおこなった。そして,第4章の調査分析は,アンケート調査,インタビュー調査による混合研究法を主な分析手法としている。川口俊明(2011)は,教育学研究における混合研究法の可能性について,「今日,個人情報の壁があるため大規模パネル調査が難しくなるなかで,学力格差や貧困問題などの教育の不平等問題を取り扱う際には,混合研究法が有効な手段である」と指摘している。また,片山悠樹(2013)は,「混合研究法を適切に活用するポイントは,調査デザインの提示と,量的／質的データの結合方法にある」と述べている。本書では,混合研究法のなかでも量的データを説明する目的で質的データをおこなう「説明的デザイン」を基本的な分析手法として採用し実施した。調査分析においては,生徒の学力観や家庭の経済環境に踏み込んだ内容について,アンケート調査の結果を,インタビュー調査で補完し,説得的に論じることによって進路多様校生徒の進路意識の実態に迫ってみたい。

そして,アンケート,インタビューのいずれの調査も,個人が特定されることはないことや,調査の途中でも本人の自由意思で取りやめることが可能なことを伝え,論文への記載についても調査協力者本人の了承を得たうえで実施した。

## 3　本書の構成と要旨

本書の構成と,その要旨は以下のとおりである。
第1章　現代社会における高校生の進路問題
　第1節　「リスク」が高まる現代社会

現代日本を「リスク社会」と捉え，ウルリッヒ・ベック，アンソニー・ギデンスのリスク社会論を下敷きに，①科学技術の進展により「リスク」は深化し，再帰性が高まる社会においては，個人がリスクをどのように捉えるか考察するうえでは，再帰性概念への注目が重要であることや，②山田昌弘の，現代においてはリスクが個人化，二極化しているという指摘から，現代の高校生の進路選択の幅の広がりには，リスクが内包されており，日本社会が不安定化するなかでは，学歴取得のリスクに対する意識が高まっていることを論じている。
　第2節　教育をめぐる格差問題と大学進学費用の負担問題
　1990年代以降，経済が不安定化し，市場原理主義の拡大によって「格差社会」を迎えるなか，①苅谷剛彦，佐藤俊樹の教育における格差，不平等問題が顕在化してきたといった指摘から，教育をめぐる格差問題の議論が活発化し，そのなかで大学進学費用の負担問題が社会問題となったこと，②そして，大学進学機会の拡大は，教育の不平等問題，とりわけ個々人の帰属による格差問題として大きく扱われてきたことを論じてみたい。
　第3節　大学進学費用の負担問題と奨学金政策の動向
　日本における大学進学を取り巻く様々な動向を捉えるために，①はじめに，OECDデータを基に，諸外国と日本の大学進学環境の違いについて，進学率，高等教育費用の公私負担割合の状況や，学歴取得による就業環境や所得の面から概観し，②こうしたなかでは，日本においては奨学金政策への期待が高まっている一方で，日本学生支援機構奨学金の活用実態をみながら，低所得者においては必ずしも奨学金政策が有効になっているとはいえない現状と，保護者の教育費負担に対する考えの変化について整理する。
　第4節　学歴取得に対する価値感の多様化

第2章　大学大衆化と高校生の進路選択行動の変化
　第1節　大学の大衆化をもたらした戦後日本の私立大学政策
　　戦後の日本が大学の大衆化を遂げた要因となった，1960年以降の国土計画

に注目し，①まずは，マーチントロウの高等教育発展段階における大衆化の概念を押さえ，私立大学数が飛躍的に増加した様子をみながら，②1960年以降の国土計画における私立大学の量的拡大のベースになった各政策の位置づけを整理し，③さらに，1980年代以降の私立大学の地方配置が若者の定着と，地域経済の労働力の確保であったことを論じ，④規制緩和とともに大学が自由化するなかで，大学の質的転換が求められたことを指摘する。

第2節　私立大学を取り巻く環境の変化

大学が自由競争時代を迎えるなか，私立大学を取り巻く環境は大きく変化し，①とりわけ小規模大学，地方大学の学生募集環境が厳しい状況となっている現状をふまえつつ，②他方で，1990年代後半以降，文部科学省が，学力偏重から選抜方法の多様化，評価尺度の多元化を推し進めたことで，結果的に，地方私立大学においては入学定員確保のために，学力試験を課さないAO入試や推薦入試を積極的に活用する学生を受け入れざるを得ない状況になっていることを指摘している。

第3節　高校生の進路動向

文部科学省学校基本調査のデータを基に，①まずは1950年以降の大学（学部）進学率と就職率の動向をふまえながら変化の要因を整理し，②大学全入時代の到来が叫ばれはじめた2000年以降の進路状況を性別でみながら，③さらに普通科，専門学科の進路動向を概観し，近年の高校生の進路動向において，これまで大学進学に傾斜していた動きから，大学以外の進路選択にシフトする動きがみえはじめていることについて述べている。

第4節　私立大学の現状と高校生の進路行動からみえてくる課題

第3章　大学全入時代における大卒就職問題

第1節　大卒就職環境における就職格差問題

大卒就職環境が厳しい状況にあるなか，①バブル経済期に突入した1980年代後半から現在にかけての大卒就職環境の変化を整理し，現状において大学の設置形態，学部分野，規模等によって就職機会に格差が生じていることを

指摘し，②大卒就職における「学校歴」の影響を，バブル経済以降の先行研究を概観しながら，結局は，入試偏差値が高い大学群が有利な状況となっている一方で，自由競争のなかで学力の低い学生が内定を獲得するには多くの労力が必要となること，③こうした状況の背景には，安易な大学進学機会の平等化が，結果の不平等を招く恐れがあることを論じる。

第2節　非選抜型大学における就職未決定者の実態

本節では，学生募集環境が厳しい状況にあるA大学の就職未決定者に注目し，対象学生が入学した時期に実施したアンケート調査の結果と，かれらの卒業年度に実施した就職未決定者へのインタビュー調査の結果を整理し，非選抜型大学に入学する学生が，自身が厳しい就職環境に置かれることを認識していること，それが高校から大学へ安易な方法で移行したことで競争環境に順応する力が備わっていないことが要因であると認識していることについて述べている。

第3節　大卒就職問題の背景にあるもの

第4章　進路多様校生徒の進路意識に関する実証分析

第1節　非大学進学者への接近

本節では，大学に進学しない生徒の進路意識を明らかにするために，進路多様校生徒に注目することが重要であるとし，2つの調査結果を基に，進路多様校において非大学進学者とされる生徒と，その保護者の進路意識に接近することで，かれらの進路形成の基本的な考え方を整理する。

第2節　短期大学・専門学校進学志望者の進路意識に関する調査

続いて，進路多様校において短期大学，専門学校への進学を志望する生徒に対する調査分析を通して，かれらが進学先決定の条件として何を重視するのかについて，性別による違いや，進学理由がどのように影響しているのかを明らかにしたい。そのなかで，自身の学力の捉え方や，短期大学や専門学校に進学して資格取得を目指すことが，どのような意味をもつのかについて検討する。

序　章　「大学全入」が高校生の進路選択行動にもたらしたものとは何か

第3節　大学・専門学校進学志望者の進路意識に関する調査
　前節に続いて，進学志望者に対する調査分析ではあるが，ここでは大学進学志望者と専門学校進学志望者に注目し，専門学校進学志望者が大学に進学しない理由をあらためて確認しながら，一方で，大学進学者との共通点や相違点などを探り，かれらの進学動機を規定する要因について検討してみたい。

第4節　高卒就職志望者の進路意識に関する調査
　最後に，就職志望者に対する調査分析を通して，かれらの進路意識の特徴を明らかにする。そのなかで，就職できない場合の，次の進路選択を決定するプロセスをみながら，大学に進学しない理由を探ってみたい。また，就職志望者の進路選択において，家庭の経済環境や親の教育観がどのように影響しているのかについて分析を進め，かれらの進路意識について検討する。

第5節　進路多様校生徒の進路選択行動が意味するもの
　前節までの各調査の結果，分析をふまえ，①進路多様校生徒の特徴について，性別，学科別で整理し，かれらの進路意識の背景にあることについて述べ，②大学全入の現状においては，大卒就職をはじめとする若者雇用環境への不安感が高まっていることを背景に，かれらが自身の将来の就職を少しでも良い状況にするために，入学が易しい大学に進学するよりは短期大学や専門学校で資格取得を目指し，あるいは高卒で就職をすることを最善の進路選択であると考えていることについて論じてみたい。

第5章　進路多様校生徒の大学進学回避行動が示唆するもの
第1節　リスクの高まりと大学進学圧力の弛緩
　前章までに論じてきたことをふまえ，1990年代以降，大学進学にシフトをしてきた進路多様校生徒が，①大学全入時代の到来によって，これまで大学に進学することによって評価されてきた「能力」に対する意識に差異が生じていることや，リスク社会を迎えた現代日本においては，大学進学を回避する行動を取りはじめたことを指摘しながら，②若者雇用環境が不安定な状況のなかでは，自身の能力を客観的に捉えることによって，リスクヘッジとし

て積極的に大学進学しない者が出現しはじめていることを指摘してみたい。
　第2節　進路選択に潜むリスクとその対応策
　リスク社会とされる現代においては，リスクの個人化が強まるなかで，①能力不安は高まり続けており，高校生自身もリスクへの関心が高まっている。②そのなかで，進路多様校生徒が資格取得に傾斜することに，一定のリスクが含意されていることを論じながら，③かれらの進路形成過程において，キャリア・リスクに関心をもつことが重要であることについて述べてみたい。
　第3節　加速する進路選択の多様化
　これまで高校生の進路選択において大学に進学することが最善であるとしてきたなかで，①若者の雇用不安が高まるなかでは，大学進学意義の喪失感が高まっているだけでなく，子どもの進学費用を，無理をしながら捻出してきた親自身の将来不安も高まっていることを指摘し，②これまで大学進学の強い促進要因となっていた「大学進学＝人生の成功」という図式に疑義を抱くようになると，かれらは早々に学歴獲得競争から降りはじめていることについて述べてみたい。③そして，現在，厳しい生活環境に置かれている大卒の20代，30代が，自身の子どもに大学進学を望まない考えが強くなることも十分に考えられ，「学歴再生産論」では今後の高校生の進路動向を説明することが困難となる可能性があることを論じてみたい。

第6章　大学全入時代の行方──新たな公共の担い手としての大学教育
　ここでは，大学教育の必要性をあらためて問い直し，現在，厳しい学生募集環境にある地方私立大学は，リスク社会とされる現代社会において，どのような取り組みをしていくべきなのかについて考察する。そして，①知識基盤社会といわれる現代日本においては，やはり大学教育が必要であることを指摘し，②そこで喜多村和之が主張する，大学機能をエリート型部門，大衆化部門，ユニバーサル型部門に分化させることの必要性を論じ，③1980年代以降，国土計画によって地方配置された，今では厳しい募集状況にある私立大学の役割を明確化させること，こうした地方大学が教養教育環境を充実さ

せることにより，進路多様校生徒のように学力不安を抱える者たちが学校から社会へ移行後，自らの教養を高めることができる場として機能することが重要であることを論じてみたい。

**注**
（1） 本書における「大学」は，基本的に（学部）を指すものであり，短期大学は含まないものとする。ただし，行政データ分析の際に，大学，短期大学を合わせた数値を記していることもあるため，その場合は，「大学・短期大学」というようにその旨を記すこととする。
（2） 文部省生涯教育政策局『21世紀を展望した我が国の教育の在り方について（中央教育審議会第二次答申（全文））』1997年（http://www.mext.go.jp/b_menu/shingi/old_chukyo/old_chukyo_index/toushin/1309655.htm：2013年11月12日アクセス）。
（3） 文部科学省中央教育審議会『我が国の高等教育の将来像（答申）』2005年（http://www.mext.go.jp/b_menu/shingi/chukyo/chukyo0/toushin/05013101.htm：2013年11月12日アクセス）。
（4） 日本私立学校振興・共済事業団私学経営相談センター『平成19年（2007）年度私立大学・短期大学等入学志願動向』2008年。
（5） 矢野眞和「全入時代が隠す『機会の不平等』」『大学新聞』2008年（http://daigakushinbun.com/post/view/438：2012年3月21日アクセス）。
（6） 内閣府教育再生懇談会「これまでの審議のまとめ――第三次報告」2009年（http://www.kantei.go.jp/jp/singi/kyouiku_kondan/houkoku/singi-matome.pdf：2013年11月12日アクセス）。
（7） 潮木守一『学歴社会の転換』東京大学出版会，1978年，188頁。
（8） 竹内洋『競争の社会学――学歴と昇進』世界思想社，1981年，96頁。
（9） 近藤博之「学歴主義と階層流動性」原純輔編『講座・社会変動　第5巻　流動化と社会格差』ミネルヴァ書房，2002年，59〜60頁。
（10） 邦訳例では，教育制度として「英才教育制度，成績第一主義」，社会形態として「能力（実力）主義，効率主義社会，エリート社会」，政治形態として「エリート階級による支配，エリート政治」，主義・原理として「効率主義，能力主義，エリ

ート支配原理」などとされている（Young, M., *The Rise of The Meritocracy*, Transaction Publishers, 1958（M. ヤング（窪田鎮夫・山元卯一郎訳）『メリトクラシー』至誠堂，1982年，250頁））。

(11) 竹内洋『日本のメリトクラシー――構造と心性』東京大学出版，1995年，1頁。

(12) 原純輔・盛山和夫（1999）は，学歴主義とメリトクラシーの違いについて「学歴が社会的地位や所得の大きさを決める度合いが大きいことを『学歴主義 credenteialism』」とし，学歴主義は「誰がどの職業や地位につくかに関心して，少なくても直接的には家柄や父親の地位とは無関係に本人がどのような教育を受けたかということだけで考慮される点，開放的な制度であると理解される」とし，これに対して，メリトクラシーは「merit が能力を意味するので業績主義とほとんど同じ概念であるが，もともと「―cracy」という語尾によって「支配」の意味が強調されていたという点で，学歴という教育資格の取得を基準とする学歴主義は，学歴＝能力とは単純に前提できない以上，業績主義やメリトクラシーとは異なる概念だと考えなければならない」としている（原純輔・盛山和夫『社会階層 豊かさの中の不平等』東京大学出版会，1999年）。しかし，詳細は本論に譲るが，現在の教育に関する不平等問題の中心には，たしかに原や盛山が指摘するように過去のような身分制，世襲制のような絶対的な規定要因はないものの，親の教育的価値観や経済力が子どもの学力に影響するという主張が大勢を占める主張があることを考えると，この学歴主義の定義には若干の違和感を抱くところではある。実際に，原や盛山も学歴が merit と無関係でないことも否定できない事実だと述べている（同書，73頁）。いずれにしても，本研究を進めるなかにおいては，「学歴主義」と「メリトクラシー」は同義ではないものの，学歴取得するための能力という点で，明確な区別はないものとする。

(13) 竹内洋，前掲書，1995年，89頁。

(14) 苅谷は，「メリトクラシーとは『業績主義』を社会の選抜の原理とする社会である」とし，「たとえば，学校のなかでは，学業達成がもっとも代表的なメリット＝業績であり，これを基準に将来の進路が決まる場合をメリトクラティックであるということができる。あるいは，企業社会であれば，職業的な業績によって昇進や昇給がきまるしくみのことである」と述べている（苅谷剛彦『大衆教育社会のゆくえ――学歴主義と平等神話の戦後史』中央公論新社，1995年，15頁）。

(15) 苅谷剛彦，前掲書，1995年，19頁．
(16) 佐藤俊樹『不平等社会の日本——さよなら総中流』中公新書，2000年，68頁．
(17) 例えば，児美川孝一郎は，「高校入試や大学入試に関しても，"背伸びをして無理するのではなく，自分の見合ったところに行ければよい"」といった感覚が，子どもたちや親の間に一定の広がりをみせていることや，「こうした学力・進学競争の『弛緩』とでも呼ぶべき状況が到来した背景」として，「少子化の進行によって，高校および大学への入学の間口が大きく広がったこと．大学に関しては，推薦入試やAO入試などの急速な普及を通じて，"選ばなければ，（一般入試に向けて，受験勉強をしなくても）どこかの大学に入れる"という事実上の『希望者全入』状況が到来していること」と指摘している（児美川孝一郎『権利としてのキャリア教育（若者の希望と社会）』明石書店，2007年，50頁）．
(18) 厚生労働省『平成23年度版労働経済分析——世代ごとにみた働き方と雇用管理の動向』2011年，116～119頁．
(19) 専門学校の定義について本書では，高校卒業後の進路選択対象となる教育機関を指すこととした．また，「専修学校」も同様の意味で専門学校と同義とした．ただし，他の文献からの引用箇所については，そのまま「専修学校」と記した．また，中学校卒業後から進学可能な高等専修学校等，「専門学校」と区別する必要がある場合は，それぞれの名称を記すこととした．
(20) 東京大学大学経営・政策研究センター「高校生の進路追跡調査——第1次報告書」2007年，69頁．
(21) 文部科学省は，短期大学の発足当時，その役割について①4年制大学と比し，父兄や学生の経済的負担を軽減し，②短期間における実際的な専門職業教育を施し，③特に，女子の高等教育の場として適切であることを指摘している．また，近年においては，教員養成をはじめとする各種の資格取得を目的とする学科の増加が目立っていると述べている．以上のことから，本書では，行政データ分析においては短期大学を個別的に検証しながら，第4章の調査分析においては，短期大学を基本的に専門学校と同区分として扱うものとした（文部科学省「学制百年史」http://www.mext.go.jp/b_menu/hakusho/html/others/detail/1317822.htm：2012年4月15日アクセス）．
(22) 矢野眞和・濱中淳子「なぜ，大学に進学しないのか——顕在的需要と潜在的需

要の決定要因」『教育社会学研究』第79集，日本教育社会学会，2006年，94頁。
(23) 小林雅之『進学格差——深刻化する教育費負担』筑摩書房，2008年，77頁。
(24) 小林雅之『大学進学の機会——均等化政策の検証』東京大学出版会，2009年，226頁。
(25) 濱中淳子『なぜ，専修学校進学率は上昇したのか』東京大学大学経営・政策センター，2007年（http://ump.p.u-tokyo.ac.jp/crump/resource/crump_wp_no14.pdf：2012年5月15日アクセス）。
(26) 橘木俊詔・八木匡『教育と格差——なぜ人はブランド校を目指すのか』日本評論社，2009年，73～74頁。
(27) 山内は，高等教育就学の規定要因において経済要因の決定力を強調したのは，いずれもマクロデータを扱ったものであるのに対して，本分析はミクロデータを扱うためそれらと単純な比較は不可能であるとしながら，「論点として経済要因が重要であるものの経済要因の決定力が過度に強調されると，それに回収されない要因があるのではないかといった疑問が生じていること」に考えがあるとしている（山内乾史「高等教育就学の規定要因に関する考察——JGSS2009—LCSデータに基づく『全入仮説』と『タレントロス仮説』の検証」『学生の学力と高等教育の質保証Ⅰ』学文社，2012年）。
(28) 植上一希「専門学校生の進学・学び・卒後——ノンエリート青年のキャリア形成ルートとしての意義と課題」中西新太郎・高山智樹編『ノンエリート青年の社会空間——働くこと，生きること，「大人になる」ということ』大月書店，2009年，102～103頁。
(29) 安田雪『働きたいのに…高校生就職難の社会構造』勁草書房，2003年，208頁。
(30) 松本一臣「高卒者の進路行動と短期大学進学に関する考察」『長崎短期大学研究紀要』第18号，2006年。
(31) 文部科学省『平成22年度文部科学白書』2010年，219頁。
(32) 河合塾（http://www.keinet.ne.jp/doc/topics/news/10/20101109.pdf：2012年3月12日アクセス）。
(33) 吉川徹『学歴と格差・不平等——成熟する日本型学歴社会』東京大学出版会，2006年，118～119頁。
(34) 米澤慶一「第43回減少する大学進学率52.2％（2010）→50.8％（2013）——学位

に依存しない社会の到来？」『数字で読み解く23歳からの経済学』NISSAY, 2013年 (https://www.nissay.co.jp/enjoy/keizai/43.html：2013年11月12日アクセス）。

(35) 米澤慶一，前掲書，2013年 (https://www.nissay.co.jp/enjoy/keizai/43.html：2013年11月12日アクセス）。

(36) 内閣府「社会意識に関する世論調査」(http://www8.cao.go.jp/survey/h24/h24-shakai/2-3.html：2013年12月3日アクセス）。

(37) 内閣府「国民生活に関する世論調査」(http://www8.cao.go.jp/survey/h25/h25-life/zh/z23.html：2013年12月2日アクセス）。

(38) 厚生労働省「平成23年版 労働経済の分析──世代ごとにみた働き方と雇用管理の動向 本文図表基礎資料」2011年，43頁。

(39) 文部科学省学校基本調査 (http://www.mext.go.jp/b_menu/toukei/chousa01/kihon/1267995.htm：2014年9月1日アクセス）。

(40) 厚生労働省の「平成25年度『大学等卒業者の就職状況調査』」によると，平成26 (2014) 年3月に大学を卒業した学生の就職率が94.4％となり，前年同期比より0.5ポイント上昇したと報じている (http://www.mhlw.go.jp/stf/houdou/0000044078.html：2014年6月25日アクセス）。

(41) 日本経済新聞は，平成26 (2014) 年5月の有効求人倍率（季節調整値）が前月より0.01ポイント上がり1.09倍となったこと，完全失業率も3.5％まで下がり16年5カ月ぶりの水準になったと報じている。また，ここでは，正社員の求人倍率も0.67倍となったとしつつ，需給が釣り合っていることを示す「1倍」は大きく下回っていることにも触れている (http://www.nikkei.com/article/DGXNASFS27006_X20C14A6MM0000/：2014年6月30日アクセス）。

(42) 読売新聞は，2013年5月段階で卒業学年に在籍していた学生のうち，10万2810人で全体の16.3％（前年比3445人増）の学生が2014年3月に卒業せずに留年をしたが，内定を辞退して留年を選ぶ学生が目立ったことを報じている (http://www.yomiuri.co.jp/national/20140720-OYT1T50002.html：2014年7月21日アクセス）。

(43) 児美川孝一郎，前掲書，2007年，53頁。

(44) 児美川孝一郎，前掲書，2007年，53頁。

(45) 苅谷剛彦・粒来香・長須正明・稲田雅也「進路未定の構造──高卒進路未定者

の析出メカニズムに関する実証的研究」『東京大学大学院教育学研究紀要』第37巻，1997年，53頁。

(46)　苅谷剛彦・粒来香・長須正明・稲田雅也，前掲書，1997年，74頁。

(47)　片瀬一男「進路多様校の成立──仙台圏の公立高校における進路状況の変容」『人間情報学研究』第10巻，2005年，17頁。

(48)　中村は「もともと就職者がいない，学区のトップ校に調査をしても，就職者の減少に伴う様々な進路選択の現代的事態は見えないであろう。したがって，専門高校を含む進路多様校に絞って調査を進めることは，高校生の進路選択の構図全体の現代的特徴が集約される部分に焦点を合わせて研究することを意味する」と述べ，続けて専門高校を含む進路多様校に注目する理由を以下の4点の重要な問いの結節点を成しているからであるとする。それは「第一に，少子化と高等教育の拡大および不景気の影響による高校生の進学（特に四大）シフトが具体的にどのような内容を持ち，どの範囲で生じているのか，という問題である。第二に高校と企業の実績関係による就職システムが近年崩れてきたといわれる中で，実態としてどのように推移しているのか，という問題である。そして第三に，進路選択問題として語られにくかったが，実は重要な問題として扱われるべき高校中退という選択がどのように生み出されているかという問題である。第四に，若者論などともからんでフリーターや高卒無業者の問題あるいは進路未定者の現状把握という関心は社会的には依然として強いものがある」の4点である（中村高康編著『進路選択の過程と構造──高校入学から卒業までの量的・質的アプローチ』ミネルヴァ書房，2010年，7～8頁）。本書においては，第3の高校中退者へのアプローチは扱ってはいないが，その他の3点については強い関心をもって注目している。

(49)　本書においては，工業科，商業科等の職業学科について，基本的には専門学科と記すこととする。ただし，他の文献からの引用箇所については，そのまま「職業学科」や「専門高校」等，原文のまま記すこととした。

(50)　片瀬一男，前掲書，2005年，17頁。

(51)　苅谷剛彦「大学大衆化の大学進学──〈価値多元化社会〉における選抜と大学教育」『教育学研究』第64巻第3号，1997年，79～80頁。

(52)　苅谷剛彦，前掲書，1997年，77頁。

(53) 苅谷剛彦・濱中義隆・大島真夫・林未央・千葉勝吾「大都市圏高校生の進路意識と行動——普通科・進路多様校での生徒調査をもとに」『東京大学大学院教育学研究科紀要』第42巻，2002年，62頁。

(54) 西田亜希子「専門学校は大学進学の代替進路か？」中村高康編著『進路選択の過程と構造——高校入学から卒業までの量的・質的アプローチ』ミネルヴァ書房，2010年，151頁。

(55) 杉田真衣・西村貴之・宮島基・渡辺大輔「進路多様校における高校生の進路選択の背景にあるもの——都立Ｂ高校でのアンケート・インタビューの分析より」『教育科学研究』第20巻，東京都立大学人文学部教育学研究室，2005年，71〜92頁。

(56) 苅谷剛彦・濱中義隆・大島真夫・林未央・千葉勝吾，前掲書，2002年，34頁。

(57) 川口俊明「教育学における混合研究法の可能性」『教育学研究』第78巻第4号，2011年，58頁。

(58) 片山悠樹「『量』と『質』から探る高校生の進路選択」社会調査会『社会と調査』第11号，有斐閣，2013年，33〜34頁。

(59) Creswell, J. W., and Plano Clark, V. L., *Designing and conducting mixed methods research*, Sage Publications, 2006（J. W. クレスウェル／V. L. プラノ クラーク（大谷淳子訳）『人間科学のための混合研究法——質的・量的アプローチをつなぐ研究デザイン』北大路書房，2010年）．

## 第1章

## 現代社会における高校生の進路問題

### 第1節 「リスク」が高まる現代社会

#### 1 リスク社会の到来

　現代社会を分析する視角として，「リスク社会」の到来した現代といった捉え方ができる。こうした「リスク」に対する社会的関心は，すでに1980年代中頃より高まることとなった。そのきっかけとなった出来事は，当時，ソビエト連邦で起きた「チェルノブイリ原発事故」である。ウルリッヒ・ベック（Beck, U., 1998）は，この世界を震撼させた大事故を「『他者』の終焉であり，人間同士が相互に距離を保てるように高度に発展してきた終焉であった」とした[(1)]。また，ベック（1997）によれば「再帰的近代化」という概念は，（reflexiveという形容詞が示唆するような）《省察》ではなく，（まず何よりも）《自己との対決》を暗に意味し[(2)]，工業社会からリスク社会への自立した，望まれていない，誰も気づかない移行を（《省察》と区別し，また対照させるために）《再帰性》と呼んだ[(3)]。この場合，「再帰的近代化」は，工業社会のシステムのなかでは——工業社会のシステムの有する制度化された判断基準からみて——対処したり同化することができないリスク社会のもたらす結果に，自己対決していくことを意味している[(4)]。システム破壊を引き起こすほどの影響力が及ぼす帰結は，リスク社会という概念のなかで，またリスク社会という視角のなかでのみ初めて明らかになり，そのときになって初めてわれわれは，新たな再帰的自己決定の必要性に気づくようになる[(5)]。川野英二（2005）は，「ベックは現代社会を特徴づけるための時代区分として『産業社会』と『リスク社会』を区分し，産業社会における

『財の分配』からリスク社会における『リスクの分配』への基本原則の展開している」と指摘し，「こうした特徴づけはいささか単純化したものではあるとはいえ，近代社会が生み出した負の側面に当の近代社会の諸制度そのものが（意図せずに）直面せざるをえないという『再帰的近代化』の過程を端的に言いあらわしているといえる」と述べている。また，山田昌弘（2008）は，ベックは社会全体が持続可能ではなくなる可能性，及び，個人が思い描いた人生を送れなくなる可能性をリスクと捉え，現代社会において，この2種類のリスクが強まり，質的転換を遂げていることを主張したとしている。そして山田は，ベックのリスク論のポイントを次の2つとしている。1つは，社会システム全体の持続可能性に関わるリスクと個々人の生活に関わるリスクを区分して論じたこと。もう1つは，近代社会の構造転換のなかで，社会的リスクが「深化」するということを明確に主張したことであるとした。そして，その原動力は，科学技術の進歩と自由化である。自由化の経済的側面が規制緩和であり，社会学的側面が，個人化もしくは規範の弱体化，ギデンスにならえば再帰性の増大であるとした。

　この再帰性概念を主張したアンソニー・ギデンス（Giddens, A., 1993）は，近代をモダニティが徹底した局面であるとした。このモダニティのダイナミズムは《時間と空間の分離》，社会生活を時間区分で正確に「帯状区分」するかたちでの時間と空間の再結合，社会システムの《脱埋め込み》（時間空間の分離にともなう諸要因と密接に関連している現象），及び知識の絶え間ない投入が個人や集団の行為に影響を及ぼすという意味での社会関係《再帰的秩序化と再秩序化》に由来しているとする。また，ギデンス（2005）は，モダニティの再帰性は自己の核心部に及ぶことになり，ポスト伝統的な秩序においては，自己は再帰的プロジェクトとなるとした。そしてこれらは何も人生の危機に限定されるものではなく，心的再組織化に関連する近代的社会活動の一般的特徴であると指摘し，こうした日々の活動のなかで生産され，再生産される社会的習慣は，行為者によって再帰的にモニタリングされ，この意味での再帰的認識はあらゆる人間行為の特徴であるとし，大規模に展開した制度的再帰性に特有の条件であ

るとしている。中西眞知子（2007）は，このギデンスの再帰性は様々な領域，レベルでこの概念が働いているとし，それは，第1に，自己と他者，個人と社会といった関係の領域。第2に，制度や構造など社会的な領域。第3に，知や確実性の領域であると指摘している。また，こうした自己意識，社会構造，翻って知や確実性の基礎とあらゆる領域に及び，ついに自分自身をも再帰的に言及するが，決して，無限に後退していくものではなく，再帰性の領域が広がるほど，私たちの手を離れたようにみえたものが再び帰ってくる可能性が高まり，われわれの関与の余地が広がったと考えることができると，中西は再帰性概念の広がりを肯定的に捉えている。このように，現代社会におけるリスクを個人がどのように捉えるのかを考察するうえで，再帰性概念に注目することは有効な視点であるといえる。

## 2　リスクの個人化と二極化

　リスクが高まる現代社会においては，社会がもたらすリスクは同時に個人が描く将来のリスクとなり，そのリスクとの対峙は個人に委ねられることとなった。ベック（1997）は，人は選好や生活の局面が変化した場合は，その人の生活歴だけでなくコミットメントやネットワークを生みだし，自分で立案し，自分で演出することを強制されていくとした。そして，こうした個人の日常生活において起きるリスクに関して山田（2008）は，近代社会の成立とともに，職業や結婚，家族形態まで自由に選ぶことが可能となったが，それは選択肢の「目録」が与えられただけであると述べている。つまり，大学進学機会の拡大が図られているなかでは，同時に高校生の進路選択の幅も拡大していることとなるが，そこには当然ながらリスクは内包されており，そのリスクの度合いは個人の問題として直面することになるのである。アンディ・ファーロングら（Furlong, A., 2009）は「個人化のプロセスは長期的に形成されてきた趨勢とつながっているとも言いうる。教育や労働市場において，若者はより重い自己責任を負うことを迫られ，適切な行動の道筋を見極めるよう強いられる。リスク社会と不安定は，相互依存的社会で個人主義的展望をもてというプレッシャー

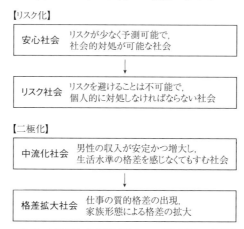

図1-1　リスク化と二極化のまとめ

出典：山田昌弘『希望格差社会——「負け組」の絶望感が日本を引き裂く』筑摩書房，2004年，69頁より作成。

の結果でもある」と述べており，リスクが高まるなかで若者は，常に個人の行動における選択の結果の責任を負わされているのである。

このように，現代社会が不安定化するなかでは，若者を取り巻く環境は厳しさを増す一方である。山田（2004）は，現代社会の最大の問題点を「希望格差」と主張した。

山田は，近年の社会の変化を「リスク化」「二極化」という2つのキーワードで捉え（図1-1参照），得られる収入の格差を「量的格差」とする一方で，個人の通常の努力では乗り越えることが不可能な差を「質的格差」と述べ，この「質的格差拡大」が，様々な「問題」の二極化を進めるとともに，リスク化，二極化の影響は，生活状況を不安定化させるだけでなく，人々の社会意識までも不安定なものにするとしている。そして，現代日本では，リスクの普遍化が進行し「リスクが避け得ないものとなると同時に，個人は，そのリスクをヘッジすることや，そして，生じたリスクに対処することを，個人で行わなければならない時代になっている」と山田は指摘する。ここで重要な点は，山田が，普遍化したリスクは，個人の対応能力でもってその発生確率を低くすることがで

きるにもかかわらず，二極化の勝ち組は，お金や知的能力でリスクに遭遇することを避けることができるが，一方，負け組に分類される人は，リスクを事前にヘッジするコストが払えないといった状況に置かれてしまうなど，リスクの普遍化がリスクの二極化を加速させることや，リスクに対処するのも個人の能力次第であると指摘していることである。[19]つまり，リスクの普遍化は，格差を拡大させる装置になり得ると考えられ，経済的に厳しい状況に置かれている者たちはリスクへの対処能力を備えることが難しくなることを意味するのである。

さらに山田（2006）は，希望格差社会における教育格差の問題について，学校教育のリスク化と二極化が生じたことをあげる。リスク化とは，勉強して学校に入り努力しても，その努力が報われない「可能性」が高まること，二極化は学校歴に見合った職に就けた人と就けない人の格差が結果的に拡大することだと述べている。[20]この点について原清治（2009）は，「近代化に必須のプロセスだと考えられていた人的資本論については，教育と所得の関係の不明瞭さや先進諸国のモデルをそのまま適応することに対する疑問をもつ研究者も少なくなかった」と述べ，大学卒業者からも労働世界への移行が容易でない日本においては人的資本モデルが機能しなくなりつつあることを指摘している。[21][22]実際に，近年の大卒就職環境をみても厳しい状況が続いているのが実情である。[23]

そして，本田由紀（2005）は，日本社会は「メリトクラシー」のひとつの典型ないし極限形態にあることを指摘しながら，現代を「ポスト近代社会」と捉えた。[24]そして「ポスト近代社会」の生産構造のもとでは，「労働も量的・質的に柔軟に編成せざるをえない。量的な柔軟化を実現するためには，安定的な雇用の比重を減らし，必要に応じて出し入れ可能な不安定雇用の部分を増大させることが不可欠である。また質的な柔軟性を確保するためには，労働者に対しては市場への高い感応性や継続的な自己変革能力が求められるようになる」と述べ，[25]このような産業構造の変化を主要な動因のひとつとして，ベックの個人化とリスク化，ギデンスの再帰化など「組織・個人の動き方に関する『自由』の増大につらなる諸事象をもたらした」と指摘し，[26]このような「ポスト近代社会」におけるメリトクラシーの亜種あるいは発展形態を「ハイパー・メリトク

図1-2 学力階層とリスク差（イメージ）

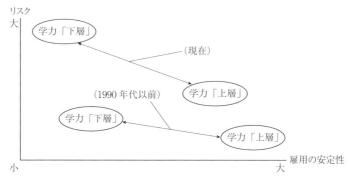

出典：児美川孝一郎『権利としてのキャリア教育（若者の希望と社会）』明石書店，2007年，59頁より作成．

ラシー」とした[27]。つまり，現代社会においては，社会における個人の能力判断基準の捉え方が変化している状況にあると考えることができるのである。

それでは，こうした「リスク」が高まる現代社会のなかで，高校生の進路意識をどのように捉えることができるのだろうか。児美川孝一郎（2007）は，現代の高校生の進路問題における「リスク」について，激しい学力・進学競争に参戦し，上層を目指す「勝ち組」のポジションを獲得しようとする層がいる一方で，学力競争には早々と見切りをつける者や，完全に見切りをつけるわけにもいかず適度に折り合いをつけるといった中間層の存在を指摘しながら，「学力競争における『上層』のポジションを占めることが，その後の職業生活や生涯における"安定"を必ずしも約束するわけではないという点こそ，今日の事態の特徴がある」と論じている[29]。

図1-2は，こうした様子を児美川がイメージ的に表現したものであるが，児美川は「学力『上層』と『中・下層』との格差は，たしかに以前から存在していたし，現在も存在する。しかし，注意すべきなのは，学力『上層』も含めて，子どもたち・若者たちが直面することになるリスクの水準が，全体として上昇しているという点にあるわけである」と述べており[30]，現代の高校生の進路選択においては，学力水準にかかわらず，誰もがリスクを負う可能性を内包し

ていることを理解しなくてはならないのである。

　では，大学進学とリスクはどのような関係性をもつのかについて検討してみたい。ここからは中村高康の主張に注目する。中村高康（2009）は，現代社会における教育の大衆化の要因を探るなかで，ギデンスの再帰性概念を用いた[31]。ここで中村は，「学歴主義は，能力をめぐる近代社会特有の不安をさしあたり抑制するために必要な『信仰』であったが，教育拡大及び高学歴化が進行した後期近代社会においては，能力に基づく選抜が一般化するなかで能力に対する不安は大衆化することになり，学校や組織で示される能力評価は，つねに自己の能力に対する不安を引き起こしたり，安心をもたらしたりする」と述べ，これを「メリトクラシーの再帰性」とした[32]。そして中村は，このように教育が大衆化した状況下では「高学歴者であっても，どのような能力が求められ，またどのような能力を自分が持っているのかについて，常に不安定な気持ちにさらされるようになる。すなわち，かつても存在していたものではあるけれども，現代はかつてよりも〈能力不安〉が常態化する時代となってきたように見えるのである」と指摘している[33]。

　また，中村（2011）は，「現代において能力不安を抱く多くの人々は，自己の能力を再帰的にモニタリングしながら，能力アイデンティティを作り直しつづける，と考えることができる」と述べている[34]。このように，誰もが大学に進学することが可能となる現代社会においては，高校生の進路意識のなかで大学進学を果たすこと自体の意味，すなわち，これまでの日本社会においてきわめて重要とされていた学歴取得に対する意味とは何かを自問自答しながら，自身の能力アイデンティティを形成しなくてはならない現状があることを示すこととなる。そして，これらをふまえると，急激な高等教育の大衆化を迎え，大学全入時代といわれる今，大学に進学し学歴を獲得するといった進路選択が，果たして将来的な安心や安定をもたらすことになるのだろうかといった疑問を新たに提示することとなる[35]。筒井淳也（2006）は，「再帰的近代化論」が従来の「合理化論」に対抗している点として，「近代社会は効率性とコントロールの向上を目指してきたが，実際には社会の極端な複雑化（社会分化，専門分化）のせい

37

もあって，人間を取り巻く環境は不確実性の度合いを増すこととなっている」と主張した。つまり，これまで日本社会では教育を受けることが将来のリスクを回避する手段であり，学歴を取得することが将来の安定を得るための効率的で合理的な選択であったとされてきたが，高度経済成長を経て成熟した日本社会が不安定化するなかでは，学歴を取得することは重要であると認識しつつも，一方で将来の不確実性は高まるとともに学歴取得のリスクに対する意識も高まっていることが考えられるのである。

次節では，長期化する経済不況によって日本社会が不安定化するとともに一気に露呈した教育の格差問題，不平等問題について注目することとする。とりわけ1990年代以降の議論を整理しながら，その議論のなかで強調されてきた大学進学費用の負担問題がどのように高校生の進路問題に影響してきたのかについて述べてみたい。

## 第2節　教育をめぐる格差問題と大学進学費用の負担問題

### 1　教育格差問題の台頭

教育は人格形成上，きわめて重要な活動のひとつである。日本国憲法第26条では「すべての国民は，法律の定めるところにより，その能力に応じて，ひとしく教育をうける権利を有する」と，教育はすべての人々が等しく享受できる活動であることを定めている。また，教育基本法第1条では「教育は，人格の完成を目指し，平和で民主的な国家及び社会の形成者として必要な資質を備えた心身ともに健康な国民の育成を期して行われなければならない」とし，同法第4条1項では「すべて国民は，ひとしく，その能力に応じた教育を受ける機会を与えられなければならず，人種，信条，性別，社会的身分，経済的地位又は門地によって，教育上差別されない」と教育の機会均等について明記されている。さらに同法第4条3項では「国及び地方公共団体は，能力があるにもかかわらず，経済的理由によって修学が困難な者に対して，奨学の措置を講じなければならない」としており，能力以外の事由によって教育を受けることが許

されない，あるいは不利な環境に追い込まれている状況があるとするならば，ただちに是正策を講じることが求められているのである。

　こうした教育の基本的な考えにたつと，当然ながら，教育における格差問題は生じてはならない事象であるといえる。しかし，現実には，これまでも教育社会学分野においては，社会階層研究や教育の地位達成研究，経済学分野では所得配分研究として「格差」をテーマに研究が進められてきた。そして，1990年代後半以降，日本経済が長期の不況に入ると，「格差」は社会問題として大きく取り扱われるようになり，とりわけ，経済格差と教育格差の因果関係については，社会的関心事として人々をひきつけるテーマのひとつとなっている。

　1990年代後半以降，一向に回復をみせない日本経済と，政治においても，小泉政権が推し進めた市場原理主義的な思想が，国民生活に格差を拡大させてしまった根源であるとの見方が強まり，戦後日本がつくりあげてきた平等神話が崩壊し不平等社会になったと問題視する論調が活発化してきた。苅谷剛彦『大衆教育社会のゆくえ――学歴主義と平等神話の戦後史』（苅谷剛彦，1995）や，佐藤俊樹『不平等社会日本――さよなら総中流』（佐藤俊樹，2000）は，これまでの日本社会がみてこなかった教育をめぐる格差問題に対して，社会的に関心を高めるきっかけとなった意味でもきわめて意義のある著書のひとつであるといえる。苅谷剛彦（1995）は「戦後の日本社会でも，どのような家庭に生まれたかによって，学校での成績が違ったり，どのような学歴を得られるのかが異なっていた。その意味で，日本でも，教育を通じた不平等の再生産が行われていることは間違いない」と述べ[39]，さらに，以下のように続けている[40]。

　　日本でも「客観的」に見れば，子どもの出身家庭と成績との間に相関関係を見いだせるのだが，そうした事実自体を，教育実践の前提とはしない傾向が強いのだ。それゆえ，大衆教育社会が完成の域に達した以降は，特定の階層や集団にとって日本の教育システムが有利にはたらいているという見方それ自体が，多くの人々にとってはあまりピンとこない現実となっている。それほどまでに教育を通じた社会の大衆化が進展したのだ。実際には学校を通じて不平等の再生産が行われていても，そのような事実にあ

えて目を向けないしくみが作動しているといえるのである。

　また，佐藤俊樹（2000）は，戦前，戦後にかかわらず，日本社会では親の社会経済的地位が子どもの社会経済的地位に再生産されている事実を明らかにしながら，戦前は，それが直接再生産していたのに対して，戦後は生活水準があがって，進学機会そのものが大幅に開かれたことにより，学歴をめぐる競争，昇進をめぐる競争のなかで，長い時間をかけて再生産され，この再生産メカニズムは選抜のなかに埋め込まれてきたと指摘している(41)。しかし，実際には，「『努力すればナントカなる』と自分にいいきかせて，学校や会社の選抜レースに自分や自分の子どもたちを参加させてきた，というのが日本の戦後のいつわらざる姿である。疑念は疑念のまま，見えない障壁は見えない障壁のまま，存在し続けている」と述べているように(42)，経済的に豊かになったことにより，開かれた教育機会のなかで誰もが上昇意識をもちつつも，その結果に対する不安は不安のまま見過ごしてきた現状を鋭く表現している。つまり，両者の指摘をみると，日本が経済成長を終え，不況になるにつれて顕在化した教育における格差の問題は，これまでの日本社会においても存在していたものの，高度経済成長によって国民全体の生活水準が高まっていたことと，教育機会が急激に開かれたことにより，誰もがその事には関心をもたないようにしてきた，いわば見えない事実であったともいえる。

　そして，何より注視しなければならない点は，メリトクラティックな社会を目指すためには，誰もが等しく教育を受けることができる社会であることが前提であるとするならば，1990年代後半以降，日本経済が低迷期になるにつれて顕在化した経済格差の拡大によってもたらされる教育格差の拡大は，新たな問題を提示するということである。そのなかで，階層化される日本においては意欲格差が強まると主張する苅谷（2001）は，学校外での学習時間をメリトクラシー社会における努力の指標とみながら，努力の総量が減少していることを導き，その減少が社会階層によって異なることを確認し，理論的考察を進めた結果，次のように述べている(43)。

　　努力の階層差とその拡大という本章の知見は，メリトクラシーの議論が

暗黙のうちに前提としてきた「努力の平等」という仮定に疑義を差し込む。とりわけ，日本の教育を対象とした議論は，努力主義を強調し「だれもが同じように学校での成功にむけてがんばる（がんばらせる）しくみ」が作動してきたというイメージをつくり上げてきた。しかし，いまや私たちは，そうした努力主義，より正確にいえば，努力＝平等主義がひとつのイデオロギーにすぎないと指摘できる。教育達成における「結果の不平等」は，能力の差異のみによってもたらされるのではない。出身階層の影響を受けた努力の不平等も，そこに介在しているとも考えられる。にもかかわらず「できなかったのはがんばらなかった」というように，個人の失敗を努力の欠如に帰着するとすれば，日本型メリトクラシーのイデオロギー性は，能力の階層差や不平等を隠蔽してきただけにとどまらない。

このような言及は，日本の教育格差の本質を指摘するものであると同時に，結果の不平等を自己責任として個人に帰することを正当化してしまう危険性を指摘するものである。また，原清治（2005）は，「日本の学歴社会は，学歴を獲得したあとの不平等が問われることがあっても，それ以前の不平等を問題視する議論はこれまであまりされてきませんでした。いいかえれば，18歳までの不平等には目をつぶってきたのです。高い学歴を取得するために，みんな同じ条件で競争していることが表面上は自明視されており，したがって，成功した人はそれまでの努力が報われたと解釈するのが日本型の学歴社会の特徴であったのです」と述べ[44]，日本の学歴社会の特徴と，そこに潜む教育の不平等問題に対する日本社会の姿勢について指摘している。

このように，経済が低迷し，家計所得が減少しはじめると，この見えなかった（見ようとしなかった）事実が，「教育費捻出問題」や「教育の不平等問題」という形で，あちこちから湧き出るようになると，「教育をめぐる格差問題」は，社会問題として一斉に注目されるようになったのである。矢野眞和・濱中淳子（2006）は，1970年から2004年の現役高校生の志願率の決定要因を分析した結果，「大学進学需要は，現役大学進学率で測定される範囲よりも広く，就職と専門学校の選択に断念した潜在的な需要が埋め込まれている」ことを指摘し，「『大

学全入時代』といった言葉をかりて，進学を希望すればだれでも大学に行けるようになったと断定するのは誤りである」と述べている[45]。これは序章において濱中が「専門学校進学率の上昇」は，「大学進学に替わる二次的な選択の帰結」であるとした指摘と同様の文脈からの主張であり，1990年代以降の経済不況による家庭の経済力の低迷は，このような大学進学費用の捻出力に多大に影響するといった主張を強化することとなったのである。そして，佐藤学（2007）が「学年齢が上昇するにつれて教育費負担が増すことによって教育への投資を断念した親の挫折が，子どもの教育からの逃避を招く」と述べ[46]，和田秀樹（2009）が「親が高学歴である人ほど子どもの教育について可能性を期待するが，親が高学歴でない人ほど子どもの教育についてあきらめてしまうということである。つまり，親の意識の格差による影響がある」と指摘している[47]。

　このように親の教育観，経済力との関係性については，現在でもなお多くの指摘がなされるなかで，耳塚寛明（2007）の「学力格差と『ペアレントクラシー』の問題」からの考察は，きわめて重要な示唆を与えることとなる。耳塚は，イギリスの社会学者フィリップ・ブラウンが提唱した「ペアレントクラシー」に依拠し[48]，子どもの学力を規定する要因の分析の結果，「学校外教育費支出」「保護者学歴期待」「世帯所得」が上位３つの要因であることを明らかにした。そして，耳塚（2014）は，人材の選抜が本人の業績に基づくのではなく，富を背景とした親の願望がかたちづくる選択次第であると指摘している（図１-３参照）[49]。

　続けて耳塚は，日本社会がペアレントクラシーへの道を歩んでいると推測できるとし，不平等の本質について次のように述べている[50]。

　　　現代日本の社会は不平等な社会である。しかし人々は結果が不平等であるだけではこれを不満には思わない。メリトクラティックな社会では，人々が能力と努力を平等に競えるよう，「機会の均等」化が社会を維持する前提となる。だからこそ人々は，平等な競争の結果としての不平等を，正当な不平等として黙受できる。ところがペアレントクラシーは，平等な競争という前提が保証されない社会であるがゆえに，機会を均等にするだ

第1章　現代社会における高校生の進路問題

図1-3　メリトクラシーとペアレントクラシー

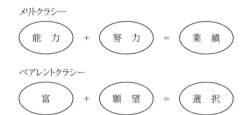

出典：「学力格差の社会学」耳塚寛明『教育格差の社会学』有斐閣，2014年，14頁より作成。

けでは問題は解決しない。一見能力と努力の帰結であるかのように業績主義の衣をまとった学力の背後に，不平等の本質をみなければならない。

　この耳塚の指摘は，子どもの学力を規定する要因として，親の子どもに対する学歴期待の強さが影響していることを示しただけでなく，こうした親の願望の有無が，不平等な競争環境を作り出していることにより，どれだけ機会の均等化を図ったとしても，教育の格差問題を解決するには至らないことを説明する点で意義がある。

　また，このような本人の帰属によって教育格差が生じる現状をふまえつつ，高校生の進路選択における学歴取得に対する意識変化に関する指摘もあることを述べておかなければならない。吉川（2006）は，親が高卒層である場合は，高校卒業が確定した時点で相対的下降はすでに回避され，親が大卒層であれば，大学に進学しなければ下降移動が決定してしまうため，大学進学がより強く動機づけられるとし，「学歴下降回避説」は，このような合理的選択プロセスを仮定することにより，自由な意志で学歴選択をしてもなお，学歴の世代間継承関係が解消されずに持続するという仕組みを説明できるものであるとしている[51]。そして，吉川（2009）は自身が提示した，この「学歴下降回避説」に依拠し，「学歴分断線」を境に存在する学歴上昇家族と学歴下降家族とでは，子どもの大学進学に対する考えに違いが生じはじめている現状について，「親よりも高い学歴を目指し，日本人の多くが上昇移動をしていた高度経済成長期と違って，

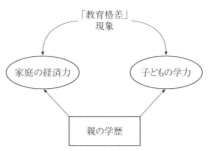

図1-4 「教育格差」現象への親の学歴の介入

出典：吉川徹「学歴は世代をつなぐ」吉川徹・中村高康『学歴・競争・人生——10代のいましておくべきこと』日本図書センター，2012年，194頁より作成。

社会のそうした変動に乏しい現在では，高卒再生家族には，あえて親と同じような人生を歩むことで安定を得ようとする側面がある」と指摘している。つまり，成熟期を迎えた日本の経済状況下のなかでは，高校生やその親たちが将来への展望をいわば冷静な視点で見極めはじめていると考えることができるのである。

　吉川のこうした主張の背景には，教育格差の主要な論点として，家庭の経済力の格差が，子どもの教育現場の問題として強調されることに対する意識がある。吉川（2012）は，教育格差の現象において，家庭の経済力と子どもの学力は共変動（相関）するが，それは家庭の経済力が子どもの学力や進学を左右していることを，ただちに意味するものではなく，ここには間接的な因果関係（擬似相関）が生じやすいと主張する（図1-4参照）。そして，こうした状況のなかで，政策的に「経済的な格差の是正や低所得層の経済的な支援に努めても，学力や進学の格差に対して期待したほどの効果が得られないということもありうる」としている。

　このように，教育格差の問題は，1990年代以降，苅谷が指摘する「大衆化教育社会の完成」を迎えたことと，日本経済の長期不況によって生じた経済格差の拡大によって注目されることとなり，ここまでみたように多くの議論がなさ

れたのである。そして，こうした格差問題の議論においては教育費用の捻出問題が大きなテーマとなるのである。

## 2　大学進学機会の不平等問題

　こうした教育費捻出の問題から生じる教育格差の指摘は，とりわけ大学進学機会の格差の問題として取り上げられることが多い。矢野眞和（1996）は「将来的に18歳人口の減少によって大学に合格しやすくなることや，教育価格が高騰することにより，高所得者層の進学率は，低所得者層の進学率よりも大きく上昇すると予測し，その結果，所得階層別にみた進学機会は，いまよりも不平等になる可能性が強い」と指摘している。[55]また，苅谷剛彦（2001）は，先述したように「努力の不平等」が進行するなかでは，「意欲や興味・関心の階層差の拡大は，教育の世界で個性尊重がより強調されるなかで生じている。心理学的な枠組みで現実を切り取る理解が社会に広まるなかで，私たちの多くは，社会による強制を抑圧とみなし，個人の選択や自由の拡大を尊重してきた。このように『個人』が尊重されるなかで，個人の形成にかかわる社会的・文化的影響の階層差が拡大しているのである」と述べ，結果の不平等が拡大する状況において，個人の意欲や興味，関心，そこから導かれる「努力」の面でも，階層間の不平等が拡大することを強調する。[56]そして，さらに苅谷は「将来的にさらに拡大する兆しのある経済的・社会的な階層間格差を背景におけば，教育において拡大する不平等や階層間格差は，社会的不平等の拡大再生産に結びつく可能性が高い」と主張した。[57]

　このような階層間格差の拡大と大学進学格差の関係性については，青幹大・村田治（2007）の研究でも，内部収益率を用いて大学への進学行動の有益性を大学・学部別に計測し，大学入学偏差値と親の所得状況を調査した結果，大学・学部別で収益率に差異があることから学歴による所得格差が広がり，収益率格差と偏差値の関係をみても，偏差値の高い大学・学部ほど収益率が高いことが示されたことにより，親の所得が高いほど子どもの偏差値も高い傾向がみられ，収益率格差から生じる所得格差は拡大傾向にあるとの指摘がなされ，[58]大

学進学機会の格差が所得格差を生む現状を明らかにしている。吉川徹（2006）は，このような大学進学にかかる圧力について，「大学進学の多重圧力」に関する問題の所在を，日本や欧米諸国のように高学歴化の局面を過ぎたポスト産業化社会にあっても，教育年数や進級確率をみたとき，社会的出自（性別と親の社会的地位）による不平等が解消されていないというところにあること。そして，社会的出自による不平等は，民主主義社会では何としても解決されるべき課題である。それだけに，教育を政策から考える立場では，教育の量的拡大つまり高学歴化によって，教育機会の不平等が解消されることが想定・期待されてきたとしている。しかし，こうした期待とは裏腹に日本の現状について次のように述べている。

　　ところが現代日本の現実をみると，社会的出自による不平等は，その争点を高校進学機会格差，大学進学機会の二段構えの状態から，大学進学機会格差へとただ集約したにすぎず，不平等の総量は，大きく減ることなく持続している。そしてすでに確認したとおり，現代日本社会では，大学進学／非進学という境界が，教育機会の重要な要素となっている。わたしたちが親と子の間の地位継承を考える際には，大学進学機会は，多くの人が通過するきわめて重要な「関門」として注目されることになるのである。

　こうして，大学進学というひとつの選択肢を，「選べるのか（進学する者）」「選べないのか（進学できない者）」という問いかけに対する答えが，教育機会の格差の象徴となった。そして，この選択肢を選ぶ個々の判断基準が形成される過程として，社会的出自が多分に影響しているといった論調が強調されると，大学進学機会を享受される者とされない者との間に，克服できない壁が存在しているような印象を与えるようになったのである。さらに，吉川は，同一人口全員が大学進学を目指して競い，学歴社会が目指した平等状態が完成するような理想的なモデルになっていない状況のなかで，今日の教育社会学，階級・階層論では，表面に現れた入試学力の背後にある，別の要因が問題視されることとなったとし，この点について次のように述べている。

　　むしろ日本社会において有力な説明論理は，学校における努力には，児

童・生徒本人に帰することのできない階層的出自による差があるという考え方である。大学進学をするには学力が不十分である，大学進学に関心がない，在籍する高校のカリキュラムから考えれば大学進学は難しい，というような進路決定段階にある高校生がもつさまざまな条件は，単純に本人の努力の結果と考えるべき事項ではない。これらの要因は，もとをたどるならば，それぞれの個人にとって変更不可能な社会的出自に起因し，18歳までの就学過程において，本人の獲得的属性（アチード・アスクリプション）へと転化しているものだからである。よって問題は，根源にある階層差へと還元されることになるのである。

　以上のように，所得が低いことによって自身としては階層低位に位置しているといった階層意識をもつ者たちなどからみて，大学への進学を可能とする条件として，高額な授業料負担をどのようにクリアするかは現代社会の大きな関心ごとになっている。そして，中西裕子（2000）は，高校段階の選抜で上位の順位についた者は，次の選抜段階である大学入試においてどの程度有利になっているのかについて調査，分析をした結果「難関大学に合格するには難関高校に合格しなければならない」という移動規範の根拠を確認しており，一定水準以上の学力をもつ者は，より高い地位を目指し，学歴獲得競争に参戦してくこととなる。このように，他の者より少しでも高い社会的地位を獲得するために，中野英夫（2008）が，義務教育の小学校でも学習塾や家庭教師など学校以外の補助学習費が年々高まっていることを指摘し，こうした状況から「子供の学力は，親の所得に左右されるところが大きい」と述べているように，学校外教育費の投資額の差が学歴獲得の勝敗を決定させる要因になりはじめるようになると，教育費負担力の影響は低年齢化を余儀なくされることとなり，教育に投資できる経済的余力がある層においては，できるだけ社会的威信の高い大学へ進学するための受験環境を早期から整備することとなったのである。この点について中村は「戦後教育で目立ってきた通塾や早期教育には嗜癖的な要素がある。つまり，再帰的に能力アイデンティティを模索する自己にとっては，塾に通い続けることや『お受験』に熱中することは，その学習上の効果とは別に，能力

不安を抑制する効果がある」と指摘している[65]。

　このような教育投資が過熱する背景について，フランスの社会学者ピエール・ブルデュー（Bourdieu, P., 1990）は，社会階級と教育制度の関わりの視点で次のように述べている[66]。

　　　学校の急増とそれに関連した教育制度そのもの多様な変化を，そしてさらには，学校資格と得られる職との関係が変わったことが（少なくともひとつの）原因となって生じた社会構造のもろもろの変化をひきおこしているけれども，こうした変化は学歴資格をめぐる競争の激化の結果である。そしてこのような競争の激化にはおそらく，支配階級および中間階級の最も経済資本の豊かな層（前者で言えば商・工業経営者，後者で言えば職人・商人）が自分たちの集団の再生産を確実なものにするために，教育制度の利用をこれまでよりもはるかに強化せざるをえなくなったということが，大いに関係しているだろう。

　つまり，私立大学を中心に大学の量的発展を遂げた日本において，大学進学機会が拡大すればするほど，経済的余力があり教育費用の捻出が可能な家庭は，自身が社会的に安定した地位に居続けるため，すなわち，自身の社会経済的地位を保有し続けるため，あるいは向上させるために，教育投資に対する意識を高めることになるのである[67]。また，数土直紀（2011）は，高学歴化する日本において「高学歴の希少性が失われ，その象徴的価値が下がっていると思われるのに，なぜ学歴が階層帰属意識に及ぼす影響が強まっているのか」についての解明を目的とし検討した結果，「たとえ学歴の象徴的価値が下がっていても，高学歴者グループ内における地位継承者の割合が増大すれば，高学歴者グループ内で高い階層的地位に帰属意識を抱く人びととの割合も増えるのである」と指摘している[68]。

　さらにブルデューは次のように続けている[69]。

　　　こうしてそれまであまり学校というものを利用していなかった層が学校資格をめぐるレース・競争に参加してくると，これまでもっぱら学校によってその再生産が保証されていた諸集団はそのあおりを受けて，自分たち

が保有している学歴の相対的な希少価値を維持し，またそれと関連して階級構造における自分の位置を保持するために，さらに教育への投資を強化していかざるをえなくなる。学歴資格とそれを与える学校教育制度は，こうして階級間の競争の大きな争点のひとつとなり，教育の需要と学歴資格のインフレ現象をますます拡大し増大させてゆくことになるのである。

　こうした指摘は，大学全入によって，進路多様校生徒が大学進学にシフトすることによって，それまで大学進学を果たしていた学力上位層において，中村がいう能力不安がもたらされていることを示すとともに，大学全入という現象が，さらなる教育格差を拡大させる装置のひとつであることを示唆するものである。すなわち，大学進学者の急激な増加によって，単に大学進学するだけでは，自身の能力に対する安心を得るには不十分となり，できるだけ価値のある学歴を保有するための努力をしなければならないという不安感を高めることや，たとえ大卒という学歴の価値が下がったとしても，地位継承者の割合が増える階層レベルに自身が位置しているのであれば，早期からの学校外教育費への投資を加速することとなるのである。一方で，こうした環境が整備できない層は，受験競争から早々に降りてしまう層として仕分けをされてしまうのである。つまり，大学進学機会の不平等問題には，大学進学に対する親の考え方の違いや教育費用の捻出力の有無が，子どもの学力形成に影響を与えるといった主張のほかにも，大学全入という現象がもたらす能力不安の高まりによって，格差が拡大するといった側面があることも指摘できるのである。

　以上，このように，教育をめぐる格差問題は，大学進学費用の負担問題と密接な関わりをもつことがみてとれる。そして，このような個人を取り巻く諸条件の違いが初等中等教育期間を経て，高校卒業時の進路選択の際に，大学進学，短期大学や専門学校といった進学組と就職組，そしてフリーター，無業と多様な選択肢から自らの意思決定で選ぶことを迫られるのである。しかしながら本節でみたように，この意思決定は人によって不平等な状況でおこなわれており，このような不平等の解消の方策や，なんとか教育費用を工面しながら受験競争に残ろうとする層に対する経済支援政策として，日本では奨学金政策に大きな

期待が寄せられることとなったのである。

## 第3節　大学進学費用の負担問題と奨学金政策の動向

### 1　諸外国の大学進学環境との比較——OECDデータを基に

ここでは，OECDデータからみた諸外国の高等教育を取り巻く状況を概観しながら，日本の現状についてみてみたい。

はじめに，諸外国の大学進学率の状況をみてみたい。図1-5は，高等教育（大学型高等教育）進学率の推移である。

まず，2011年当時で最も高い値を示しているアメリカの推移をみてみると，1995年，2000年は57，58％であった進学率は，2005年に60％を，2009年には70％を超え，2011年当時は72％と高い数値を示している。これに対して，イギリスやEU加盟21カ国平均，OECD加盟国平均は，1995年時点では30％台後半だった数値は，2005年には50％を超え，その後は緩やかに上昇しながら2011年当時は60％前後に達している。また，韓国は1995年に41％であった数値は2000年に45％，2005年に51％となり，2008年には71％と急激な上昇を示し，2011年当時には69％とアメリカに次いで高い進学率を保っており，急激な高学歴化が進展している状況がうかがえる。こうした諸外国の動きに対して日本は，1995年時点に31％であった進学率は，2000年に40％に達した後は，2009年まで40％台で緩やかに上昇しながら2010年にようやく51％に達したが，2011年当時においても52％と各国に比べると低い水準にある。このように日本の大学進学率は諸外国と比べると決して高くないものの，それでも大学大衆化の進展とともに，日本においても高等教育費支出に対する関心が高まることとなり，OECD調査に代表されるように高等教育の公私負担割合に注目が集まるようになったのである。[70]

表1-1は，諸外国における教育機関（高等教育）に対する最終支出の公私負担割合を示したものである。2000年の公財政支出割合をみると，EU加盟21カ国平均が85.7％と最も高く，次いでOECD各国平均の77.4％，イギリスの

第1章　現代社会における高校生の進路問題

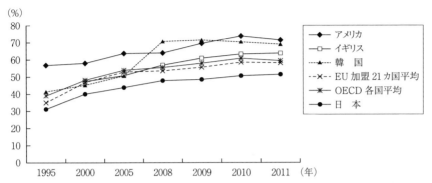

図1-5　高等教育（大学型高等教育）進学率の推移（2000～2011年）

注：1995年のイギリスは「m」（計測が不明）。
出典：経済協力開発機構『図表でみる教育OECDインディケータ（2013年版）』明石書店，2013年，325頁より作成。

表1-1　教育支出の公私負担割合（高等教育）（2000年，2010年）

（単位：%）

|  | 2010年 | | | | 2000年 | |
|---|---|---|---|---|---|---|
|  | 公財政 | 私　費 | | | 公財政 | 私費合計 |
|  |  | 家計 | その他私的部門の支出 | 私費合計 |  |  |
| アメリカ | 36.3 | 47.8 | 15.9 | 63.7 | 37.4 | 62.6 |
| イギリス | 25.2 | 56.1 | 18.7 | 74.8 | 67.7 | 32.3 |
| 韓　国 | 27.3 | 47.1 | 25.6 | 72.7 | 23.3 | 76.7 |
| EU加盟21カ国平均 | 77.3 | — | — | 22.7 | 85.7 | 14.3 |
| OECD各国平均 | 68.4 | — | — | 31.6 | 77.4 | 22.6 |
| 日　本 | 34.4 | 51.5 | 14.1 | 65.6 | 38.5 | 61.5 |

注：私費合計は私費部門を通じて教育機関に支払われた公的補助金を含む。
出典：経済協力開発機構『図表でみる教育OECDインディケータ（2013年版）』明石書店，2013年，218頁より作成。

67.7％と続いている。一方，支出割合が低いのは，韓国23.3％，アメリカ37.4％と続き日本も38.5％と低い水準であった。この数値は，OECD各国平均の約半分程度でしかなく，アメリカ，韓国，日本においては私費負担の割合が高いことがみてとれる。しかし，2010年をみると，韓国を除き，公的支出の割合は低下をみせている。EU加盟21カ国平均で8.4ポイント，日本で4.1ポイント，OECD各国平均で9ポイントの低下となり，イギリスは42.5ポイントと大きく

低下しており，2000年と比べると，公私が逆転するまでとなった。このように，全体として公的財政支出は低下する一方で私費負担は増加傾向にある。2010年現在では，EU 加盟21カ国平均22.7％，OECD 各国平均31.6％に対して，アメリカ，イギリス，韓国は，60％，70％を超えており，日本も65.6％と高い数値となっている。とりわけ，私費負担のうち家計が占める割合は，アメリカ47.8％，韓国47.1％，イギリス56.1％と高く，日本も51.5％と高い数値を示し，大学進学費用の捻出のためには家計支出に依存せざるを得ない状況がみてとれる。この点については，OECD（2013）としても，とりわけ日本と韓国については，授業料が高いにもかかわらず，学生支援体制が比較的整備されていないことで，学生や家族は相当な経済的負担を強いられている可能性を指摘している。[71]

　表1－2は，学歴別失業者の推移である。アメリカは全体的に失業率が高まっており，なかでも後期中等教育未満の上昇率が際立っている。2011年では16.2％となったのに対して高等教育卒業者は4.9％と低く，2008年と比較した上昇率も低い。イギリスもアメリカ同様，後期中等教育未満と高等教育を比較すると，近年で最も低かった2005年と比較しても後期中等教育未満は5ポイント以上の上昇をみせているが，高等教育は1.8ポイントの上昇にとどまっている。EU 加盟国21カ国平均，OECD 各国平均をみると，後期中等教育未満，後期中等教育及び高等教育以外の中等教育，高等教育ともに同様の傾向がみられ，後期中等教育未満は10％前後～15％前後の失業率が続いており，高等教育は3～5％程度の推移となっている。つまり，学歴が高いほど就業できる可能性が高く，学歴が低いと難しいことが明確となっている。これに対して，韓国は学歴別でみても失業率の割合にそれほど違いはみられず，また，各年次間を比較しても目立った動きはみられない。そして，日本をみても後期中等教育未満は2005年以降計数不明となっているが，後期中等教育及び高等教育以外の中等教育，高等教育を比較しても高等教育が低い数値となっているが，各国ほどの違いはみられず，2011年当時においても1.9ポイントの差にとどまり，各国と比べると学歴別の失業率の差は小さいといってよい。

第1章　現代社会における高校生の進路問題

**表1-2**　学歴別失業率の推移（2000年，2005年，2008年，2011年）

（単位：％）

| | 学　歴 | 2000年 | 2005年 | 2008年 | 2011年 | 2008～2011年の差異（パーセントポイント） |
|---|---|---|---|---|---|---|
| アメリカ | 後期中等教育未満 | 7.9 | 9.0 | 10.1 | 16.2 | 6.1 |
| | 後期中等教育及び高等教育以外の中等後教育 | 3.6 | 5.1 | 5.3 | 10.2 | 4.9 |
| | 高等教育 | 1.8 | 2.6 | 2.4 | 4.9 | 2.5 |
| イギリス | 後期中等教育未満 | 6.6 | 5.1 | 7.5 | 11.0 | 3.5 |
| | 後期中等教育及び高等教育以外の中等後教育 | 4.0 | 3.1 | 4.3 | 5.9 | 1.6 |
| | 高等教育 | 2.1 | 2.1 | 2.8 | 3.9 | 1.1 |
| 韓　国 | 後期中等教育未満 | 3.7 | 2.9 | 2.5 | 2.7 | 0.2 |
| | 後期中等教育及び高等教育以外の中等後教育 | 4.1 | 3.8 | 3.3 | 3.4 | 0.0 |
| | 高等教育 | 3.6 | 2.9 | 2.6 | 2.9 | 0.3 |
| EU加盟21カ国平均 | 後期中等教育未満 | 11.1 | 12.8 | 10.4 | 15.6 | 5.1 |
| | 後期中等教育及び高等教育以外の中等後教育 | 6.9 | 6.8 | 5.2 | 8.5 | 3.3 |
| | 高等教育 | 3.7 | 4.1 | 3.2 | 5.2 | 2.0 |
| OECD各国平均 | 後期中等教育未満 | 9.4 | 10.7 | 8.8 | 12.6 | 3.8 |
| | 後期中等教育及び高等教育以外の中等後教育 | 6.0 | 6.2 | 4.9 | 7.3 | 2.4 |
| | 高等教育 | 3.4 | 3.9 | 3.3 | 4.8 | 1.5 |
| 日　本 | 後期中等教育未満 | 6.0 | m | m | m | m |
| | 後期中等教育及び高等教育以外の中等後教育 | 5.0 | 5.4 | 4.7 | 5.3 | 0.7 |
| | 高等教育 | 3.1 | 2.7 | 2.8 | 3.4 | 0.5 |

注：25～64歳労働人口に占める学歴別失業者数の割合。
　　「m」は計数が不明。
出典：経済協力開発機構『図表でみる教育 OECDインディケータ（2013年版）』明石書店，2013年，99～100頁より作成。

　表1-3は，雇用収入を有する成人の相対所得を学歴別，性別，年齢別で比較したものである。数値は，それぞれ後期中等教育または高等教育以外の中等教育を100としたものである。詳しくみてみたい。まず，全体として，学歴が高いほど収入が高いことがわかる。全高等教育の25歳から64歳でみると，アメリ

**表 1-3** 雇用収入を有する成人の相対所得（学歴別，男女別，年齢層別）（2011年）

（後期中等教育または高等教育以外の中等後教育＝100）

| | 調査年 | 男女別 | 後期中等教育未満 | | | 全高等教育 | | |
|---|---|---|---|---|---|---|---|---|
| | | | 25～64歳 | 25～34歳 | 55～64歳 | 25～64歳 | 25～34歳 | 55～64歳 |
| アメリカ | 2011 | 男性 | 64 | 69 | 66 | 182 | 164 | 175 |
| | | 女性 | 58 | 61 | 55 | 181 | 184 | 184 |
| | | 男女計 | 64 | 69 | 63 | 177 | 165 | 179 |
| イギリス | 2011 | 男性 | 67 | 63 | 75 | 151 | 138 | 152 |
| | | 女性 | 69 | 78 | 69 | 182 | 180 | 175 |
| | | 男女計 | 69 | 70 | 69 | 157 | 145 | 156 |
| 韓　国 | 2011 | 男性 | 72 | 84 | 73 | 137 | 120 | 195 |
| | | 女性 | 78 | 84 | 78 | 153 | 133 | 235 |
| | | 男女計 | 71 | 85 | 67 | 147 | 123 | 212 |
| EU加盟21カ国平均 | | 男性 | 78 | 80 | 77 | 164 | 141 | 178 |
| | | 女性 | 75 | 77 | 68 | 161 | 154 | 169 |
| | | 男女計 | 77 | 81 | 73 | 158 | 140 | 174 |
| OECD各国平均 | | 男性 | 77 | 80 | 75 | 162 | 140 | 176 |
| | | 女性 | 74 | 76 | 68 | 161 | 154 | 174 |
| | | 男女計 | 76 | 80 | 72 | 157 | 140 | 173 |
| 日　本 | 2007 | 男性 | 74 | 88 | 71 | 139 | 125 | 154 |
| | | 女性 | 78 | 73 | 77 | 161 | 155 | 178 |
| | | 男女計 | 80 | 90 | 74 | 148 | 129 | 178 |

注：税抜き所得。
出典：経済協力開発機構『図表でみる教育 OECD インディケータ（2013年版）』明石書店，2013年，117～118頁より作成。

カが177％と最も高く，その他の国も140％後半から150％後半を示している。次に性別でみると，例えばイギリスでは，男性が後期中等教育未満67％，全高等教育151％となっているに対して，女性をみると，同69％，同182％を示しており，男性よりも女性の方が学歴の差による収入差が大きいことがわかる。他国においても同様の傾向をみせており，日本をみても，男性の後期中等教育未満74％，全高等教育139％に対して，女子は同78％，同161％とやはり男性よりも女性の方が差は大きい。つまり，学歴による収入格差は各国でみられるなか，その傾向は女性において強いとみることができる。このような動向をふまえれば，できるだけ高い学歴を得た方がより高い収入を得ることができることは明

らかであり，誰もが高等教育機関にアクセスしたいという考えに至ることは自然な流れであるといえる。

　しかし，注目すべき点は，年齢別の数値である。25歳から34歳の値と55歳から64歳の値をそれぞれ比較してみると，まず，全高等教育では25歳から34歳世代が低い数値になっていることである。アメリカやイギリスでは25歳から34歳世代がやや低いもののその差は最大で15ポイント前後となっている。しかし，その他の国をみると，EU加盟国21カ国平均やOECD各国平均，日本において30ポイント前後の差がみられる。韓国においては80から100ポイント，日本をみても，男性では29ポイント，女性では23ポイント低い数値となっており，アメリカ，イギリスに比べると，若い世代であるほど学歴による所得差は少ないことがわかる。一方，後期中等教育未満をみると，他の国と比べて韓国，日本は若い世代ほど高い数値を示している。これらをみると，日本は，諸外国と比べても，55歳から64歳世代と比べて25歳から34歳世代は，学歴による所得の差が縮小している傾向にあるといえる。

　以上，ここまでOECDデータを基に，諸外国の高等教育動向をふまえながら，日本の高等教育を取り巻く状況についてみてきた。OECD（2009）は「OECD諸国では，ますます知識主導型に変貌していく国際経済において，国としての競争力を高める鍵となるものが高等教育であると考えられており，もちろん日本もその例外ではない」と指摘している。(72)そして，このような指摘が示すように，戦後，科学技術の発展と徹底した合理化によって経済成長を果たした日本社会は，今日，社会の構造変化を求められると，その新たな社会の基盤となるのが「知識」とされ，「知識」が社会・経済の発展を駆動する基本的な要素となる社会，すなわち「知識基盤社会(73)」の構築を推し進めることとなったのである。こうして，日本社会における大学進学への社会的要求はさらに高まることとなったわけだが，日本の高等教育費用の公私負担割合は諸外国と比較しても私費への依存割合が高いことが問題視されるようになった。そして，このような問題を是正するために，奨学金政策が重要な課題となったのである。

## 2　日本における奨学金政策への期待と実態

（1）奨学金政策への関心の高まり

　それでは，日本における奨学金政策の実態についてみていくこととする。この分野においては小林雅之の研究が重要となる。小林（2009）は，大学偏差値ランク別所得の平均と国立大学，私立大学家計所得の分布を整理した結果，国立大学の所得階層への教育機会の開放性は私立大学より高いことや，偏差値ランクの高い大学ほど高所得層が多いことが明らかとなり，偏差値と家計所得によって，高等教育機会に対する学力と所得の影響を説明することができることが示されたと指摘した。(74)そして，こうした問題を解決するために，あらためて奨学金政策の充実を強く主張する。その理由に小林は，大学進学機会の格差が生じる根本的問題を，日本の高額な高等教育費の捻出が困難な家庭が多いことをあげ，これまでの日本の大学進学率の上昇を支えてきたのは「無理する家計」であるとする。そして，矢野らとともに，近年の大学進学率の停滞の要因をこうした「無理する家計」が限界点に達したことにあると指摘し，これまで日本においては，「無理している家計」とアルバイトなどによって学生生活費を捻出している学生の存在によって，教育機会の階層性の問題が日本では大きな政策課題にならなかったとしている。(75)このような大学進学費用の負担問題を解消するために，日本では日本学生支援機構奨学金（旧：日本育英会奨学金）の拡充が進められることとなったのである。古田和久（2006）は，「社会階層と社会移動全国調査（SSM調査）」データに関わる先行研究と，文部科学省が実施している「学生生活実態調査報告（平成12年度～平成16年度）」を整理し，1990年代に入ると所得階層による格差が広がり，家計の負担が限界になったことで，進学できない者が増加している傾向がみられるなか，2000年以降はこの格差の拡大傾向が反転し，格差が縮小したことを指摘した。(76)続けて，古田は，こうした格差縮小の要因には，親の教育費捻出も限界になるなかで，所得が低くなるにつれて奨学金の受給率が高くなる傾向が強くなっている状況を明らかにし，日本育英会奨学金の拡充が進学格差の縮小に寄与していると判断することは妥当であるとしている。(77)また，島一則（2007）も，奨学金事業の重要性を指摘し

第1章　現代社会における高校生の進路問題

ているが，要約すると次のようになる。<sup>(78)</sup>

　　日本学生支援機構の奨学金によって大学進学が可能となった学生に関する経済的効果（ベネフィット）は非常に大きく，これらを生み出すにあたり使用される費用（コスト）の比較の観点を含んだうえでも，日本学生支援機構の奨学金貸与事業には大きな社会的意義があり，機会の均等という平等性の理念だけでなく，経済効率性の観点からも非常に重要な役割を果たしている。

しかし，このように奨学金政策の重要性が指摘される一方で，古田は日本の奨学金政策の問題点について，こうした学費と在学中の生活費を部分的に支える奨学金の拡大を通じた教育機会の均等化は，返済に伴う将来の本人負担の拡大を意味していることや，奨学金の利用者が低所得層の学生に偏っていることを考えれば，低所得層の学生のみに過重に本人負担を求めるものとなっていると指摘し，奨学金返済が重いと認識した低所得層の学生たちが増えれば，借金をしてまで大学まで進学したいと思わない学生が増加し，再び所得階層間の格差が拡大すると懸念している。[79] また，矢野（2007）は，奨学金制度の機能について，1つは，資本市場の不完全性を緩和する機能であるとする。つまり，誰もが担保なしで，奨学金を借りたい人が借りられるようにする有利子ローンであり，現在の奨学金の主流である。もう1つは，所得の配分機能である。これは，豊かな家計から貧しい家計に所得を配分する考え方で，返還免除（贈与）の奨学金がその典型であり，無利子・低利子の貸与は，利子補給額の再分配になるとしている。[80] さらに矢野は，奨学金制度の実態について，次のように述べている。[81]

　　贈与と利子補給による再分配は，機会の平等化政策である。しかし，そのための奨学金投資総額は限られたもので，ほとんどが借金した本人の負担となっている。つまり，現実の奨学金のほとんどは，資本市場の不完全性を緩和する役割を担っている。この機能は，もちろん重要だが，機会の平等化に役立っているとはいえない。誰でも借金できるようになっているとして，誰が借りるだろうか。豊かなる家計も貧しき家計，両者がともに

57

借金して教育に投資するわけではない。豊かな子弟は，親の援助を受けるのが普通だから，経済的に苦しい家庭の子どもは借金をしなさいというシステムになっている。借金した者だけが返却するのは，平等化ではなく，不平等の先送りだ。

　つまり，日本の有利子ローンを主体とする奨学金政策では，大学進学費用を借金によって一時的に調達するにとどまり，結局のところ，長期的にみると，大学進学機会の平等化に寄与しているとはいえない状況にある。

（２）日本学生支援機構奨学金の活用実態

　続いて，日本の奨学金政策の実態についてみてみたい。表１－４は，日本学生支援機構が実施した「平成22年，平成24年度学生生活実態調査」における家庭の年間年収別学生数の割合を示したものである。これをみると，2010年では，国公立では年収700～800万円において国立16.2％，公立17.5％と最も高い割合を示し，私立では年収800～900万円が18.1％と最も高い。そして，2012年になると，私立大学では年収800～900万円が11.7％と依然高い割合となり，国立は年収800～900万円が12.1％と最も高く，公立については，最も高いのが年収600～700万円の12.3％となった。一方，年収400万円未満をみると，国公私立ともに，2010年，2012年においても１桁の割合となっている。

　また，国公立については，2010年と2012年を比較すると，600万円から900万円にかけて特定の年収層が高い数値を示すことはなくなっている。そして，全体としては，2010年，2012年の調査結果ともに，家庭の年間収入が400万円未満の学生の割合は15％程度であるのに対して，600～1000万円未満の累計は40％前半となった。つまり，大学進学者は比較的豊かな家庭の学生で構成されており，厳しい経済状況の家庭の学生の割合は少ないことがあらためて確認できる。

　次に，表１－５は，設置者別，家庭の年間収入別奨学金の希望及び受給の状況を年度別（2008年調査，2010年調査，2012年調査）に示したものである。詳しくみると，2008年，2010年の平均でみた受給者の割合は，家庭の年間収入が800～900万円が高い数値となっていたが，2012年になると，400～500万円が高い

第1章　現代社会における高校生の進路問題

表1-4　家庭の年間年収別学生数の割合（大学昼間部）

(単位：％)

| 年 | 区分 | | 200万円未満 | 200~300 | 300~400 | 400~500 | 500~600 | 600~700 | 700~800 | 800~900 | 900~1,000 | 1,000~1,100 | 1,100~1,200 | 1,200~1,300 | 1,300~1,400 | 1,400~1,500 | 1,500万円以上 | 計 | (参考)平均年間収入(千円) |
|---|---|---|---|---|---|---|---|---|---|---|---|---|---|---|---|---|---|---|---|
| 2012年 | 男 | 国立 | 4.1 | 4.3 | 7.0 | 9.9 | 9.4 | 10.9 | 10.8 | 12.6 | 7.9 | 8.9 | 3.3 | 2.6 | 1.5 | 1.3 | 5.5 | 100.0 | 7,760 |
| | | 公立 | 4.0 | 5.9 | 8.6 | 9.7 | 13.8 | 12.9 | 11.2 | 11.0 | 6.2 | 6.7 | 2.2 | 2.2 | 0.8 | 1.1 | 3.7 | 100.0 | 7,230 |
| | | 私立 | 3.0 | 4.9 | 7.4 | 9.1 | 10.9 | 11.0 | 11.8 | 11.2 | 7.5 | 8.6 | 2.8 | 2.7 | 1.5 | 1.1 | 6.5 | 100.0 | 8,160 |
| | 女 | 国立 | 4.1 | 4.9 | 7.0 | 7.6 | 10.6 | 10.6 | 10.8 | 11.2 | 7.9 | 7.6 | 4.1 | 3.3 | 2.9 | 1.5 | 5.8 | 100.0 | 7,860 |
| | | 公立 | 4.2 | 6.1 | 7.7 | 10.2 | 10.7 | 11.9 | 11.2 | 11.4 | 7.1 | 6.5 | 3.4 | 2.6 | 1.1 | 1.4 | 4.4 | 100.0 | 7,440 |
| | | 私立 | 2.7 | 4.5 | 7.3 | 8.6 | 9.8 | 10.6 | 11.1 | 12.3 | 7.5 | 8.9 | 3.4 | 3.4 | 2.1 | 1.4 | 6.4 | 100.0 | 8,310 |
| | 平均 | 国立 | 4.1 | (8.6) | (15.6) | (24.6) | (34.6) | (45.3) | (56.1) | (68.2) | (76.1) | (84.5) | (88.1) | (91.0) | (93.0) | (94.4) | (100.0) | 100.0 | 7,800 |
| | | | | 4.5 | 7.0 | 9.0 | 9.9 | 10.8 | 10.8 | 12.1 | 7.9 | 8.4 | 3.6 | 2.9 | 2.0 | 1.4 | 5.6 | | |
| | | 公立 | 4.1 | (10.1) | (18.1) | (28.1) | (40.1) | (52.4) | (63.6) | (74.9) | (81.7) | (88.3) | (91.2) | (93.7) | (94.7) | (95.9) | (100.0) | 100.0 | 7,360 |
| | | | | 6.0 | 8.0 | 10.0 | 12.0 | 12.3 | 11.2 | 11.3 | 6.8 | 6.6 | 2.9 | 2.5 | 1.0 | 1.2 | 4.1 | | |
| | | 私立 | 2.8 | (7.5) | (14.9) | (23.8) | (34.2) | (45.0) | (56.5) | (68.2) | (75.7) | (84.5) | (87.6) | (90.6) | (92.4) | (93.6) | (100.0) | 100.0 | 8,230 |
| | | | | 4.7 | 7.4 | 8.9 | 10.4 | 10.8 | 11.5 | 11.7 | 7.5 | 8.8 | 3.1 | 3.0 | 1.8 | 1.2 | 6.4 | | |
| | | 計 | 3.1 | (7.9) | (15.2) | (24.2) | (34.6) | (45.5) | (56.9) | (68.6) | (76.1) | (84.7) | (87.9) | (90.9) | (92.7) | (93.9) | (100.0) | 100.0 | 8,120 |
| | | | | 4.8 | 7.3 | 9.0 | 10.4 | 10.9 | 11.4 | 11.7 | 7.5 | 8.6 | 3.2 | 3.0 | 1.8 | 1.2 | 6.1 | | |
| 2010年 | 男 | 国立 | 4.0 | 4.6 | 6.8 | 9.0 | 8.5 | 9.5 | 15.6 | 9.7 | 6.7 | 9.5 | 3.4 | 3.2 | 2.6 | 1.0 | 5.6 | 100.0 | 7,950 |
| | | 公立 | 5.0 | 5.3 | 8.3 | 8.6 | 12.4 | 11.2 | 18.5 | 8.8 | 5.9 | 6.5 | 2.3 | 1.8 | 1.4 | 0.7 | 3.2 | 100.0 | 7,000 |
| | | 私立 | 4.2 | 4.5 | 7.4 | 8.8 | 10.2 | 10.1 | 10.1 | 17.8 | 7.2 | 7.2 | 3.1 | 2.7 | 1.4 | 0.9 | 5.8 | 100.0 | 7,880 |
| | 女 | 国立 | 5.3 | 4.9 | 6.8 | 7.7 | 7.5 | 10.0 | 17.0 | 9.3 | 6.1 | 8.3 | 3.5 | 3.4 | 1.8 | 1.7 | 6.7 | 100.0 | 8,060 |
| | | 公立 | 5.2 | 5.4 | 7.5 | 8.3 | 10.7 | 10.7 | 16.7 | 10.0 | 6.9 | 6.5 | 2.4 | 2.7 | 1.7 | 1.0 | 4.4 | 100.0 | 7,220 |
| | | 私立 | 4.0 | 4.4 | 6.0 | 7.4 | 9.2 | 9.2 | 10.3 | 18.5 | 6.2 | 8.3 | 3.7 | 3.4 | 1.8 | 1.0 | 6.6 | 100.0 | 8,140 |
| | 平均 | 国立 | 4.5 | (9.2) | (16.0) | (24.5) | (32.6) | (42.3) | (58.5) | (68.1) | (74.6) | (83.7) | (87.2) | (90.5) | (92.8) | (94.1) | (100.0) | 100.0 | 7,990 |
| | | | | 4.7 | 6.8 | 8.5 | 8.1 | 9.7 | 15.8 | 9.6 | 6.5 | 9.1 | 3.5 | 3.3 | 2.3 | 1.3 | 5.9 | | |
| | | 公立 | 5.1 | (10.5) | (18.4) | (26.9) | (38.3) | (49.2) | (66.7) | (76.2) | (82.6) | (89.1) | (91.4) | (93.7) | (95.2) | (96.1) | (100.0) | 100.0 | 7,120 |
| | | | | 5.4 | 7.9 | 8.5 | 11.4 | 10.9 | 17.5 | 9.5 | 6.4 | 6.5 | 2.3 | 2.3 | 1.5 | 0.9 | 3.9 | | |
| | | 私立 | 4.1 | (8.5) | (15.2) | (23.4) | (33.1) | (42.8) | (53.0) | (71.1) | (77.1) | (84.8) | (88.2) | (91.3) | (92.9) | (93.9) | (100.0) | 100.0 | 8,010 |
| | | | | 4.4 | 6.7 | 8.2 | 9.7 | 9.7 | 10.2 | 18.1 | 6.0 | 7.7 | 3.4 | 3.1 | 1.6 | 1.0 | 6.1 | | |
| | | 計 | 4.2 | (8.7) | (15.5) | (23.7) | (33.2) | (42.9) | (54.5) | (70.7) | (76.8) | (84.7) | (88.1) | (91.2) | (92.9) | (93.9) | (100.0) | 100.0 | 7,970 |
| | | | | 4.5 | 6.8 | 8.2 | 9.5 | 9.7 | 11.6 | 16.2 | 6.1 | 7.9 | 3.4 | 3.1 | 1.7 | 1.0 | 6.1 | | |

注：（ ）は、奨学金受給者の割合の累計を示す。
出典：日本学生支援機構「平成22年度、平成24年度学生生活調査結果」より作成。

表1-5 設置者別, 家庭の年間収入別奨学金の希望及び受給の状況（大学昼間部）

(単位：％)

| 年 | 区分 | | 200万円未満 | 200〜300 | 300〜400 | 400〜500 | 500〜600 | 600〜700 | 700〜800 | 800〜900 | 900〜1,000 | 1,000〜1,100 | 1,100〜1,200 | 1,200〜1,300 | 1,300〜1,400 | 1,400〜1,500 | 1,500万円以上 | 計 |
|---|---|---|---|---|---|---|---|---|---|---|---|---|---|---|---|---|---|---|
| 2012年 | 国立 | 受給者 | 6.9 | (14.1) | (24.4) | (36.3) | (48.3) | (59.9) | (70.9) | (81.9) | (88.5) | (94.1) | (96.4) | (97.8) | (98.8) | (99.2) | (100.0) | (100.0) |
| | | 申請したが不採用 | 2.6 | 7.2 | 10.3 | 11.9 | 15.6 | 11.6 | 11.0 | 11.0 | 6.6 | 5.6 | 2.3 | 1.4 | 1.0 | 0.4 | 0.8 | 100.0 |
| | | 希望したが申請しなかった | 2.7 | 1.3 | 6.5 | 5.2 | 11.9 | 13.6 | 9.1 | 11.7 | 6.5 | 6.5 | 6.5 | 2.6 | 6.5 | 2.6 | 1.3 | 100.0 |
| | | 必要ない | 0.8 | 4.4 | 6.8 | 8.7 | 6.5 | 8.9 | 11.1 | 13.3 | 9.0 | 8.0 | 2.4 | 2.2 | 1.5 | 1.9 | 5.1 | 100.0 |
| | | | | 1.2 | 2.9 | 5.7 | | | | 13.2 | 9.5 | 12.1 | 5.5 | 4.9 | 3.3 | 2.4 | 12.0 | 100.0 |
| | 公立 | 受給者 | 6.3 | (15.4) | (26.3) | (39.5) | (52.4) | (65.0) | (76.9) | (86.9) | (92.3) | (95.9) | (97.4) | (98.3) | (98.7) | (99.1) | (100.0) | (100.0) |
| | | 申請したが不採用 | 1.6 | 9.1 | 10.9 | 13.2 | 12.9 | 12.6 | 11.9 | 10.0 | 5.4 | 3.6 | 1.5 | 0.9 | 0.4 | 0.4 | 0.9 | 100.0 |
| | | 希望したが申請しなかった | 2.8 | 4.8 | 12.9 | 6.5 | 19.4 | 6.5 | 8.1 | 9.7 | 9.7 | 4.8 | 4.8 | 1.6 | — | 1.6 | 8.1 | 100.0 |
| | | 必要ない | 0.6 | 5.6 | 4.2 | 9.7 | 11.8 | 12.5 | 9.4 | 14.9 | 8.0 | 7.3 | 4.9 | 1.7 | 1.4 | 1.4 | 4.5 | 100.0 |
| | | | | 0.7 | 3.6 | 4.4 | 10.2 | 12.0 | 10.5 | 12.9 | 8.7 | 12.0 | 5.0 | 5.5 | 2.0 | 2.7 | 9.4 | 100.0 |
| | 私立 | 受給者 | 5.0 | (12.6) | (23.5) | (35.6) | (47.4) | (59.6) | (71.5) | (82.1) | (88.8) | (94.6) | (95.9) | (97.3) | (98.2) | (98.6) | (100.0) | (100.0) |
| | | 申請したが不採用 | 0.8 | 7.6 | 10.9 | 12.1 | 11.8 | 12.2 | 11.9 | 10.6 | 6.7 | 5.8 | 1.3 | 1.4 | 0.9 | 0.4 | 1.4 | 100.0 |
| | | 希望したが申請しなかった | 1.0 | 1.7 | 5.8 | 7.5 | 11.7 | 11.7 | 14.2 | 11.7 | 12.5 | 5.0 | 5.8 | 4.2 | — | 0.8 | 6.7 | 100.0 |
| | | 必要ない | 0.3 | 3.5 | 4.4 | 7.1 | 10.9 | 11.4 | 12.1 | 12.9 | 8.4 | 8.1 | 4.2 | 5.7 | 2.0 | 1.8 | 6.4 | 100.0 |
| | | | | 1.1 | 3.0 | 4.8 | 8.1 | 8.8 | 10.6 | 13.1 | 8.1 | 13.2 | 5.1 | 4.7 | 3.1 | 2.3 | 13.8 | 100.0 |
| | 平均 | 受給者 | 5.4 | (13.0) | (23.8) | (36.0) | (47.9) | (60.0) | (71.7) | (82.3) | (88.9) | (94.6) | (96.1) | (97.5) | (98.4) | (98.8) | (100.0) | (100.0) |
| | | 申請したが不採用 | 1.2 | 7.6 | 10.8 | 12.2 | 11.9 | 12.1 | 11.7 | 10.6 | 6.6 | 5.7 | 1.5 | 1.4 | 0.9 | 0.4 | 1.2 | 100.0 |
| | | 希望したが申請しなかった | 1.4 | 1.7 | 6.2 | 7.0 | 12.7 | 12.1 | 13.0 | 11.6 | 11.3 | 5.3 | 5.9 | 3.8 | 1.2 | 1.2 | 5.8 | 100.0 |
| | | 必要ない | 0.4 | 3.8 | 4.8 | 7.5 | 11.1 | 11.4 | 11.3 | 13.1 | 8.5 | 8.0 | 3.9 | 4.9 | 1.9 | 1.8 | 6.1 | 100.0 |
| | | | | 1.1 | 3.0 | 4.9 | 7.9 | 8.9 | 10.7 | 13.1 | 8.4 | 13.0 | 5.2 | 4.8 | 3.1 | 2.3 | 13.3 | 100.0 |
| 2010年 | 国立 | 受給者 | 7.4 | (15.1) | (25.1) | (36.6) | (46.3) | (57.4) | (72.9) | (82.3) | (87.9) | (93.3) | (95.4) | (97.1) | (98.1) | (98.7) | (100.0) | (100.0) |
| | | 申請したが不採用 | 7.1 | 7.7 | 10.0 | 11.5 | 9.7 | 11 | 15.5 | 9.4 | 5.6 | 5.4 | 2.1 | 1.7 | 1.0 | 0.6 | 1.3 | 100.0 |
| | | 希望したが申請しなかった | 2.8 | 6.0 | 4.8 | 9.5 | 13.1 | 6.0 | 20.2 | 10.7 | 4.8 | 4.8 | 6.0 | 2.4 | 3.6 | — | 1.2 | 100.0 |
| | | 必要ない | 1.2 | 3.5 | 7.5 | 9.3 | 8.3 | 12.4 | 14.8 | 9.3 | 6.3 | 11.0 | 2.8 | 3.0 | 2.9 | 1.6 | 4.3 | 100.0 |
| | | | | 1.2 | 2.7 | 4.4 | 5.8 | 7.3 | 17.2 | 9.9 | 7.7 | 13.4 | 5.2 | 5.5 | 3.7 | 2.1 | 12.7 | 100.0 |
| | 公立 | 受給者 | 7.2 | (15.0) | (26.3) | (37.6) | (51.0) | (62.2) | (78.6) | (86.7) | (91.8) | (95.9) | (97.2) | (98.4) | (98.9) | (99.3) | (100.0) | (100.0) |
| | | 申請したが不採用 | 3.5 | 7.8 | 11.3 | 11.3 | 13.4 | 11.2 | 16.4 | 8.1 | 5.1 | 4.1 | 1.3 | 1.2 | 0.5 | 0.4 | 0.7 | 100.0 |
| | | 希望したが申請しなかった | 4.4 | 5.3 | 1.8 | 5.3 | 14.0 | 15.8 | 21.1 | 10.5 | 7.0 | 1.8 | 1.8 | 5.3 | 1.8 | 1.8 | 3.5 | 100.0 |
| | | 必要ない | 2.3 | 6.2 | 5.5 | 8.1 | 11.7 | 12.1 | 19.8 | 8.8 | 5.1 | 4.8 | 2.9 | 1.5 | 2.9 | 1.5 | 4.8 | 100.0 |
| | | | | 1.7 | 3.7 | 4.5 | 8.4 | 10.0 | 18.4 | 11.6 | 8.6 | 10.6 | 3.8 | 3.9 | 2.7 | 1.5 | 8.4 | 100.0 |

第1章　現代社会における高校生の進路問題

|  |  | (13.5) | (23.3) | (34.6) | (46.2) | (56.3) | (66.6) | (83.0) | (88.2) | (93.2) | (95.5) | (97.3) | (97.9) | (98.3) | (100.0) |  |
|---|---|---|---|---|---|---|---|---|---|---|---|---|---|---|---|---|
| 私立 | 受給者 | 7.3 | 9.8 | 11.3 | 11.6 | 10.1 | 10.3 | 16.4 | 5.2 | 5.0 | 2.3 | 1.8 | 0.6 | 0.4 | 1.7 | 100.0 |
|  | 申請したが不採用 | 1.8 | 4.3 | 8.6 | 6.7 | 9.2 | 7.4 | 19.6 | 8.6 | 11.7 | 6.1 | 5.5 | 1.8 | 0.6 | 4.9 | 100.0 |
|  | 希望したが申請しなかった | 2.5 | 4.8 | 6.6 | 8.2 | 10.7 | 13.5 | 19.7 | 5.8 | 9.1 | 3.2 | 3.1 | 2.1 | 1.1 | 5.8 | 100.0 |
|  | 必要ない | 1.1 | 3.0 | 4.2 | 7.6 | 8.8 | 9.3 | 20.0 | 7.0 | 10.9 | 4.8 | 4.7 | 2.8 | 1.8 | 12.5 | 100.0 |
|  |  | (13.8) | (23.7) | (35.0) | (46.4) | (56.7) | (68.2) | (83.0) | (88.3) | (93.3) | (95.5) | (97.2) | (97.9) | (98.3) | (100.0) |  |
| 平均 | 受給者 | 6.5 | 7.3 | 11.3 | 11.4 | 10.3 | 11.5 | 14.8 | 5.3 | 5.0 | 2.2 | 1.7 | 0.7 | 0.4 | 1.7 | 100.0 |
|  | 申請したが不採用 | 3.8 | 2.7 | 4.3 | 8.2 | 8.9 | 10.2 | 17.7 | 7.8 | 10.0 | 5.9 | 5.0 | 2.1 | 0.5 | 4.2 | 100.0 |
|  | 希望したが申請しなかった | 3.6 | 2.9 | 5.4 | 8.3 | 11.1 | 14.1 | 17.0 | 5.9 | 9.4 | 3.1 | 3.0 | 2.3 | 1.2 | 5.4 | 100.0 |
|  | 必要ない | 1.3 | 3.0 | 4.2 | 7.3 | 8.6 | 11.2 | 17.8 | 7.2 | 11.4 | 4.9 | 4.8 | 2.9 | 1.8 | 12.4 | 100.0 |
|  |  | (14.5) | (25.2) | (38.4) | (49.0) | (59.8) | (72.2) | (84.4) | (90.1) | (96.0) | (97.1) | (98.1) | (98.7) | (98.9) | (100.0) |  |
| 国立 | 受給者 | 7.3 | 7.2 | 13.2 | 10.6 | 10.8 | 12.4 | 12.2 | 5.7 | 5.9 | 1.1 | 1.0 | 1.0 | 0.6 | 1.1 | 100.0 |
|  | 申請したが不採用 | 1.9 | 1.9 | 7.4 | 13.0 | 5.6 | 18.5 | 25.9 | 5.6 | 1.9 | 1.9 | 1.9 | 5.6 | — | — | 100.0 |
|  | 希望したが申請しなかった | 2.3 | 4.2 | 6.1 | 9.5 | 9.1 | 16.3 | 15.5 | 5.7 | 12.1 | 1.5 | 1.5 | 1.9 | 2.7 | 4.9 | 100.0 |
|  | 必要ない | 0.9 | 1.3 | 2.1 | 6.2 | 8.6 | 16.0 | 16.2 | 6.2 | 13.1 | 2.2 | 2.2 | 5.2 | 2.8 | 12.3 | 100.0 |
|  |  | (14.1) | (25.9) | (37.8) | (50.0) | (61.6) | (79.3) | (88.0) | (92.5) | (96.1) | (97.6) | (98.7) | (99.3) | (99.3) | (100.0) |  |
| 公立 | 受給者 | 5.8 | 8.3 | 11.8 | 11.9 | 12.2 | 11.6 | 17.7 | 4.5 | 3.6 | 1.5 | 1.1 | 0.6 | — | 0.7 | 100.0 |
|  | 申請したが不採用 | — | — | 10.8 | 16.2 | 8.1 | 27.0 | 8.7 | 16.2 | — | 2.7 | — | — | 1.1 | 8.1 | 100.0 |
|  | 希望したが申請しなかった | 4.4 | 3.3 | 7.2 | 5.5 | 9.4 | 25.4 | 5.4 | 3.3 | 8.8 | 2.2 | 1.9 | 2.1 | 1.5 | 6.1 | 100.0 |
|  | 必要ない | 0.7 | 1.3 | 3.0 | 9.4 | 10.3 | 20.5 | 9.4 | 7.5 | 12.4 | 2.7 | 3.6 | 2.1 | 2.8 | 8.2 | 100.0 |
|  |  | (12.1) | (21.7) | (33.2) | (45.8) | (55.9) | (66.4) | (84.5) | (89.6) | (94.8) | (96.2) | (97.5) | (98.1) | (98.4) | (100.0) |  |
| 私立 | 受給者 | 5.0 | 7.1 | 9.6 | 11.5 | 12.6 | 10.1 | 18.1 | 5.1 | 5.2 | 1.4 | 1.3 | 0.6 | 0.3 | 1.6 | 100.0 |
|  | 申請したが不採用 | 3.0 | 6.0 | 5.2 | 7.5 | 8.2 | 10.4 | 19.4 | 9.7 | 11.2 | 1.5 | 3.0 | 2.2 | 1.4 | 6.7 | 100.0 |
|  | 希望したが申請しなかった | 1.4 | 2.4 | 6.1 | 8.3 | 10.2 | 9.3 | 23.8 | 6.7 | 9.1 | 1.6 | 3.4 | 1.9 | 1.4 | 7.5 | 100.0 |
|  | 必要ない | 0.7 | 1.1 | 2.6 | 7.3 | 8.7 | 8.8 | 22.3 | 6.7 | 13.9 | 2.5 | 4.8 | 1.9 | 1.0 | 12.5 | 100.0 |
|  |  | (12.7) | (22.6) | (34.4) | (46.6) | (56.9) | (68.1) | (84.7) | (89.9) | (95.1) | (96.5) | (97.7) | (98.3) | (98.6) | (100.0) |  |
| 平均 | 受給者 | 5.5 | 7.2 | 9.9 | 11.8 | 12.2 | 10.3 | 16.6 | 5.2 | 5.2 | 1.4 | 1.2 | 0.6 | 0.3 | 1.4 | 100.0 |
|  | 申請したが不採用 | 2.7 | 5.0 | 5.5 | 6.2 | 8.8 | 7.7 | 20.1 | 9.1 | 9.0 | 1.6 | 3.4 | 1.7 | 1.1 | 5.5 | 100.0 |
|  | 希望したが申請しなかった | 1.7 | 2.8 | 6.1 | 7.2 | 8.4 | 11.3 | 21.7 | 6.4 | 9.7 | 1.6 | 3.0 | 2.0 | 1.2 | 7.0 | 100.0 |
|  | 必要ない | 0.7 | 1.2 | 2.5 | 5.0 | 8.7 | 10.6 | 20.8 | 6.7 | 13.7 | 2.5 | 4.8 | 2.1 | 1.2 | 12.3 | 100.0 |

注：（　）は、奨学金受給者の割合の累計を示す。
出典：日本学生支援機構「平成20年度、平成22年度、平成24年度学生生活調査結果」より作成。

数値となっている。ただし，2008年，2010年をみてもわかるように，400〜500万円が上昇しているわけではなく，800〜900万円の割合が減少しているのである。ここで注目したいのは，2008年，2010年度の800〜900万円において，「申請したが不採用」「希望したが申請しなかった」「必要ない」の割合も，他の区分より多くなっていることである。なかでも「必要ない」が多いことは，奨学金を受給しなくても教育費の捻出が可能であると考えている家庭が多いことを示しながら，一方で実際には受給している家庭も多いという年収層であることがみてとれる。2012年度の800〜900万円の層をみると，受給者の割合こそ低くなっているが，この傾向に変わりはない。これに対して，年間年収400万円未満における受給者の割合は，2008年22.6％，2010年23.7％。2012年23.8％と微増はしているものの20％程度の推移にとどまっている。一方，600〜1000万円未満をみると2008年43.3％，2010年41.9％，2012年41.0％と若干割合は低くなっているものの，依然として，全体に占める割合は高いのである。つまり，2008年，2010年，2012年の調査結果をみると，奨学金の受給者の年収層としては年収の低い層の割合が若干増加しているものの，依然として低水準で推移しており，全体としては，年収の高い層が受給者の大部分を占めていることがうかがえるのである。[82]

　この点について，日本政策金融公庫が2011年度に実施した「教育費負担の実態調査結果（国の教育ローン利用勤務世帯）」によると[83]，年収階層別にみると，年収が低い世帯ほど負担は重くなっており，「年収200万円以上400万円未満」の世帯における在学費用の割合は57.5％と，年収の半分以上を占めていることが明らかとなった。また，教育費の不足分への対応として「教育費以外の支出を削っている（節約）」が62.2％と最も多く，次いで「奨学金を受けている」が56.5％となり，家計における教育費の負担感が重い状況が浮き彫りとなるとともに，進学を可能とするためには奨学金が重要な役割を占めていることがうかがえるとしながらも，一方で，年収階層別に教育費の捻出方法を2007年調査と比較すると，「年収800万円以上」の世帯において「奨学金を受けている」が15.5ポイント増加し，「預貯金や保険などを取り崩している」が12.0ポイント減

少していることが目立ったと報じている。つまり，年間収入が低い低所得者層においては奨学金が頼みの綱である一方で，豊かな家庭においては，教育費負担能力があるにもかかわらず，捻出方法のひとつとして奨学金を選択しているにすぎない状況がうかがえるのである。

こうした状況について朴澤泰男・白川優治（2006）は，私立大学における奨学金の受給率に着目して，学資援助と日本育英会奨学金（当時）の規定要因分析をおこなった。その結果，私立大学の学資援助や第一種奨学金（無利子の奨学金）は，大学の歴史や学生の選抜性と関連し，ともに学力の高い層をカバーしていることを明らかにし，学力が必ずしも高くなく選抜性の低い大学の学生は，負担能力も低いと考えられ，かれらは奨学金が必要でありながら，得られない学生たちが少なくないことを指摘している[84]。これは，学力の高い学生は無利子奨学金の対象になるが，学力の低い学生は，同じ返済の必要のある奨学金を受給するにしても有利子奨学金が主な対象となり，学力の高い学生より多くの借金を抱えることを意味する。また，藤村正司（2007）は「実際進学コストの低い国立大学が，低所得者の教育機会を保障するという役割は志願までの話しであって，入学段階は選抜効果により曖昧になっている」とも述べている[85]。つまり，国公立大学に進学できる程度の学力を有さない学生は，必然的に学費の高い私立大学への進学を中心に検討せざるを得ない状況にあり，ここでも教育機会の是正を阻む格差の問題が見え隠れしているのである。

また，最近では，大学独自の奨学金制度が整備されているとの報告もなされるなど，受験生の経済不安を解消するために大学側も積極的な経済支援に取り組んでいるにもかかわらず，大学進学率は停滞し，日本学生支援機構の奨学金受給割合をみても，低所得階層の割合は依然として低いままとなっており，低所得者のなかでは積極的に大学進学を志望するには至らない進路意識が定着している様子がうかがえる。確かに冒頭の東京大学による調査で示されているように，そもそも低所得者における大学進学率は低く，高所得者は高い状況を前提にすれば，日本学生支援機構奨学金の受給状況が，必然的に高所得者の割合が高くなると考えることはできる。また，末冨芳（2008）は，大学教育費の親

子負担ルールの変貌について，子どもの勉学や自立を考えて親子間教育費ルールを設計する「思慮深い親」の存在と，家計が苦しいと子どもの経済支援をおこなわない「健気でない親」の存在を指摘しており，いずれも低所得者家計で顕著となっていると述べている。この「健気でない親」の存在については，潮木守一（2006）も，これまで諸外国の高等教育の拡大が無償化や税金の投入によって達成されたことに対して，日本は親の年収の上昇率以上に高騰する授業料を「健気な親」たちの血の滲むような努力があったからこそ達成できたとし，日本の高等教育が恐れなければならないのは，18歳人口の減少ではなく，この「健気な親の消滅」であると指摘する。さらに潮木は，こうした現象は，家庭内における子どもの地位の変化が要因にあるとし，これらは「親子関係の市場経済化」というべき現象が進行していることにあり，そこには親自身が自分の老後のための投資にするか，子どものための投資にするかといった問題に直面していると述べている。つまり，このような家庭においては，子どもの将来不安と，親自身の将来不安が並存しているのである。すなわち，問題なのは，こうした状況のなかで，どれだけ奨学金政策を拡大しても，経済的に厳しい家庭環境では大学進学を志望する意識や，積極的に進学費用の捻出をする意識が醸成されにくいことが考えられることである。

　以上，ここまで日本学生支援機構奨学金の受給状況をみながら，日本の奨学金制度の実態をみてきた。次節は，ここまでの議論をもとに，本章のまとめを示したい。

## 第4節　学歴取得に対する価値観の多様化

　本章では，現代社会を「リスク社会」と捉え，リスクが高まる現代日本においては，リスクは個人化，二極化している現状について指摘した。そして，こうしたなか，大学の大衆化が進むことは，高校生が自身の能力を再帰的に捉えることを生じさせ，学歴取得のリスクに対する意識を高めていることをふまえ，現代の高校生の進路問題を考察するうえでは「リスク」に注目することが重要

第1章 現代社会における高校生の進路問題

であることを述べてきた。

　また，リスク社会が到来したとされる1990年代以降から盛んに議論された教育をめぐる格差問題と，そこにある経済格差を起因とした大学進学費用の負担問題への関心は，現代社会の不安定化とともにさらに強まることとなったのである。そして，教育格差問題の重要なファクターでもあった大学進学費用の負担問題の解決，すなわち大学進学機会の平等化という政策課題は，誰もが学歴取得を望むという「日本型学歴主義」への「信仰」を前提とした命題であったともいえ，このような価値観が強かったのは，これまでの日本社会において社会的信用を得るための手段として，学歴を取得することがきわめて重要な要素であると考えられていたからであるといえる。しかし，本章でみてきたように，日本学生支援機構奨学金の活用実態において低所得者層の割合が増加しない状況が続いていることをみると，必ずしもこうした奨学金制度が低所得者層において進学費用負担を解決する方策として，十分な機能を果たしているとはいえないのではないかとの疑問が残ってしまうのである。吉川徹（2012）は，大学進学率の停滞理由を大学進学費用負担の問題とし，これを解決することによって誰もが大学進学にシフトするだろうという前提に立った学費負担軽減の政策提言をする現状に懐疑的な立場をとっている。[90]

　このような吉川の主張は，矢野や小林らの言及とは相対するものであるといってよい。吉川は第2節において教育格差の根源は階層差へと還元されることを指摘している。こうした指摘は，社会階層格差から生じる大学進学機会の格差問題としての性格を含意する点で，矢野や濱中，そして経済的事由が個人の教育機会格差を起因しているといった多くの論調と同質の流れであることは間違いない。しかし，吉川は「所得の格差拡大状況が，単純素朴に意識格差拡大をもたらすという予測には懐疑的である」と述べ，[91] 続けて吉川は，高学歴化の終焉と学歴水準の高原期が長く続くことによって，「日本社会は，世代ごとに状況が移り変わる変動期を脱し，世代を重ねても同型的に学歴比率が再現される恒常的なシステムへと変貌していく。それは必然的に学歴経験の世代間同質化をもたらす」と論じている。[92] そして，教育格差の現象に対しても，家庭の経

済力が，子どもの学力にただちに影響するといった主張に対しても疑問を呈していた。これらは，苅谷や矢野らが，所得格差や教育費の高騰による教育機会格差の拡大が教育の不平等につながることを懸念する主張に対して距離を置くものであり，こうした吉川の主張は，これまで日本の高度成長を支えた日本の学歴上昇志向の終焉を意味するとともに，成熟社会を迎えた日本社会において，学歴取得に対する価値観の拡がりを示唆するものである。

　とはいえ，OECD データからもみえるように，日本の大学進学率が諸外国と比べて決して高いとはいえないなかで，教育費支出の公私負担割合も私費の割合が高い状況にある。この点からすると，例えば奨学金制度の充実政策を含めた大学進学費用の負担問題は継続して議論されるべき課題であるのは間違いない。それは日本学生支援機構の奨学金受給状況をみても，中所得者層や，割合としては少数とはいえ低所得者層においては，私立大学だけでなく，国公立大学に進学した学生にとっても進学費用を捻出するための制度として寄与している。これらをみても奨学金制度が「大学に進学したい者」にとっては重要な制度となっていることは述べておかなければならない。しかし，学歴別の失業率や雇用収入の相対所得をみると，諸外国ほど差がみられないのも日本の特徴であるといえる。そして，学歴別の所得を世代間で比較をすると，55歳から64歳の所得差に比べて，25歳から34歳の若い世代の所得差は縮小している現状がある。このような状況をふまえると，現代日本社会においては，大学進学のメリットが見出しにくい環境にあると考えることもできるのである。

　次章では，大学全入時代の到来によって，大学を取り巻く環境がどのように変化していったのか。そして，その変化が高校生の進路選択にどのような影響を与えたかについてみていくこととする。

**注**

（1）Beck, U., *Risikogesellschaft auf dem Weg in eine andere Moderne*, Suhrkamp Verlag, 1986（ウルリッヒ・ベック（東廉・伊藤美登里訳）『危険社会』法政大学出版局，1998年，1頁）.

（ 2 ） Beck, U., Giddens, A., and Lash, S., *Reflexive modernization: politics, tradition and aesthetics in the modern social order*, Polity Press, 1994（ウルリッヒ・ベック／アンソニー・ギデンス／スコット・ラッシュ（松尾精文・小幡正敏・叶堂隆三訳）『再帰的近代化——近現代における政治，伝統，美的原理』而立書房，1997年，17〜18頁）．
（ 3 ） ウルリッヒ・ベック／アンソニー・ギデンス／スコット・ラッシュ，前掲書，1997年，18頁。
（ 4 ） ウルリッヒ・ベック／アンソニー・ギデンス／スコット・ラッシュ，前掲書，1997年，18頁。
（ 5 ） ウルリッヒ・ベック／アンソニー・ギデンス／スコット・ラッシュ，前掲書，1997年，22頁。
（ 6 ） 川野英二「リスク社会における排除とリスクと連帯」『社会・経済システム』(26)，2005年，40頁。
（ 7 ） こうしたリスク論の展開について山田は，さらに次のように指摘してる。社会学においては，リスクを望ましくないものと捉える傾向がある。社会学が，自由な行動を前提とする社会において，社会秩序や個人の人生を成り立たせるために，どのような形で行動が規制されるかに，研究の主眼を置いてきたからである。そのために，規範や価値観，そして宗教や家族など社会制度が人間行動の自由を規制しリスクを押さえ込むメカニズムの分析に焦点が当てられてきた。その理論的根拠を示したのが，構造機能主義のタルコット・パーソンズや社会システム論のニコラス・ルーマンである。これを要約すると，社会が発展するにつれて社会は複雑になるが，それと同時に，社会がうまく機能し，個人がうまく人生を送るために，社会を統制するシステムが発達し，社会や個人の人生の予測可能性が高まることを強調する。つまり，社会発展はリスクを減少させるはずであるという展望をもったのである。20世紀における社会主義国の成立やケインズ主義的経済政策の展開，福祉国家の発展はまさに，この傾向を裏づける出来事として捉えることができるだろう。しかし，1980年代に入って新自由主義の進展が起き，ベルリンの壁の崩壊などによって社会主義が崩壊する。一方，生活世界の分野ではフェミニズムの浸透などにより規範の弱体化が進む，そのような現実の社会変化に伴い，ウルリッヒ・ベックやアンソニー・ギデンス等の近代社会の構造転換を主張

する社会学者が登場し，社会学におけるリスクに対する見方が反転する（山田昌弘「リスク社会論の課題」『学術の動向』日本学術協力財団，2008年，35～36頁）。

（8）　山田昌弘，前掲書，2008年，36頁。

（9）　Giddens, A., *The Consequences of Modernity*, Polity Press, 1990（アンソニー・ギデンズ（松尾精文・小幡正敏訳）『近代とはいかなる時代か？——モダニティの帰結』而立書房，1993年，30～31頁）。

（10）　Giddens, A., *Modernity and Self-Identity: Self and Society in the Late Modern Age*, Stanford University Press, 1991（アンソニー・ギデンズ（秋吉美都・安藤太郎・筒井淳也訳）『モダニティと自己アイデンティティ——後期近代における自己と社会』ハーベスト社，2005年，36頁）。

（11）　アンソニー・ギデンズ，前掲書，2005年，38頁。

（12）　中西眞知子『再帰的近代社会——リフレクシィブに変化するアイデンティティや感性，市場と公共性』ナカニシヤ出版，2007年，5頁。

（13）　中西眞知子，前掲書，2007年，6頁。

（14）　ウルリッヒ・ベック／アンソニー・ギデンズ／スコット・ラッシュ，前掲書，1997年，33頁。

（15）　山田昌弘，前掲書，2008年，37頁。

（16）　アンディ・ファーロングとフレッド・カートメルは，後期近代を概念化するにあたり，ギデンズとベックがもつ共通関心についてその多くを共有するとしながらも，かれらの主張に対して次にように批判している。「個人化のプロセスは人生経験の多様化による社会的紐帯の主観上の弱まりをあらわしており，こうした変化はライフスタイルの個人化や階級文化の標準化としてみることができる」とし，こうした変化をギデンズとベックは「個人化が世界を〔それぞれに〕解釈し，主観性が社会的リアリティを構築することを意義づけたことについては批判的である。われわれの解釈によれば，ギデンズは，それより控えめだがベックも，個々人の自己再帰性を過度に強調したことで，後期近代のもつ本質をとらえ損ねたのではないだろうか」(Furlong, A., and Cartmel, F., *Young People and Social Change: Individualization and Risk in Late Modernity*, Open University Press, 1997（アンディ・ファーロング／フレッド・カートメル（乾彰夫・西村貴之・平塚眞樹・丸井妙子訳）『若者と社会変容——リスク社会を生きる』大月書店，2009

年，271～274頁))。こうした後期近代化における個人化のプロセスの捉え方が幅広いほど，個人化の形成過程の多様性に注目することができると考えられる。

　アンディ・ファーロングらは，例えば，多様化は新たな経験や人生の道筋をつくりだすが，それは平等化の過程を内に含んではおらず，客観的には，階級に基づく不平等の本質を薄めるものでもない。この多様化は，実際に横たわっている階級的関係を覆い隠し，実際には何の実体もないにもかかわらず，平等化が拡大したような印象を与えるかもしれない。それこそすなわち，われわれが言うところの，後期近代における〈認識論的誤謬〉なのである（同上書，18頁）。

(17)　山田昌弘『希望格差社会――「負け組」の絶望感が日本社会を引き裂く』筑摩書房，2004年，12～14頁。
(18)　山田昌弘，前掲書，2004年，46頁。
(19)　山田昌弘，前掲書，2004年，68～69頁。
(20)　山田昌弘『新平等社会――「希望格差」を超えて』文藝春秋，2006年，248頁。
(21)　ゲーリー・S・ベッカーは「一般的な観察によれば，大学卒業者は大学教育の効果は別として，高校卒業者より『有能』であることが多いと言われている。この点は知能指数，席次，父親の職業または所得，肉体的健康，伝達能力，その他顕著な特徴にかんする情報によっても示される」と述べ，そのうえ明らかなこととして，「収入を決定する際高校出より大学出の方が能力の役割が大きいという証拠があるから，大学の収益率は能力レベルと正の相関にある」と指摘している（Becker, G.S., *Human Capital: A Theoretical and Empirical Analysis with Special Reference to Education*, National Bureau of Economic Research, Inc., 1975（ゲーリー・S.ベッカー（佐野陽子訳）『人的資本――教育を中心とした理論的・経験的分析』東洋経済新聞社，1976年，258頁))。
(22)　原清治『若年就労問題と学力の比較教育社会学』ミネルヴァ書房，2009年，234頁。
(23)　大手就職情報会社のマイナビは，文部科学省が発表した2013年3月に大学を卒業した学生の就職状況について，大卒就職率は67.3%とやや回復傾向がみられるが，20%を超える者（約12万人）が安定的な雇用に就けていないことを報じている（株式会社マイナビ http://news.mynavi.jp/news/2013/08/16/078/index.html：2013年8月20日アクセス）。

(24) 本田由紀『多元化する「能力」と日本社会——ハイパー・メリトクラシー化のなかで』NTT出版，2005年，11頁。
(25) 本田由紀，前掲書，2005年，17頁。
(26) 本田由紀，前掲書，2005年，17頁。
(27) 本田は「メリトクラシー」について「業績主義」を人々の社会的位置づけに関する支配的なルールとする社会とし，このような従来の「メリトクラシー」と「ハイパー・メリトクラシー」との違いについて，次のように述べている「従来のメリトクラシーにおいては，人々の社会的位置づけを決定する上での手続き的な公正さという側面が重要な意味をもっており，それを担保するための代償として，社会の複雑さや多様性とは一定程度解離した大ざっぱさを不可避的に伴っていた。それに対してハイパー・メリトクラシーにおいては，手続き的な公正さという側面が切り捨てられ，場面場面における個々人の実質的・機能的な有用性に即して個々人を遇するという，『業績主義』が本来もっていた意味が前面に押し出される。こうして選抜の手続きという面が後退したことにより，ハイパー・メリトクラシーがその網に捉えようとする『業績』は，個々人の機能的有用性を構成する諸要因の中で，一定の手続きによって切り取られる限定的な一部分だけでなく，人間存在のより全体，ないし深部にまで及ぶものとなる」（本田由紀，前掲書，2005年，21～22頁）。
(28) 児美川孝一郎『権利としてのキャリア教育（若者の希望と社会）』明石書店，2007年，54～55頁。
(29) 児美川孝一郎，前掲書，2007年，58頁。
(30) 児美川孝一郎，前掲書，2007年，58頁。
(31) 中村がギデンスの再帰性概念を重視している理由に，教育と選抜の基礎理論を構想する以上，選抜をする側・選抜される側の行動の原理的な考察も検討可能な行為論的基礎が必要だということがあると述べている。その点において，ギデンスが主体的行為と構造の二重性を基本コンセプトとする構造化理論を展開していた段階からこの再帰性概念を重視していたことが，ギデンスの概念を重視している理由だと述べている（中村高康「メリトクラシーの再帰性について——後期近代における『教育と選抜』に関する一考察」『大阪大学大学院人間学研究科紀要』第35巻，2009年，210頁）。この構造化理論について宮本孝二（2003）は「構造は，

第1章　現代社会における高校生の進路問題

行為や相互行為の条件であるとともに，その帰結でもあるというように把握される。すなわち，社会過程は構造を条件として成立するが，構造は社会過程を通じて再生産（存続および変動）される。これが構造化である。したがって構造化理論の基本的観点は，第一に，構造を実体化せず，行為や相互行為の構造形成力（パワー）を重視し，構造と過程を統一的に把握することである。基本的観点として第二に付け加えるべき点は，構造機能主義の規範偏重，主観主義の意味偏重に対して，構造と過程をパワー・規範・意味の三つの側面によって立体的に把握することである。社会過程を構成する相互行為は，そこに配分資源や権威資源が用いられる側面においてはパワーという特性を示し，規範が用いられる側面においてはサンクションという特性を示し，意味解釈図式が用いられる側面においてはコミュニケーションという特性を示す。そしてそれらに対応して，構造は支配化，正当化，有意味化という動的な概念として把握される」と整理している（宮本孝二『ギデンスの社会理論――その全体像と可能性』八千代出版，2003年，89〜90頁）。

(32) 中村は，このメリトクラシーの再帰性について，「産業構造が転換しサービス経済化が進行すると，従来のメリトクラシーの基準とは異なる能力が求められると多くの人々が『想定』するようになる。この『想定』には多分に教育の大衆化と情報化も関連する。教育が拡大することによって，教育を通じた上昇移動を期待する層が厚さを増し，多くの人にとってメリトクラシーは他人事ではなくなり，自分（あるいは自分の子ども）の問題としてメリトクラシーの妥当性をモニターし始めるようになる」とし，「このようにメリトクラシーの再帰性が従来以上に高まった後期近代社会を『再帰的メリトクラシー社会』と呼ぶことができるだろう」と述べている（中村高康『大衆化とメリトクラシー――教育選抜をめぐる試験と推薦のパラドクス』東京大学出版会，2011年，43〜44頁）。

(33) 中村高康「大学入学者選抜制度改革と社会の変容――不安の時代における『転機到来』説・再考」『教育学研究』第79巻第2号，2012年，59頁。

(34) ここで中村は「『能力アイデンティティ』は専門用語としては定着していたものではないが，再生を試みてもよい便利タームである」としている（中村高康，前掲書，2011年，44頁）。この「能力アイデンティティ」は岩田龍子（1981）が著書『学歴主義の発展構造』において採用したものであるが，整理すると次のとお

りである。「実力を重視するアメリカの社会とちがって、潜在的能力を重視する日本社会では、この「能力アイデンティティ」の確立がことのほか重要な意味をもっており、その理由として、学生が分相応の企業を自らもとめる傾向がある」からだとし、「この問題には、能力の評価が人間の評価にむすびつきやすいという、日本人に特徴的な能力観、人間評価の仕組みがかかわっていると考えられる」と述べている（岩田龍子『学歴主義の発展構造』日本評論社、1981年、111～112頁）。

(35) ギデンス社会学を教育学に適用することについて中村高康（2014）は、「日本においてもギデンスの理論の一貫性・整合性・独創性に対して一定の留保なり批判を向ける議論がみられる」とし、「要は、ギデンスの理論を過度に信奉し過ぎないことが肝要であるが、いずれにしてもギデンスの議論の特徴は、良しにつけ悪しきにつけ、バランスをとった立ち位置にある」と述べ、ギデンス社会学の限界について指摘している。そのうえで、あらためて中村は、「メリトクラシーの議論をギデンス本来の理論的文脈において重視されてきた再帰性の問題に埋め直す試みを他人がやってもいいのではないか」と指摘し、自身の「メリトクラシーの再帰性」を提示した背景について論じている（中村高康「後期近代の理論と教育社会学――A. Giddens のハイ・モダニティ論を中心にして」『教育社会学研究』第94集、2014年、52～55頁）。

(36) 筒井淳也『制度と再帰性の社会学』ハーベスト社、2006年、131頁。

(37) 石戸教嗣は、教育における「リスク／安全」の意識の形成過程を4段階に分け、その第2段階を教育プロセスにおけるリスクとして、1970年代の「偏差値」体制が確立する時期とした。一般に近代化の後発国において学歴獲得競争が過熱するのは福祉制度の整備が遅れるため、教育が一種の「保険」として捉えられていたと指摘する。さらに、教育を受けることは、人生における様々なリスクを回避する一種の保険のような発想で捉えられるようになり、学歴は、それ自体で積極的な経歴形成のためではなく、失業しないための手段、互助的な社会的ネットワーク（学閥、同窓会、OB人脈）に入るための手段として捉えられたと述べている（石戸教嗣『リスクとしての教育――システム論的接近』世界思想社、2007年、4頁）。

(38) 吉川徹（2014）は、現代日本においては雇用の流動化によって自分の能力を表現する決め手として学歴や資格を書く機会が増え重要性が増すなかでは「社会に

出てから繰り返し使い続けることになる最終学歴は，個人の社会的地位やライフチャンスを示すシンボリック・トークン（象徴的価値）として否応なく再帰的なモニタリングの対象となる」と述べている（吉川徹『現代日本の「社会の心」——計量社会意識論』有斐閣，2014年，241～242頁）。続けて吉川は「この学歴の象徴的価値は，社会意識のあり方を大きく左右し，大人たちの『社会の心』に学歴による『傾斜』を生じさせている。このような広い意味合いを含めて，学歴はまさしくシンボリック・トークンとして，アイデンティティの再埋め込み先を引き受けるものだということができる」と論じている（吉川徹，前掲書，2014年，242頁）。

(39) 苅谷剛彦『大衆教育社会のゆくえ——学歴主義と平等神話の戦後史』中央公論新社，1995年，202頁。

(40) 苅谷剛彦，前掲書，1995年，204～205頁。

(41) 佐藤俊樹『不平等社会日本——さよなら総中流』中央公論新社，2000年，78～79頁。

(42) 佐藤俊樹，前掲書，2000年，36頁。

(43) 苅谷剛彦『階層化日本と教育危機——不平等再生産から意欲格差社会へ』有信堂高文社，2001年，159頁。

(44) 山内乾史・原清治『学力論争とはなんだったのか』ミネルヴァ書房，2005年，88～89頁。

(45) 矢野，濱中らは，1977年頃までは，授業料負担が大きいためにやむを得ずに就職する傾向がみられ，1976年の専門学校創設後には，授業料の高騰と進学の難しさ（合格率）のために，大学進学を断念し，専門学校に進学する者がいると指摘している（矢野眞和・濱中淳子「なぜ，大学に進学しないのか——顕在的需要と潜在的需要の決定要因」『教育社会学研究』第79集，日本教育社会学会，2006年，100頁）。

(46) 佐藤学「リスク学入門」『リスク社会の中の教育』岩波書店，2007年，49頁。

(47) 和田秀樹『新学歴社会と日本』中央公論新社，2009年，150頁。

(48) 耳塚寛明「学力格差と『ペアレントクラシー』の問題——教育資源の重点配分と『底上げ指導』を」『BERD』No.8，ベネッセ教育総合研究所，2007年，6頁（http://berd.benesse.jp/berd/center/open/berd/2007/03/pdf/08berd_01.pdf：

2014年 3 月20日アクセス）。
(49) 耳塚寛明「学力格差の社会学」『教育格差の社会学』有斐閣，2014年，13頁。
(50) 耳塚は，こうしたペアレントクラシーが進行するなかでは，学力格差は，もはや教育問題ではなく，社会問題であると捉えている。その理由として，「格差が家族や地域を通じて社会構造自体に由来するからである」と述べ，「学力格差を緩和するためには，第 1 に，その基盤として所得格差の緩和や雇用を促進する政策を必要とする。それは子どもの学力格差の解消に，親世代における競争の結果に介入することを意味する」と指摘している（耳塚寛明，2014年，13～14頁）。
(51) 吉川徹『学歴と格差・不平等——成熟する日本型学歴社会』東京大学出版会，2006年，124頁。
(52) 吉川徹『学歴分断社会』筑摩書房，2009年，202頁。
(53) 吉川徹「学歴は世代をつなぐ」吉川徹・中村高康『学歴・競争・人生——10代のいましておくべきこと』日本図書センター，2012年，194頁。
(54) 吉川は，こうした視点から，この部分の因果の見極めは重要であるとし，ここ数年の「子ども手当て」や「児童手当」の拡充によって，低所得世帯の学力不足が是正されたようには思えないと述べている（吉川徹・中村高康，前掲書，2012年，195～196頁）。
(55) 矢野眞和『高等教育の経済分析と政策』玉川大学出版部，1996年，67頁。
(56) さらに苅谷は「興味・関心に根差した，内発的動機づけに導かれた高い意欲や自己表現を求める高次の（心理的）欲求は，一見すると，だれにとっても望ましい，普遍的な目標にみえる。こうした普遍的な価値をまとうかたちで，教育心理学的に装飾された個人の学習と発達のモデルが社会に普及した。『自ら学び，自ら考える』個人を育成する，自己責任社会の担い手の形成をめざす教育改革がさしたる反論を招いてこなかったのも，そのベースに普遍的な個人の発達モデルが想定されていたからだろう。しかも，そこで前提とされる主体＝個人の発達モデルの普遍性は，市場原理の徹底によって自己責任社会をつくりだそうとする。経済主義的な『強い個人』の形成に，心理学的・教育学的な根拠を与えている。俗流・教育心理学が提供する『強い個人』の発達モデルが，市場主義の『強い個人』を補完する関係が生じているのである」と述べている（苅谷剛彦，前掲書，2001年，184～185頁）。

(57) 苅谷剛彦，前掲書，2001年，221頁。
(58) 青幹大・村田治「大学教育と所得格差」『生活経済研究』第25集，2007年，62頁。
(59) 吉川徹，前掲書，2006年，113頁。
(60) 吉川徹，前掲書，2006年，113〜114頁。
(61) 吉川徹，前掲書，2006年，116頁。
(62) 吉川は，教育関係の調査でよく用いられる学歴観は，再帰的階層意識であるとし，その理由として「諸個人の達成学歴によって学歴の重視度や高学歴志向に差があるのか，さらにそうしたエートスあるいは心性の差が，学歴社会においてどのように機能しているのか，という学歴観を調査する際の重大な関心事となっているからである」と述べている。さらに，「階層構造との関連から『階層差→学歴観の差（業績主義的エートスの差）→階層構造の同型的再生産』というさらに大きな再帰のループを考えることが重要になってくる。簡単にいえば，社会的に上層であるほど学歴志向性が強く，高学歴を肯定する傾向があり，学歴競争に熱を入れ，結果的に上昇移動に成功するが，反対に下層においては脱学歴志向が強いため，上昇移動が難しくなっている」と論じている（吉川徹「大衆教育社会のなかの階層意識」近藤博之編『日本の階層システム3　戦後日本の教育社会』東京大学出版会，2000年，178〜179頁）。先ほど吉川が主張した学歴下降回避説についても，こうした階層意識研究が下敷きとなっていると考えられる。
(63) 中西裕子「学校ランクと社会移動—トーナメント型社会移動規範が隠すもの—」近藤博之編，前掲書，2000年，41〜42頁。
(64) 中野英夫「教育の格差が日本の社会構造を変える」上野敏之・田中宏樹『検証格差拡大社会』日本経済新聞出版社，2008年，193〜194頁。
(65) 中村高康，前掲書，2011年，45頁。
(66) Bourdieu, P., *La distinction: critique sociale du jugement*, Éditions de Minuit, 1979（ピエール・ブルデュー（石井洋二郎訳）『ディスタンクシオン〔社会的判断力批判〕Ⅰ』藤原書店，1990年，202頁）．
(67) ピエール・ブルデューは，再生産の戦略について次のように述べている。「個人や家庭は，無意識的にせよ意識的せよ，現象的にきわめて異なる多様な慣習行動を通して自分の資産を保持しあるいは増大させ，またそれと連関して，階級の関係構造における自らの位置を維持しあるいは向上させようとするのであるが，

再生産の戦略とはこうした慣習行動の総体であって，それらは同一の統一・生成原理の所産であるがゆえにそうしたものとして機能しかつ変容するひとつのシステムをかたちづくっている。これらの戦略は，将来に関する性向（これはそれ自体，当該集団にそなわっている再生産の客観的機会がどれくらいあるかによって決まる）を媒介として，まず第一に再生産すべき資本の量と構造によって，すなわちその集団が所有している経済資本・文化資本・社会関係資本の現在量および潜在量と，資産構造におけるこれら三者の比重によって，規定されてくる。そして第二には，制度化されているものであれいないものであれ，それ自体が諸階級間の関係の状態の関数である再生産手段のシステムの状態（慣習や相続法の状態，労働市場の状態，学校制度の状態，等々）によって規定されてくる。以上をもって正確に言いなおせば，これらの戦略はさまざまな集団の資産とさまざまな再生産手段とのあいだにそのつど成りたつ関係，資産の伝達条件を定めることによって資産の伝達可能性を決定し，各階級間あるいは階級内集団の投資にたいしてもろもろの再生産手段がそれぞれどのような異なった利益をもたらしうるのかを決定するような関係によって，規定されるということだ」（ピエール・ブルデュー，前掲書，1990年，199頁）。小内透（1995）は，ブルデューが再生産戦略の2つのパターンのうち，主として転換の戦略に注目していることについて，「今日の社会が学歴社会ないし教育達成が重視される社会へと変化していることに基づいている」と述べ，支配階級や中間階級が教育制度の利用をこれまでよりもはるかに強化することに対して，「経済資本を文化資本へ転換させるという意味で転換の戦略に他ならず，かれらにとって一つの重要な再生産戦略としての意味を持っている」と指摘している（小内透『再生産論——バースティン，ブルデュー，ボールズ＝ギンティス，ウィリスの再生産論』東信堂，1995年，92頁）。

(68) 数土直紀「高学歴化と階層帰属意識の変容」斎藤友里子・三隅一人編『現代の階層社会3 流動化のなかの社会意識』東京大学出版会，2011年，29頁。

(69) ピエール・ブルデュー，前掲書，1990年，203頁。

(70) 市川昭午（2000）は，1995年当時のOECDデータを整理し，OECD19カ国中，高等教育費の私費負担が最大なのは韓国で84％，次いで日本の57％とアメリカの52％が突出しているとし，諸外国と比較しても日本の高等教育に対する財政支出が相対的に貧弱なことを明らかにした。そして，家計の負担に頼りすぎ，公費負

担が少なすぎるために日本の高等教育に生じている歪みは深刻なものがあるとし，さらに，この問題を解決するために公費負担を増やすことについては，日本の財政構造上，難しいことを指摘している。そして，他方で高等教育に対する政府支出の拡充が困難なこととして，高等教育がもたらす外部効果が，高等教育の大衆化に伴って外部効果を疑問視する見解が強くなり，政府支出の理論的根拠が乏しいことを指摘している（市川昭午『高等教育の変貌と財政』玉川大学出版部，2000年，64～70頁）。

(71) 続けて，日本と韓国は，高等教育に対する公財政教育支出の対GDP比がとくに低い国にも数えられている。このことは，公的貸与補助を受けられる学生の割合が小さいことを一部説明している。しかし，近年，日本，韓国とともに，学生支援体制の整備のための改革を実施していることを留意する必要があり，こうした改革の結果，イギリスやアメリカのように授業料が高く，学生支援体制がよく整備されている国々に近づいていることも指摘している（経済協力開発機構『図表でみる教育――OECDインディケータ（2013年版）』明石書店，2013年，244～245頁）。

(72) OECDは，日本が1990年代初頭のバブル経済崩壊から脱したとともに，政府の行政改革の目玉のひとつに高等教育システムの改革があるとしながら，国際競争力における競争力を維持することが求められると同時に，大学と産業の間の知識移転を促進するような仕組みの改善が必要であると考えられていることを指摘し，続けて，日本の社会には，大学の構造・機能や，大学が将来にわたって果たす役割を，学問の世界だけで決めるに任せておけないという気分が蔓延しているというのが実際のところであると指摘している。そして，教育，学習の予算運用の効率などが批判の中心となり，日本の大学には社会の厳しい目が向けられているとしているが，こうした高等教育予算の問題はOECD諸国が抱える問題と多くの点で共通しているとし，OECD諸国と同様，日本でも国際的な経済競争力を維持するためには高等教育進学率を拡大する必要があるとの見解を示している（OECD『日本の大学改革――OECD高等教育政策レビュー：日本』明石書店，2009年，14頁）。

(73) 文部科学省「学士課程教育の再構築に向けて（審議経過報告）」(http://www.mext.go.jp/b_menu/shingi/chukyo/chukyo4/gijiroku/018/08022508/003.htm：

2012年11月1日アクセス）。
(74) 小林雅之『大学進学の機会——均等化政策の検証』東京大学出版会，2009年，154～156頁。
(75) 小林雅之，前掲書，2009年，193頁。
(76) 古田和久「奨学金政策と大学教育機会の動向」『教育学研究』第73巻第3号，2006年，207～209頁。
(77) 古田和久，前掲書，2006年，211～213頁。
(78) 島一則「日本学生支援機構の奨学金に関わる大学教育投資の経済的効果とコスト－ベネフィット分析——大学生を対象とした貸与事業に注目した試験的推計」『大学財務経営研究』第4号，国立大学財務・経営センター，2007年，95頁。
(79) 古田和久，前掲書，2006年，213～214頁。
(80) 矢野眞和「誰が教育費を負担すべきか——教育費の社会学」IDE大学協会『IDE——現代の高等教育』No. 492・7月号，2007年，14頁。
(81) 矢野眞和，前掲書，2007年，15頁。
(82) 家庭の年間年収が400万円以下である学生の割合からみれば，奨学金の受給状況における同年収層の割合は必ずしも少ないとはいえないといった見方もできるが，ここで強調したいことは，低年収層の奨学金受給割合が高まったとしても，そもそもその年収層の学生割合が増加していない現状があることである。
(83) 日本政策金融公庫が2011（平成23）年7月に「国の教育ローン」を利用した2万1368世帯に調査（郵送，無記名回答）を実施。有効回答数は5200世帯（勤務者世帯）であった（http://www.jfc.go.jp/k/pfcj/pdf/kyouikuhi_chousa_k_h23.pdf：2012年10月10日アクセス）。
(84) 朴澤泰男・白川優治「私立大学における奨学金需給率の規定要因」『教育社会学研究』第78集，2006年，333～334頁。
(85) 藤村正司『大学進学に及ぼす学力・所得・貸与奨学金の効果』東京大学大学経営・政策センター，2007年，17頁。
(86) 末冨芳「変貌する大学教育費『親負担ルール』と学生経済支援——現状と課題」日本学生支援機構『大学と学生』第62号，2008年，16～18頁。
(87) 潮木守一『大学再生への具体像』東信堂，2006年，169頁。
(88) 潮木は，この「健気な親の消滅」が生じた理由について「雇用状況の悪化が家

計を圧迫し，学業の継続を困難にしていることは事実である。だがしかし，筆者の見る限り，理由はそれだけではなさそうである。その背景にはもう一つ別の変化が潜んでいるように思える。その変化とは親と子の間の関係の変化である。かつての親はたとえ収入が減っても，さまざまな工夫を講じて，子どもの学費を工面した。なにしろ子どもは『家の宝』だったから。ところが最近では，子どもは『家の宝』ではなくなった。親から見ると，子どもとはお金ばかりかかり，その割合には見返りの少ない『お荷物』になり始めた。たとえお金をかけても，ニート，フリーターになるかもしれず，信頼できない。いつまでも親のすねをかじられてはたまらない。高校まで出してやったのだから，あとは自分でやりなさい。現在，じわじわと家族内での子どもの地位が変わり始めたらしい。『家の宝』から『家のお荷物』への転落である」と述べている（潮木守一，前掲書，2006年，170頁）。

(89) 続けて潮木は，「これを国家財政のレベルでとらえてみると，限られた公共財収入のうち，どれほどを高等教育費に投じ，どれほどを老人福祉費に回すかという問題となる。高等教育費も老人福祉費も，今では多くの国で公共財支出のなかで大きな割合を占めている。一方を増やせば，一方を削らなければならない。両者は，事実上のトレード・オフの関係にある」と述べており，大学進学費の捻出問題の複雑さがうかがえる（潮木守一，前掲書，2006年，172〜173頁）。

(90) 吉川徹「学歴は世代をつなぐ」吉川徹・中村高康『学歴・競争・人生――10代のいまましておくべきこと』日本図書センター，2012年，214頁。

(91) 吉川徹，前掲書，2006年，206頁。

(92) 吉川徹，前掲書，2006年，246〜247頁。

# 第2章
# 大学大衆化と高校生の進路選択行動の変化

　本章では，今日の「大学全入」をもたらした要因を探るとともに，高校生の進路動向の変化についてみていくこととする。そのために，まず，戦後日本の私立大学政策の制度的プロセスを概観し，とりわけ国策として展開された地方分散化政策によって設置された私立大学が担った役割を確認する。次に，大学入試の緩和政策を整理し，私立大学を取り巻く環境の変化について述べていく。そして最後に，高校生の進路動向をみながら，こうした大学政策がどのような影響を与えたのかについて論じてみたい。

## 第1節　大学の大衆化をもたらした戦後日本の私立大学政策

　日本の私立大学政策は，これまで量的発展を基本的な方針として進められてきた。また，経済，産業計画や国土計画など，文部省以外の各省庁の政策との関連性があったことが，政策遂行の強い推進力となったのである。そして，その動きを牽引したのは政策官庁である文部省ではあったが，これらは国土の均衡ある発展を目指した政府全体の合意であり，主に国土庁の政策，とりわけ第三次，第四次の全国総合開発計画が大きく影響したとの指摘も数多くなされている[1]。なかでも，東京圏，関西圏，名古屋圏の大都市圏[2]（以下，大都市）への人口流出を抑制することや，地方圏（以下，地方）における産業，文化の発展を進めるために，主に私立大学を配置した地方分散化政策は最たる例といえ，1980年代以降，地方自治体は大学の誘致に躍起となった[3]。

　しかし，1990年代後半になると，私立大学を取り巻く環境は大きく変化した。それは，受験人口の減少とともに，大学の入学定員が受験人口を上回り，大学

81

の受験環境において大学優位の状態から,大学進学者優位の状態となったことで,定員割れに陥る大学が急増したのである。近年,地方においては学生募集環境の悪化により,経営が困難な状況に陥り,学生募集を停止する動きがみられる。天野郁夫(2004)は,「大学の地方分散化政策が今では手詰まりとなり,地方に誘致された私立大学の多くは定員の充足が困難な状態にある」と指摘している。

　本節では,これまでの高等教育政策に関する政府の政策展開を整理しながら,主に国土計画において私立大学の地域配置がどのような位置づけにあったのかについて考察してみたい。

## 1　大学の大衆化と私立大学の量的拡大

　戦後日本における大学の量的な拡大政策は,主に高度経済成長という社会背景のなかで急速に高まった大学教育需要への対応であったが,同時に,大学の大衆化をもたらすこととなったのである。このような高等教育の質の変化は,アメリカの高等教育研究者,M・トロウ(Trow. Martin)が1970年に提唱した高等教育の発展段階モデル,いわゆるトロウモデルによって定義づけられる(表2-1参照)。それは,同年年齢層のおよそ15％を収容するところまでは,高等教育制度の基本的な性格をエリート教育と位置づけ,15％を過ぎるとマス段階に入り,大学教育の果たす社会的機能が量だけでなく質の面でも異なり,50％を過ぎるとユニバーサル・アクセス型に移行するとした。そして,こうした変化によって高等教育としての目的は「知識・技能の伝達」から「新しい広い経験の提供」へ変化し,主要機能も「専門分化したエリート養成＋社会の指導者層の育成」から「産業社会に適応しうる全国民の育成」へとその役割と変えるとしている。さらに注目すべきことは,高等教育機関の特色としてマス型が「多様性(多様なレベルの水準をもつ高等教育機関,総合制教育機関の増加)」であるのに対して,ユニバーサル型では「極度の多様性(共通の一定水準の喪失,スタンダードそのものの考え方が疑問視される)」に移行することを意味し,まさに高等教育における教育の質と目的の多様化は必然であると指摘していることで

第2章　大学大衆化と高校生の進路選択行動の変化

表2-1　高等教育システムの発展段階

| 高等教育システムの段階 | エリート型 | マス型 | ユニバーサル・アクセス型 |
|---|---|---|---|
| 全体規模（該当年齢人口に占める大学在籍率） | 15％まで | 15～50％まで | 50％以上 |
| 該当する社会（例） | イギリス・多くの西欧諸国 | 日本・カナダ・スウェーデン等 | アメリカ |
| 高等教育の機会 | 少数者の特権 | 相対的多数者の権利 | 万人の義務 |
| 大学進学の要件 | 制約的（家柄や才能） | 準制約的（一定の制度化された資格） | 開放的（個人の選択意思） |
| 高等教育の目的観 | 人間形成・社会化 | 知識・技能の伝達 | 新しい広い経験の提供 |
| 高等教育の主要機能 | エリート・支配階級の精神や性格の形成 | 専門分化したエリート養成＋社会の指導者層の育成 | 産業社会に適応しうる全国民の育成 |
| 教育課程（カリキュラム） | 高度に構造化（剛構造的） | 構造化＋弾力化（柔構造的） | 非構造的（段階的学習方式の崩壊） |
| 主要な教育方法・手段 | 個人指導・師弟関係重視のチューター制・ゼミナール制 | 非個別的な多人数講義＋補助的ゼミ，パートタイム型・サンドイッチ型コース | 通信・TV・コンピュータ・教育機器等の活用 |
| 学生の進学・就学パターン | 中等教育修了後ストレートに大学進学，中断なく学習して学位取得，ドロップアウト率低い | 中等教育後のノンストレート進学や一時的就学停止（ストップアウト），ドロップアウトの増加 | 入学期のおくれやストップアウト，成人・勤労学生の進学，職業経験者の再入学が激増 |
| 高等教育機関の特色 | 同質性（共通の高い基準をもった大学と専門分化した専門学校） | 多様性（多様なレベルの水準をもつ高等教育機関，総合制教育機関の増加） | 極度の多様性（共通の一定水準の喪失，スタンダードそのものの考え方が疑問視される） |
| 高等教育機関の規模 | 学生数2000～3000人（共通の学問共同体の成立） | 学生・教職員総数3万～4万人（共通の学問共同体であるよりは頭脳の都市） | 学生数は無制限的（共通の学問共同体意識の消滅） |
| 社会と大学との境界 | 明確な区分　閉じられた大学 | 相対的に希薄化　開かれた大学 | 境界区分の消滅　大学と社会との一体化 |
| 最終的な権力の所在と意思決定の主体 | 小規模のエリート集団 | エリート集団＋利益集団＋政治集団 | 一般公衆 |
| 学生の選抜原理 | 中等教育での成績または試験による選抜（能力主義） | 能力主義＋個人の教育機会の均等化原理 | 万人のための教育保証＋集団としての達成水準の均等化 |
| 大学の管理者 | アマチュア大学人の兼任 | 専任化した大学人＋巨大な官僚スタッフ | 管理専門職 |
| 大学の内部運営形態 | 長老教授による寡頭支配 | 長老教授＋若手教員や学生参加による「民主的」支配 | 学内コンセンサスの崩壊？学外者による支配？ |

出典：M・トロウ（天野郁夫・喜多村和之訳）『高学歴社会の大学——エリートからマスへ』東京大学出版会，1976年，194～195頁より作成。

ある[(6)]。そして，こうした高等教育の拡大の持続的趨勢についてトロウは次のように述べている[(7)]。

> 高等教育機会の拡大を求める一般大衆の圧力は，今後ともまず弱まることはないだろう。大学卒の失業問題や高学歴者の過剰生産があれこれいわれている。しかし高等教育をうけたものの方が，より安定性のある，またやり甲斐もあり，給料の高い仕事につけるチャンスが大きいことは依然として事実である。青年やかれらの親たちが，（あらゆる点で）もっとも高い報酬を約束する職業を手に入れたいと考える限り，高等教育の機会に対する需要が衰えることはないだろう。

こうした指摘のように，高度経済成長期を迎えた日本においても大学進学の意義が共有され，大学教育への期待が高まったのは間違いないが，一方で，前章で述べたように，大学進学の圧力として個人にのしかかってきたことも事実である。いずれにしても，このような社会的に上昇志向が高まったことが大学大衆化の原動力となったのである[(8)]。

それでは，日本の大学進学の動向についてみてみたい。図2-1は，日本の18歳人口と大学進学率の推移である。詳しくみると，18歳人口は1966年には249万人となり戦後最初の急増期を迎えているが，これは，第1次ベビーブームといわれる団塊世代が大学受験期を迎えたことによるものである。1970年を過ぎると1976年の154万人まで一旦は減少することとなるが，1977年からは若干の変動はあるものの，緩やかに増加を続けた。そして，第2次ベビーブーム世代の205万人が大学受験期を迎える1992年をピークに，18歳人口は減少期に入り，2008年以降は120万人台の状態が続き，2014年現在は118万人となった。他方，大学（学部）への進学率（過年度高卒者含む）の推移をみると，1956年に7.8％であった進学率は1966年の第1次18歳人口急増期から1975年までのおよそ10年間で27.3％まで上昇しており，先ほどのトロウモデルからみると，この間に日本の大学教育は大衆化へと移行したといえる。とくに，18歳人口が200万人を超えた1960年から1975年には，著しい大学進学率の上昇がみられた。そして，1975年から1985年までの10年間は，18歳人口も150万人から170万人の間

## 第2章　大学大衆化と高校生の進路選択行動の変化

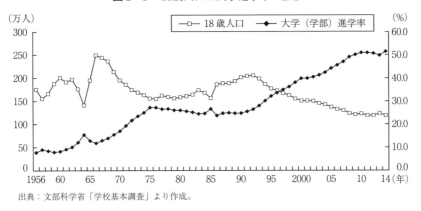

図2-1　18歳人口と大学進学率の推移

出典：文部科学省「学校基本調査」より作成。

で推移し，大学進学率も25％前後で停滞することとなるが，その後は上昇に転じ，1992年以降は，18歳人口は減少期となるにもかかわらず，大学進学率は伸び続け，2003年には40％に達し2009年には50％を超えるまでとなった。その後は，2013年には49.9％と50％を下回り，2014年は51.5％に回復するなど，依然として50％付近で停滞している状況となっている。

　しかし，ここで，さらに実態を把握するためには，実人数の推移をみていかなければならない。表2-2は，2000年から2014年にかけての18歳人口の推移と過年度高卒者を含む大学（学部）の進学者数の推移である。2000年に150万人を超えていた18歳人口は2012年に120万人を下回り，翌年には，一旦，回復するが，2014年には再び120万人を割り込み，118万人程度となった。これに対して，2000年時点で60万人に達していなかった大学進学者数は，2001年に60万人を超え，2010年には62万人に迫るまで緩やかに上昇をしている。先ほどの大学進学率と合わせてみても，進学者数，進学率ともに2010年付近までは上昇をしていたのである。しかし，2011年，進学率は51％まで上昇したが，実際の進学者数は61万2000人に減少したのである。そして，進学率が2013年の49.9％から51.5％と過去最高の進学率となった2014年の進学者数は，2013年の61万4000人から約6000人減少し，60万8000人となっている。このように，2000年から2014

85

表2-2　18歳人口の推移と大学（学部）への進学者数の推移

（単位：人）

| 年 | 18歳人口 | 大学進学者数 |
|---|---|---|
| 2000 | 1,510,994 | 599,655 |
| 2001 | 1,511,845 | 603,953 |
| 2002 | 1,502,711 | 609,337 |
| 2003 | 1,464,800 | 604,785 |
| 2004 | 1,410,679 | 598,331 |
| 2005 | 1,365,804 | 603,760 |
| 2006 | 1,325,722 | 603,054 |
| 2007 | 1,299,571 | 613,613 |
| 2008 | 1,237,294 | 607,159 |
| 2009 | 1,212,499 | 608,731 |
| 2010 | 1,215,843 | 619,119 |
| 2011 | 1,201,934 | 612,858 |
| 2012 | 1,191,210 | 605,390 |
| 2013 | 1,231,117 | 614,183 |
| 2014 | 1,180,838 | 608,232 |

注：進学者数については，過年度は高卒者含む。
出典：文部科学省「学校基本調査」より作成。

年までの大学進学状況は，18歳人口が30万人程度減少しているなか，大学進学率は，39.7％から51.5％と12ポイント程度上昇しているが，実際の進学者数は1万人程度増加したに過ぎなく，直近5年をみると，大学進学者は減少している点には留意しなくてはならない。

他方，大学側の状況をみてみると，戦後の大学の量的拡大政策を支えてきたのは私立大学であったといえる。1955年から2013年までの設置形態別大学数の推移をみても（表2-3参照），1955年は総大学数228校のうち国立が72校，公立34校，私立122校で，全体の私立大学が占める割合は53.5％であったが，1990年には総大学数が500校を超え，私立大学の割合も73.4％まで上昇することとなった。その後も，大学数は増加し続け，2014年現在では，総大学数は781校，うち私立大学数は603校となり，全体の77.2％を占めるまでとなっている。

このように，戦後の日本においては，大学進学率の上昇と私立大学の量的拡大が続いてきた。それは，国公私立を問わず大学の拡大政策に対する価値観が

表2-3　設置形態別大学数の推移

| 年 | 国立 | 公立 | 私立 | 計 | 私立の割合（%） |
|---|---|---|---|---|---|
| 1955 | 72 | 34 | 122 | 228 | 53.5 |
| 1960 | 72 | 33 | 140 | 245 | 57.1 |
| 1965 | 73 | 35 | 209 | 317 | 65.9 |
| 1970 | 75 | 33 | 274 | 382 | 71.7 |
| 1975 | 81 | 34 | 305 | 420 | 72.6 |
| 1980 | 93 | 34 | 319 | 446 | 71.5 |
| 1985 | 95 | 34 | 331 | 460 | 72.0 |
| 1990 | 96 | 39 | 372 | 507 | 73.4 |
| 1995 | 98 | 52 | 415 | 565 | 73.5 |
| 2000 | 99 | 72 | 478 | 649 | 73.7 |
| 2005 | 87 | 86 | 553 | 726 | 76.2 |
| 2010 | 86 | 95 | 597 | 778 | 76.7 |
| 2014 | 86 | 92 | 603 | 781 | 77.2 |

出典：文部科学省「学校基本調査」より作成。

定着したことと，高度経済成長期といった社会的背景によって，大学進学要求が高まり続けたことが要因であるといえるのである。[10]

## 2　高等教育政策の計画的時代への移行

それでは，このような私立大学の量的拡大をもたらした政府の政策展開についてみていくこととする。

まず，戦前期の高等教育政策を整理してみたい。1886年の「帝国大学令」の公布による東京帝国大学の発足を契機に，全国への高等教育の設置が進められることとなった。[11]その後，1903年の「専門学校令」制定により，専門学校と中等教育との接続関係が明確となり，専門学校が高等教育機関として位置づけられることになったのである。また，その後の高等教育機関の量的拡大，地方分散，地方立地の推進の中心となったのが官立の学校群であったように，戦前期の高等教育政策は国による管理体制のなかで進められてきたのである。第一次世界大戦後には，経済の発展や工業化の進展により，国民からの教育需要のみならず，産業界からの学卒求人に対する需要が高まっていった。これに対応する形で1918年に「大学令」が制定されたが，これにより単科大学の設置や，こ

れまで官立のみに制限された設置者規定から，公立大学，私立大学の設置を認めることとなったことは，大学の設置の権限が，地方公共団体や学校法人に与えられることによって大学設置が柔軟となり，多様な大学の設置や地方配置が可能となったのである。[12]

そして，終戦直後の1946年に連合国軍最高司令官総司令部（GHQ）は日本の教育制度改革のために教育刷新委員会を設置し，そこで，大学の大都市集中や教育の機会均等を図るための施策を文部省に要請した。しかし，ここでは国立大学がすべての都道府県に配置されるという一定の成果は得られたものの，地方分散の推進に効果的な手段をもたないまま戦後の教育の量的拡大期を迎えることとなったのである。[13]

文部省中央教育審議会（以下，中教審）は1963年に「大学教育の改善について」[14]を答申した。この答申は，大学が大衆教育に移行するなかで，民主社会の発展にともなう教育民主化の要望にこたえて，広い階層の人々に高い職業教育と市民的教養を与えるという新たな重要な任務を果たすために提言されたものであった。ここでは，これまでの高等教育の規模と高等教育機関の配置について計画性に欠けるところがあったとの認識がなされ，大学の配置について留意すべき点として，高等教育の過度の大都市集中は，是正される必要があることを示している。[15] ところが，このような中教審の指摘とは反対に，戦後の第1次ベビーブームによる大学生急増に連なり，私学の設置認可は野放しに近い状態になったことで，結局，1963年のこの答申は，実効性をともなうものではなかった。

これには，文部省による高等教育機関の地域間格差是正の動きの前に，他省庁の高等教育関連施策が先行していたことが影響している。例えば，大学の量的拡大を促進させる要因のひとつに，1960年に経済審議会で策定された「国民所得倍増計画」があるが，この達成のために産業界から文部省に対して，理工系学部学生の定員を拡大するように圧力がかかり，科学技術者の養成を目的とした大学設置基準の緩和がおこなわれたのである。[16] さらに，1962年には経済企画庁総合計画局による第一次全国総合開発計画（第三次以降は国土庁）が策定さ

れたが，この全国総合開発計画は，日本の現状を把握したうえで，今後，どのように国土計画を進めていくかを提示するものであった[17]。この計画のなかで，大都市と地方における高等教育機会の格差是正策として大学を地域配置することによって，国土の均衡化を目指すこととなったのである。また，このような地方分散化政策は，文部省のみならず政府全体の合意であり，1959年に制定された「首都圏の既成市街地における工業等の制限に関する法律」（工業等制限法）の制定を契機に，大都市における大学の設置及び学部増設を抑制することとなった。つまり，この法律が総理府の外局である首都圏整備委員会であったように，政府において最初に大学立地政策に踏み込んだのは文部省ではなかったのである[18]。

　このような大学教育に対する関心の高まりが，大学の量的拡大につながることとなったわけだが，戦後の高度経済成長期における大学政策では，国立大学が質的側面での向上を優先する必要など財政面の問題から大幅な量的拡大を果たせなかったことで，主に大都市を中心に私立大学が急激に拡大することになり，大学収容力の地域間格差の拡大（大都市偏重）をもたらすこととなったのである。これをうけて中教審は1971年に「今後における学校教育の総合的拡充整備のための基本的施策について[19]」を答申している。ここでは，高等教育の整備充実に関する国の計画的な整備の必要性を提言しているが，これまで，私立大学の設置については，国の全体計画を前提とした規制を加えることなく，また，直接の責任は負わないこととしてきたため，そこから様々な問題が生じていることを指摘している。具体的には，私立大学の大都市集中，文科系の収容力の不均衡，そして，学生数の過大による教育条件の著しい低下である。これらの是正のために政府は，高等教育の改革を促進するよう制度を弾力的なものに改めるとともに，高等教育の整備充実に関する国の基本計画を策定すべきとした。なお，ここでいう基本計画とは，高等教育の全体規模，教育機関の目的・性格による区別，専門分野別の収容力の割合，地域配置などについて長期の目標を定めたものであり，今後における高等教育機関の設置認可の指針であると同時に，国としてその整備充実に必要な財政支出をおこなう対象の範囲を

示すものでなければならないとした。そして文部省は，1976年以降に計画的な整備を実施することとなったが，ここでは，1975年度から1984年度までの10年間計画を前期と後期に振り分け，地方における高等教育機関の充実を期して，政令指定都市特定地域では認可しないとしたのである。つまり，それまで自由放任主義的に大学の拡張をいわば黙認していたところから，高等教育政策の計画的時代に移行することとなったのである。

一方，地方おいては，1974年に発足した国土庁が大学の地域配置に大きな関心をよせていた。それは，学生の大都市への集中的な流出が，地方における過疎化の大きな要因のひとつであると考えていたからである。そこで，大学を適正に地域配置するために「大学班」を置き，国土の均衡ある発展を実現するための施策をとったのである。そして，1977年に閣議決定された第三次全国総合開発計画では，定住構想の実現のために，教育，文化，医療施設が大都市に集中していることの是正を目指すこととなったが，猪俣歳之（2006）によれば，「このような施策により，高等教育機関が地方に立地することによる存在意義の拡大が生じ，地域配置に対する積極的意義が共有される契機となった」と指摘している[20]。

## 3　地方における私立大学立地の推進

文部省は，1986年には受験人口の急増かつ大幅な変動が見込まれたことをふまえて，18歳人口急増期における「昭和61年度以降の高等教育の計画的整備について──昭和60年代計画」を策定した。ここでは18歳人口が1992年にピーク時を迎えることにむけて，質的拡充と併せて恒常的定員と期間を限った定員（臨時的定員）増による量的拡充を推進するとともに，地域配置についても大都市への大学等の新増設の抑制を継続しながら，地方における整備を中心に実施したのである。

そして，この計画では地方における大学立地の促進に大きな影響を及ぼすこととなる公私協力方式による大学の設置が打ち出されたのである[21]。この公私協力方式とは，設置後の運営は学校法人がおこなうが，①地方公共団体が校地，

校舎等の施設及び設備の一部を現物または資金で準備する。②地方公共団体は，学校法人に対し，経常費の一部を補助する，というものである。また，その後の公私協力方式によれば，地方公共団体の援助範囲は(1)用地費等，(2)設置経費（校舎，体育館等），(3)運営費，(4)その他（周辺道路の設備等）の４つに大別される。この方式により，高等教育機関の誘致に積極的な地方自治体は，1980年に国土庁が設置した「学園計画地ライブラリー」を通じて，大学設置を実現させることができたのである。また，国土計画においても，1987年に閣議決定された第四次全国総合開発計画では，多極分散型国土の形成のために，引き続き定住構想の理念のさらなる発展と，大都市への一極集中を是正するための施策のひとつとして，高等教育機関の適正配置を目指すこととなった。

　このような私立大学の地方分散化政策は，とくに小規模の自治体で人口流出の抑制や地域の活性化に一定の効果をもたらすこととなった。国土庁のまとめによると，1980年から1993年までに，大学を新設，あるいは学部の増設，移転をおこなった大学，短期大学は，延べ260校にも達したとしている。そして，これら大学等の立地がおこなわれた市町村の人口規模は，国立（19校）では「５万人未満」から「300万人以上」の都市まで広範囲な人口規模の都市に立地しているが，公立（30校），私立（211校）をみると「５万人未満」の都市に立地する割合は，それぞれ30％，19.3％と高くなっている。なかでも，私立大学は小規模都市で目立ち，20万人未満の都市に58％が立地することとなり，定員規模としても200人から300人未満の小規模大学が全体の４割弱を占めているのが特徴である。また，地方自治体側も，地域の活性化を目指し，積極的に公的財政から大学誘致にかかる経費を捻出したのである。具体的には，設置計画の援助は，助成計画の一環としておこなわれる補助と，とくに基準を設定しない寄付の場合の２つのパターンに大別され，前者は，助成要綱に基づき，校舎，講堂建設費，整備費等，使途を限定した資金援助であり，後者では，創設費用総額の一部は寄付によるものであった。

　表２-４は，国土庁が1980年以降に大学，短期大学の新増設があった市町の担当者に対して，「大学等の高等教育機関を誘致（設立）するに際し当初期待し

表 2-4　設置主体別（国立，公立，私立）大学等立地の期待・効果

| 質問項目 | 国立 | | 公立 | | 私立 | |
|---|---|---|---|---|---|---|
| | 期待 | 効果 | 期待 | 効果 | 期待 | 効果 |
| (1) 地元子弟の進学機会の拡大 | 1.82 | 2.92 | 2.00 | 2.33 | 1.59 | 2.31 |
| (2) 生涯教育・生涯学習体制の整備 | 1.60 | 2.54 | 2.29 | 2.63 | 2.07 | 2.64 |
| (3) 地域の文化環境の向上 | 1.50 | 2.50 | 1.14 | 2.44 | 1.41 | 2.27 |
| (4) 若者，大学等関係者人口の増加 | 1.55 | 2.08 | 1.88 | 2.33 | 1.87 | 2.31 |
| (5) 若者定着による地域の活性化 | 1.45 | 2.75 | 1.75 | 2.78 | 1.94 | 2.66 |
| (6) 研究機能の充実による地域産業の振興 | 1.80 | 2.82 | 1.86 | 2.63 | 2.26 | 2.90 |
| (7) 商業の振興 | 2.00 | 2.36 | 2.43 | 2.75 | 2.07 | 2.62 |
| (8) 地元企業への人材供給 | 2.30 | 2.90 | 2.29 | 2.38 | 2.01 | 2.75 |
| (9) 業務機能の充実 | 2.30 | 2.70 | 2.43 | 2.75 | 2.42 | 2.90 |
| (10) 都市景観の向上 | 2.30 | 2.27 | 2.14 | 2.38 | 2.20 | 2.30 |

出典：国土庁大都市圏整備局『大学の誘致と期待・効果』大蔵省印刷局，1988年，52頁より作成。

ていた効果」（大学等の立地以前に抱いていた期待）及び「大学等の立地が地域に与えた影響・効果」（立地後の効果）についておこなったアンケート調査をまとめたものである。それぞれの設問に対して1　かなり期待していた，2　すこし期待していた，3　期待しなかった，の3段階，立地後の効果については，1　非常に増加した，2　すこし増加した，3　あまり変化していない，4　少し減少した，5　非常に減少した，の5段階での評価となっている。

　詳しくみると，私立大学では，国公立と比べても(1)地元子弟の進学機会の拡大，(8)地元企業への人材供給，において期待が高くなっている。また，(5)若者定着による地域の活性化，では「期待」が国立1.45，公立1.75に対して，私立は1.94と低い数値だったが，「効果」では国立2.75，公立2.78に対して，2.66と最も効果があったとの結果となった。これをみても，大学の誘致が地元の大学進学者や各地域より若者を多く大学周辺に定着させるという点では，一定の効果があったことを示しているといえ，地方において多くの私立大学が設置されたことは，急増する受験生の収容と地域の活性化に大きく貢献したといってよい。

　このように，1980年代から1990年代前半にかけて，主に私立大学を地方に配置することで，全国各地で増加した受験生を収容することが可能となった。そ

れは，国土計画からみても，日本経済が安定成長下にあるなかで，人材を大都市に集中させることなく，地方に定着させることにより，国土の均衡ある発展を実現するためには必要なことであったのである。

### 4　大学の自由化

　以上のように戦後日本の高等教育政策は，経済成長を後押しに人口増加への対応と国土の均衡ある発展を前提としたものであった。しかし，受験人口が減少期となる1993年以降から，文部省の大学政策において徐々に変化がみられるようになる。

　1991年の答申「平成5年度以降の高等教育の計画的整備について」では，大学等の地域配置によって地域間格差の是正と，大学等が地域における文化の中核のひとつとして，当該地域の文化・産業の発展に寄与することや，若者の大都市志向を中枢都市において吸収し，大都市への過度の集中を緩和することを期待している一方で，首都圏，近畿圏の工業（場）等制限区域や，中部圏を含む政令指定都市における新増設の抑制を条件つきで弾力的に取り扱うこととしている。また，これらを除く政令指定都市においても地域制限を設けないとしたのである。そして，1997年の答申「平成12年度以降の高等教育の将来構想について」では，大都市抑制策が，大都市の大学の自由な発展を阻害していることや，大都市の学生にとって大学進学が難しくなっている傾向があると指摘している。[26]

　さらに，1998年の「21世紀の大学像と今後の改革方策について」の中間まとめでは，今後の受験市場は競争環境となることを明言し，18歳人口の減少を勘案した大学経営の責任は，各大学等が負うべきであるという「自己責任論」を展開している。そして，文部科学省は，2000年の「平成12年度我が国の文教政策」のなかで，高等教育の整備と発展の方向として，18歳人口の減少期にある2000年から2004年までの期間における大学等の設置認可について，臨時的定員の大幅な解消と，大学等の入学定員の規模は今後も抑制するとしながらも，時代の変化に即応するための必要性の高いものについては新増設を認める考えを

示すなど，事実上，規制緩和を推し進めることとなった。そして，2002年には「大学の質の保証に係る新たなシステムの構築について」を答申し，このなかで，同年7月に工業（場）等制限法が廃止されたことをふまえ，大都市における抑制方針を撤廃することとなったのである。このような政策転換は，すなわち，これまでのような国土全体を均衡に発展させることを目指した国土計画の基本的な方針が，市場の競争原理に委ねる政策への転換を意味したのである。

このように，18歳人口急増期に焦点をあてた文部科学省の施策は，2000年を目途に入学定員の一時的な増員措置を段階的に廃止することで実質的に終えることとなった。その後は，大学各々が時代のニーズを把握し，既設大学の改組転換による大学の個性化を促進させることで，18歳人口の減少期を迎えた受験市場において，大学間競争の流れを強めることを是認したのである。つまり，文部科学省はこのような政策を通して大学に対する国の管理を弱め，大学改革の流れを大学間の自由な競争とそれに対する受験生の評価に委ねるとともに，設置認可の地方におけるインセンティブを与えることを言及しながら，完全な規制緩和の方針へと移行させたのである。

国土計画をみても，1998年に閣議決定された「第五次全国総合開発計画（21世紀の国土のグランドデザイン）」では，これまでの画一的政策が時代の変化に対応できなくなったことで，「量より質」「自由な選択」「自己責任」という価値観の転換を図るとともに，地方自治体の自主性に基づいた地方分権を促している。すなわち，これまでの行政官庁の指導による大学の運営管理から，大学個々が受験市場の動きに対応した経営判断と自助努力とによっておこなう時代へと転換させたといえよう。

以上のように，日本において大学大衆化を促したのは，全国総合開発計画において進められた国土の均衡ある発展を目指した，国策としての大学の量的拡大政策が大きく影響しているのである。そして，これらは，若者を地域に定着させることによって安定的な労働力を保つための方策として経済，産業界から強く要請されたことも要因のひとつであると考えられる。言い換えると，地域社会が大卒労働者を強く求めていたからこそ，地域に大学を設置することを促

進させたのである。しかし，本節で述べたように，18歳人口の急減期を迎えた1990年代後半以降，大都市の大学入学定員の抑制方針が撤廃されると私立大学を取り巻く環境は一変することとなる。

　次節では，大学が自由化されるとともに厳しい状況を強いられることとなる私立大学の学生募集の現状を概観しながら，大学入試状況についてみていくこととする。

## 第2節　私立大学を取り巻く環境の変化

　このような転換期を迎えた現在，私立大学の置かれている状況をみると，学生募集環境における二極化傾向が顕著に現れはじめたのである。

　本節では，私立大学の入学志願動向と，入学試験の状況をみながら，私立大学を取り巻く環境についてみていくこととする。

### 1　私立大学入試環境の二極化

　表2-5は大学の規模別の志願倍率と定員充足率を2003年から2014年の約10年間の変化を示したものである。詳しくみると，まず，全体として，2003年当時は，志願倍率は3倍以上，定員充足率についても100人以上200人未満の96.72％を除き，すべての規模で100％を超えている状況であった。しかし，2008年時点では，志願倍率は3倍を下回る大学が現れ，3000人以上の大学を除き減少傾向となった。さらに注目すべき点は定員充足率である。大学規模が800人未満の大学では定員充足率が100％を軒並み下回り，300人未満では90％を下回った。一方，大学規模が800人以上の大学では志願倍率は若干低くなったものの，2008年時点の定員充足率は110％前後以上となった。2014年現在においても，やや減少してはいるものの，いずれも充足率は100％を超えている。このように，小規模大学では厳しい入試状況が続いているのに対して，大規模大学では安定した入試状況を維持しており，現在，大学の規模によって学生募集状況を取り巻く環境に違いが生じているのである。

表 2-5　私立大学の規模別入学志願動向

| 大学の規模 | 志願倍率 | | | 定員充足率 (％) | | |
|---|---|---|---|---|---|---|
| | 2003年 | 2008年 | 2014年 | 2003年 | 2008年 | 2014年 |
| 100人未満 | 5.13 | 2.88 | 2.70 | 100.93 | 89.59 | 93.42 |
| 100人以上200人未満 | 5.51 | 3.53 | 4.12 | 96.72 | 81.89 | 86.95 |
| 200人以上300人未満 | 4.26 | 2.72 | 3.81 | 105.59 | 86.84 | 89.04 |
| 300人以上400人未満 | 4.41 | 3.02 | 3.72 | 106.52 | 91.27 | 93.08 |
| 400人以上500人未満 | 3.35 | 2.9 | 3.15 | 109.84 | 97.1 | 95.66 |
| 500人以上600人未満 | 4.16 | 3.32 | 3.64 | 109.94 | 94.24 | 97.22 |
| 600人以上800人未満 | 3.76 | 3.02 | 3.80 | 104.72 | 94.21 | 93.77 |
| 800人以上1000人未満 | 6.54 | 4.97 | 5.97 | 119.38 | 110.31 | 101.12 |
| 1000人以上1500人未満 | 6.62 | 5.08 | 5.61 | 113.67 | 109.46 | 107.05 |
| 1500人以上3000人未満 | 8.55 | 7.43 | 9.07 | 116.18 | 115.49 | 109.60 |
| 3000人以上 | 11.11 | 11.87 | 11.64 | 114.82 | 113.83 | 103.78 |
| 全体 | 7.46 | 6.83 | 7.39 | 112.49 | 106.54 | 105.58 |

出典：日本私立学校振興・共済事業団私学経営情報センター「平成19（2007）年度・平成21（2009）年度・平成26（2014）年度私立大学・短期大学等入学志願動向」より作成。

　次に地域別の入学志願動向について，2005年から2014年の変化をみてみたい（表2-6参照）。まず，全国では，志願倍率は6倍台から7倍台に上昇し，定員充足率も100％以上を維持している。また，2005年時点では，定員充足率が100％を超える地域が多い状況であった。しかし，その後は地域によって変化がみられるようになる。詳しくみると，東京や愛知，大阪，京都などの都市部では，2005年から2014年の間も志願倍率は7倍から9倍台，定員充足率も105％以上の高い数値を保ち，各地域の主要都市，例えば，宮城，埼玉，神奈川，福岡においても，志願倍率もおおよそ3倍台後半から5倍前後，定員充足率も100％を超える程度で維持できている。しかし，これら主要都市を除く，北海道や東北，甲信越，東海，中四国では志願倍率は，2009年時点では多くの地域が2倍台となり，そして定員充足率も100％を下回り，2014年現在でも依然として100％に満たない状態が続き，定員割れが慢性化しつつあるのである。このように，受験人口の減少期を迎えるなかで，大都市における定員抑制や学部の新増設が緩和されたことにより，現在では，大規模大学と小規模大学，大都市と地方との間には，学生募集の面での二極化が生じているのである。

第2章 大学大衆化と高校生の進路選択行動の変化

表2-6 私立大学の地域別入学志願動向

|  | 志願倍率 | | | 定員充足率（％） | | |
| --- | --- | --- | --- | --- | --- | --- |
|  | 2005年 | 2009年 | 2014年 | 2005年 | 2009年 | 2014年 |
| 北海道 | 3.37 | 2.92 | 3.51 | 101.30 | 98.34 | 95.39 |
| 東北（宮城除く） | 2.98 | 2.10 | 2.18 | 101.36 | 83.52 | 81.86 |
| 宮城 | 4.33 | 3.75 | 3.84 | 115.70 | 112.01 | 103.48 |
| 関東（埼玉,千葉,東京,神奈川を除く） | 3.51 | 2.81 | 3.73 | 100.60 | 96.59 | 97.52 |
| 埼玉 | 5.17 | 3.82 | 4.43 | 116.78 | 113.18 | 103.93 |
| 千葉 | 4.76 | 3.08 | 5.21 | 110.57 | 94.30 | 95.90 |
| 東京 | 9.42 | 9.74 | 9.74 | 114.15 | 114.09 | 109.53 |
| 神奈川 | 5.46 | 4.46 | 5.88 | 113.12 | 103.06 | 104.79 |
| 甲信越 | 3.31 | 2.05 | 2.37 | 106.04 | 99.86 | 93.22 |
| 北陸 | 4.39 | 2.78 | 4.78 | 104.72 | 93.28 | 102.66 |
| 東海（愛知を除く） | 3.16 | 2.60 | 4.53 | 91.86 | 90.24 | 95.84 |
| 愛知 | 6.23 | 5.75 | 7.53 | 111.78 | 107.68 | 103.53 |
| 近畿（京都,大阪,兵庫を除く） | 4.35 | 3.23 | 5.07 | 93.86 | 96.42 | 91.60 |
| 京都 | 10.44 | 10.15 | 9.99 | 113.57 | 108.12 | 105.28 |
| 大阪 | 7.58 | 7.94 | 9.27 | 112.11 | 109.21 | 105.15 |
| 兵庫 | 6.62 | 6.77 | 6.98 | 106.95 | 102.79 | 98.81 |
| 中国（広島を除く） | 3.08 | 2.36 | 2.95 | 90.22 | 87.81 | 94.06 |
| 広島 | 3.52 | 3.03 | 3.83 | 97.50 | 93.62 | 92.44 |
| 四国 | 3.75 | 2.61 | 2.82 | 94.22 | 85.10 | 90.47 |
| 九州（福岡を除く） | 2.58 | 2.11 | 2.62 | 100.03 | 91.33 | 93.93 |
| 福岡 | 5.34 | 5.54 | 6.16 | 106.15 | 105.16 | 100.81 |
| 全国 | 6.99 | 6.83 | 7.53 | 109.90 | 106.52 | 103.78 |

出典：日本私立学校振興・共済事業団私学経営情報センター「平成21年（2009）・平成26（2014）年度私立大学・短期大学等入学志願動向」より作成。

## 2 私立大学入試における推薦入試・AO入試の拡大

それでは，次に私立大学の入試状況についてみてみたい。

表2-7は，2000年以降における推薦入試，AO入試の実施大学数と入学者数の推移である。まず推薦入試をみると，国立大学については，実施数は減少しているが，入学者数は約1.2倍となり若干の増加をみせている。私立大学についても大学数は1.2倍程度の増加，入学者数も若干の増加をみせている。これに対して，公立大学については，大学数は58校から79校1.3倍強の増加，入学者数は2倍程度の増加となった。2014年時点の大学数は，国立86校，公立92校，私立603校であった（表2-3参照）が，推薦入試を実施する大学の割合は，国立

97

表2-7 推薦入試・AO入試の実施大学数及び入学者数の推移

| 年度 | 推薦入試 | | | | | | AO入試 | | | | | |
|---|---|---|---|---|---|---|---|---|---|---|---|---|
| | 国立 | | 公立 | | 私立 | | 国立 | | 公立 | | 私立 | |
| | 大学数 | 入学者数(人) | 大学数 | 入学者数(人) | 大学数 | 入学者数(人) | 大学数 | 入学者数(人) | 大学数 | 入学者数(人) | 大学数 | 入学者数(人) |
| 2000 | 86 | 10,392 | 58 | 3,570 | 468 | 174,121 | 3 | 318 | 1 | 26 | 71 | 7,773 |
| 2001 | 86 | 11,204 | 64 | 3,956 | 486 | 183,472 | 5 | 521 | 3 | 57 | 199 | 15,308 |
| 2002 | 86 | 11,495 | 66 | 4,288 | 502 | 188,013 | 12 | 978 | 4 | 49 | 270 | 20,460 |
| 2003 | 84 | 11,470 | 69 | 4,504 | 515 | 189,550 | 17 | 1,201 | 4 | 53 | 316 | 23,956 |
| 2004 | 75 | 11,199 | 69 | 4,749 | 528 | 188,794 | 22 | 1,270 | 7 | 93 | 346 | 27,624 |
| 2005 | 75 | 11,527 | 68 | 5,088 | 535 | 190,871 | 25 | 1,467 | 12 | 226 | 364 | 31,373 |
| 2006 | 72 | 11,770 | 68 | 5,540 | 545 | 194,150 | 30 | 2,098 | 15 | 320 | 380 | 32,971 |
| 2007 | 72 | 12,235 | 70 | 5,665 | 553 | 198,143 | 35 | 2,284 | 17 | 364 | 402 | 39,225 |
| 2008 | 73 | 12,465 | 70 | 5,858 | 562 | 192,757 | 41 | 2,521 | 19 | 480 | 439 | 44,803 |
| 2009 | 75 | 12,480 | 72 | 6,511 | 568 | 192,455 | 43 | 2,553 | 22 | 527 | 458 | 47,005 |
| 2010 | 75 | 12,620 | 75 | 6,745 | 567 | 194,745 | 45 | 2,579 | 22 | 676 | 464 | 49,984 |
| 2011 | 74 | 12,568 | 77 | 6,953 | 571 | 190,929 | 47 | 2,704 | 22 | 537 | 463 | 48,654 |
| 2012 | 76 | 12,428 | 78 | 7,153 | 573 | 187,361 | 47 | 2,855 | 23 | 561 | 460 | 47,210 |
| 2013 | 76 | 12,327 | 79 | 7,205 | 575 | 191,635 | 47 | 2,640 | 23 | 567 | 466 | 49,095 |

出典:文部科学省大学入試室「平成26年度大学入学者選抜・教務関係事項連絡協議会資料」12~13頁より作成。

で88.3%、公立で85.8%、私立で95.3%となり、国公私立問わず、およそ9割前後の大学が実施している状況にある。

次にAO入試をみると、2000年時点で国立3校、公立1校、私立71校であった実施大学数は、2013年にはそれぞれ47校、23校、466校と大幅な増加がみられた。しかし、全体の実施大学数の割合は国立54.7%、公立25%に対して私立77.2%と、推薦入試と比べると国立、公立、私立大学の間で違いがみられるのである。そして、さらに注目すべき点は、国公立、私立大学によって入学者の入試区分に差があることである(表2-8参照)。国公立大学では、一般入試による入学者の割合が84.4%、73.3%を示し7割以上と高い割合となっており、推薦入試は国立では12.3%、公立で24.1%と低く、さらにAO入試については2.6%、1.9%ときわめて低い状況である。これに対して、私立大学は、一般入試による入学者は48.9%と5割を下回り、推薦入試は40.3%、AO入試は10.3%と国公立大学に比べて明らかに高い割合を占めている。

表2-8　2013年度入学者選抜実施状況の概要（国公立私立別）

（単位：人，%）

| 入試区分 | 国立大学 | | 公立大学 | | 私立大学 | |
|---|---|---|---|---|---|---|
| | 人数 | 構成比 | 人数 | 構成比 | 人数 | 構成比 |
| 一般入試 | 84,279 | 84.4 | 21,866 | 73.3 | 232,268 | 48.9 |
| 推薦入試 | 12,327 | 12.3 | 7,205 | 24.1 | 191,635 | 40.3 |
| AO入試 | 2,640 | 2.6 | 567 | 1.9 | 49,095 | 10.3 |
| その他 | 579 | 0.6 | 198 | 0.7 | 1,989 | 0.4 |
| 合計 | 99,825 | 100 | 29,836 | 100 | 474,987 | 100 |

出典：文部科学省大学入試室「平成26年度大学入学者選抜・教務関係事項連絡協議会資料」11頁より作成。

　このように，2000年以降，国公立，私立を問わず大学入試においては，推薦入試やAO入試が拡大することとなった。これは文部科学省中央教育審議会（答申）「21世紀を展望した我が国の教育の在り方について」のなかで，大学入学者選抜の改善について「学力試験を偏重する入学者選抜から，選抜方法の多様化や評価尺度の多元化への一層の転換」といった改善の具体的な取り組みに沿って実施されたことが影響しており[30]，2000年代に入ると，このような文部科学省の推薦入試制度を公認する動きの強まりと，18歳人口の減少とともに，大学入試は推薦入試やAO入試の拡大政策にシフトすることとなったのである。そして，中村高康（2010）が，2008年3月に実施した高校を卒業した進路多様校生徒への調査の結果，そもそも4年制大学への進学を考えていなかった生徒が4年制大学にシフトした現象は「学力テストとは異なる入学者選抜制度が拡大普及したことが非常に大きな条件だったと思われる」と指摘しているように[31]，こうした推薦入試やAO入試の拡大は，進路多様校生徒の大学進学行動を促進させる大きな要因となったのである。また，中村高康（2011）は，「推薦入試制度の公認は，教育拡大という社会的背景において，エリート選抜の論理（＝公平性の主張）が，大衆を受け入れなければならないマス選抜の論理（＝試験地獄緩和の主張）に戦後初めて大きく妥協した現象と考えられたのである」と述べている[32]。さらに，中村は，大学進学予定の高校生の学習時間について選抜方法別で比較した結果，学力試験と他の選抜方法の間には統計的な有意な差がある

図 2-2　2013年度私立大学定員充足率と志願倍率

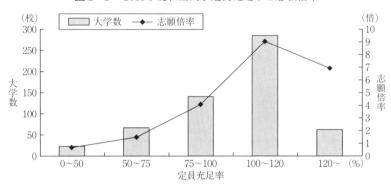

出典：文部科学省大学入試室「平成26年度大学入学者選抜・教務関係事項連絡協議会資料」15頁より作成。

ことを確認し，推薦入学者の学習時間が学力試験による入学者に比べ学習時間が少ないことや，早い段階で学校外学習をしない傾向が相対的に強かった生徒が最終的に推薦入試を利用していることを指摘している。(33) つまり，推薦入試とAO入試の拡大は，大学の大衆化を促進するための，いわば大学進学率上昇のための重要な装置であったことと，このように軽量化された選抜方法を利用することによって，進路多様校生徒のように学力不安を抱える生徒たちが大学進学にシフトすることができたのである。(34)(35)

それでは，このような動きのなかにおける，現在の私立大学入試の状況をさらに詳しくみていくこととする。

図2-2は，私立大学の定員割れ状況を示したものである。詳しくみてみたい。2013年度現在，定員充足率が50％以下の大学が23校，50％から75％の大学が67校，75％から100％の大学が140校となっている。とくに定員充足率が75％以下の深刻な状況になっている大学数は90校に達し，全体の16％を占めるまでとなっている。また，志願倍率をみても，定員充足率が75％以下の大学は2倍を大きく下回り，100％以下の大学も4.1倍となっていることをみると，志願倍率が3倍台となっている大学は定員割れを起こしている可能性が高いことがうかがえる。これに対して，定員充足率が100％から120％の大学数は284校となり，

## 第2章 大学大衆化と高校生の進路選択行動の変化

**図2-3** 2013年度私立大学定員充足率と推薦入試及びAO入試入学率

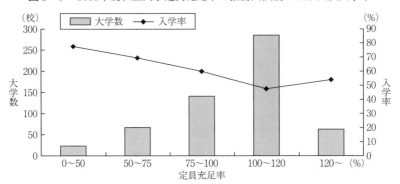

出典：文部科学省大学入試室「平成26年度大学入学者選抜・教務関係事項連絡協議会資料」15頁より作成。

志願倍率も9倍と高い。また120％以上の大学も63校となり、志願倍率も6.9倍と高い値を示している。

次に、図2-3は私立大学入試において推薦入学及びAO入試の入学者が占める割合を示したものである。なお、ここでいう推薦入試は、出身高校の推薦に基づいて、原則として学力検査等を免除し、調査書を主な資料として、面接、小論文等を活用して判定する方法である。また、AO入試については、学力試験に偏ることなく、詳細な書類審査と時間をかけた丁寧な面接等を組み合わせ、受験生の能力・適性や学習に対する意欲・目的等を評価の対象とする入学試験を指す。これをみると、定員充足率が50％以下の大学は入学者の77.6％の学生が推薦入試、AO入試によって入学をしている。また、定員充足率が50％から75％の大学は69.6％、75％から100％の大学は60％の学生が入学しており、推薦入試、AO入試の依存度が高いことがわかる。一方、定員充足率が100％から120％の大学においても47.5％と5割は下回ったものの、120％以上の大学は53.8％と5割を超えており、定員充足率の高い大学においても、定員充足率の低い大学よりは割合は低いものの、一定の割合で推薦入試、AO入試に依存している状況があり、大学入試、とりわけ私立大学においては推薦入試、AO入試の浸透度が高いことがみてとれる。

全体的に推薦入学や AO 入試の割合は高くなってはいるが，定員充足率が低い大学になるにつれて，このような入試によって入学する学生の割合が高くなっていることは明らかであり，定員に満たない大学では，入試自体が形骸化し，入学定員を充足させるために，学習習慣が乏しい学力の低い学生を多く受け入れていることが常態化していると考えられる[38]。つまり，主に学生募集環境が厳しい私立大学は，学力不安の者たちを大量に収容することを余儀なくされることとなり，結果的に，大学進学者を増加させることとなったが，同時に大学入試において学力の二極化が顕著にみられるようになったのである。そして，学力不安を抱える進路多様校生徒の多くは，推薦入試や AO 入試に依存し，かつ志願倍率の低い大学への進学が多くを占めていると考えられるが，そのような大学の多くは，本節でみてきたように，厳しい学生募集状況にあることが考えられるのである。

## 第3節　高校生の進路動向

　本節では，文部科学省学校基本調査のデータを基に，高校生の進路動向についてみていくこととする。はじめに，全体の動きを把握するために，1950年代半ばから2014年現在までの大学進学率，就職率の動向を概観してみたい。次いで，2000年から2014年現在の進路動向を性別で確認し，その後，普通科，専門学科別の動向をみていくこととする。

### 1　大学（学部）進学率と就職率の動向
　はじめに，大学進学率と就職率の動向についてみてみたい（図2-4参照）。大学進学率の動向については先ほど述べたように，戦後，2回のベビーブームをポイントとした18歳人口の動向と，私立大学を中心にした大学拡大政策が影響を与えながら，2014年現在では実際の大学進学者数は減少しているものの進学率は51.5％と上昇しており，全体としては右肩上がりを示している。一方，就職率をみると，これとは対照的に，全体としては下降の一途を辿っているの

**図2-4　高卒就職率と大学（学部）進学率の推移**

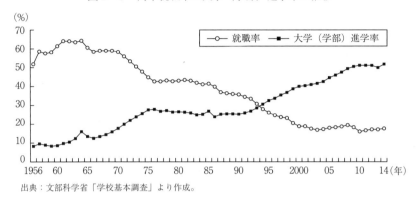

出典：文部科学省「学校基本調査」より作成。

である。とくに大学進学率と就職率が逆転する1990年代前半付近からは，進学率は急激な上昇をみせている。厚生労働省（2011）は1990年代以降の就職率の減少については，進学傾向の強い普通科の増加や，普通科は他に比べ就職希望者が少ないことで，学校として充実した支援体制を取ることが容易ではないことが就職決定率の低さに影響しているおそれがあるとしている[39]。そして，こうした動きには，前節でみてきたように文部科学省の大学入試改革による推薦入試，AO入試の拡大によって，序章において苅谷，片瀬らが指摘するように進路多様校生徒が大学進学にシフトしていることが影響していることが要因であると考えられる。さらに就職環境についてみていくこととする。

図2-5は，平成期に入った1988年から2014年3月卒業者（2013年度）までの高校新卒者の就職状況の推移を表したものである。詳しくみると，1988年時点で1.53倍であった求人倍率は，1989年に2.05倍となり，その後，1992年の3.34倍まで急激な上昇をみせた。これはバブル期経済期に突入し，労働力需要が一気に高まったことを端的に表しているといえる。

しかし，その好景気に陰りが見えはじめた1994年には企業側も新卒採用を抑制したことで求人倍率も2.46倍と2倍台に下降し，翌年，1995年には2倍を下回り，2003年の1.21倍まで下降し続けることとなった。また，1988年から2003年の15年間で特筆すべき点は，求人数の激減である。1988年に約80万人であっ

図2-5 高校新卒者の就職状況の推移

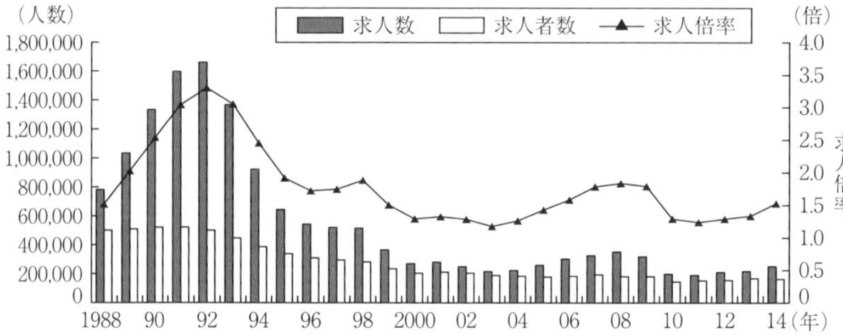

出典：厚生労働省職業安定局「平成25年度 高校・中学新卒者の求人・求職・内定状況」より作成。

た求人数は，1989年には100万人を超え，翌年，1990年に130万人，ピークとなる1992年には167万人を超えるまで急激に上昇することとなった。一方，この間の求人者数は50万人前後で推移することとなり，結果的に高い求人倍率を示すこととなったのである。しかしその後の求人数は急速に減少することとなった。1994年に100万人を下回ってからは，1999年に50万人を割り込み，2003年は21万人台とピーク時の12.5％まで落ち込むこととなった。2005年以降は，団塊世代の大量退職を控えた企業が，一時的に高卒者を採用したため，2008年には求人倍率も1.87倍，求人数も約35万人まで若干の回復をみせたものの，その後は周知のとおりリーマンショック等の影響により2010年には求人数も再び20万人を下回り，求人倍率も1.24倍と低水準となった。そして，求人者数も注視しなくてはならない。1990年前後には約50万人の高校生が就職を志望していたが，景気の後退を受ける形でその後は減少の一途を辿ることとなる。2000年には20万人台まで減少し，2010年には15万人台まで落ち込むこととなった。ピーク時からみて約35万人の高校生が大学や専門学校等への進学に変更するなど，本意，不本意にかかわらず進路変更を余儀なくされることとなったのである。2014年3月現在は，それぞれ回復をみせてはいるが，今後も不透明な状況となっている。

このように高卒労働市場は，1990年代以降，日本経済が低迷期に入り厳しい

状態が続くこととなった。こうした動向の背景には，2000年前後以降，経済のグローバリゼーションにともなうより永続的な構造的変化がみられ，長期雇用を軸にした新規一括採用という日本型雇用システムの転換，労働基準法改定による有期雇用契約期間の延長，裁量労働制の導入による非正規雇用の問題など，高校生の就職者の激減や無業者の問題の存在には，高校生の個人的な資質の問題よりは，むしろ，以上のような社会的背景が影響しているとの指摘がなされている[40]。そして，こうした経済情勢が大きなうねりとともに変化するなかでは，当然ながら高卒就職環境においても変化を余儀なくされたのであるが，とりわけ，これまで日本の高卒就職の特徴であった「一人一社主義」[41]や，学校と企業との関係性が強く影響する「推薦指定校制・実績主義」などの制度的慣行への対応がある。1990年代以降，こうした慣行が，採用がほぼ確実となる求人については有効である反面，そうでない求人にはその意義が乏しいことや，均等な採用選考機会の点，そして企業側からは早期離職の一因となっているとの指摘がなされ，問題視されたのである[42]。こうした指摘について，筒井美紀（2006）は，これらはかつてから懸念されていたことではあったが，「求人数が豊富にあったために，問題が緩和・解消された面がある。ところが，求人の絶対数が減少したために，問題が鋭く表面化してきたのである」と指摘している[43]。現在では「一人一社主義」についてはほぼ継続している一方で，ハローワークの主導によってインターネットで求人が共有されるようになり「推薦指定校制・実績主義」の範囲は小さくなったが，専門高校，普通科高校の間，つまり高校の就職者規模によって大きく異なる状況になっているのである[44]。

　また，安田雪（2003）は，高卒就職者の減少傾向が続く状況について，1998年には大卒就職者が高卒就職者数を上回ったことによって，労働市場には学歴価値下落が生じ，不況による求人数の激減とあいまって困難さを増したことを指摘し，さらに「新卒労働市場で職を得ている者は高卒者よりも大卒者が多い。大卒の学歴に対する需要はあるものの，とりわけ高い能力や技能をもつ者を市場が要求しているわけではない。結果として販売や一般事務など，かつての高校生の職場に，大学生が就職している」と述べているように[45]，大卒者が，これ

まで高卒者が主として就いていた業種や職種に侵入してきたこともあり，高卒労働市場は縮小の一途を辿ることとなったのである。

## 2　性別による進路状況

次に，2000年から2014年における性別による進路状況の推移についてみていくこととする。

図2-6，図2-7は，高校新卒者の進路状況を性別で示したものである。はじめに大学進学率の動向をみてみたい。2000年当時，男子は40.6％，女子は29.2％だった数値は，2014年には，50.3％，45.9％と男女ともに上昇をみせた。しかし，女子は一貫して上昇している一方で，男子は2010年付近から変化がみられるようになる。男子については，2010年の51.4％までは一貫して上昇してきたが，2011年は50.6％に減少，その後は，50.3％，49.7％と減少し，2014年には50.3％に回復するなど，若干の増減がみられたのである。このような動きについて，片瀬一男・元治恵子（2008）は，「進学意識の変容において，近年の女子の大学進学者の増加によって，男子の進学機会が奪われている」と指摘しており，女子に比べ男子の大学進学率の上昇するペースが緩やかになっていることは，女子の高学歴化がひとつの要因であることが考えられる。

また，女子についても，2000年から2010年までは29.2％から44.2％と15ポイントほどの上昇がみられたが，その後は，微増の動きとなり，2014年は45.9％と1.7ポイントの上昇にとどまるなど停滞傾向をみせている。

次に短期大学をみると，男女ともに減少傾向にあるものの，男子については，そもそも志望者が少なく，2000年の1.8％から2008年の1.1％と0.7ポイント減少しているとはいえ，2014年現在も1％と横ばいであるといってよい。一方，女子については，2000年から2010年は17.9％から11.0％と6.9ポイントの減少がみられた。その後，2011年から2014年は10.6％から9.7％と0.9ポイントの減少となり，2000年と2014年を比較すると8.2ポイントの減少となった。

続いて，専門学校，就職をみてみたい。男女ともに就職が上昇すると，専門学校が下降している傾向があるなかで，男子は，常に就職が専門学校より高い

第2章　大学大衆化と高校生の進路選択行動の変化

図2-6　高校卒業後の進路状況（男子）

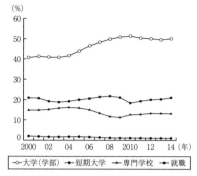

出典：文部科学省「学校基本調査」より作成。

図2-7　高校卒業後の進路状況（女子）

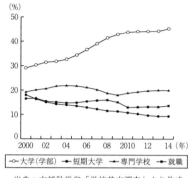

出典：文部科学省「学校基本調査」より作成。

位置で推移しながら，小刻みな動きをみせている。一方，女子については，男子とは反対に，専門学校が就職より高い位置で推移しており，男子ほどではないが，就職が回復すると専門学校が減少している。また，男女ともに2007年前後に就職者が増加しているのは，2007年頃をピークに団塊世代が大量退職することが予想されていたため，2003年頃から企業側の採用意欲が積極的になったことが影響しているのである。そして，その間，男女ともに，大学進学率は上昇傾向が続くなかで，就職率も上昇しているのに対して，専門学校進学率は下降することとなったのである。

しかし，2009年以降，それまでとは異なる動きをみせはじめる。専門学校をみると，男子は2009年11.3％だった数値は2010年12.7％と上昇に転じ，2013年，2014年は13.6％となった。女子についても，2009年18.1％であった数値は，2010年19.2％と上昇に転じ，2014年は20.5％となった。そして，就職をみると，男子は2010年18.4％まで下降した数値は，2011年19.4％と上昇に転じ2014年は21.1％となった。女子も同様に，男女ともに2010年の13.1％であった数値は，2011年には13.3％と上昇に転じ，2014年は13.9％となったのである。

このように，直近5年間の動向をみると，就職率が上昇したにもかかわらず，専門学校も上昇し，一方，大学をみると男子は減少，女子も微増程度にとどまるなど，これまでとは違う様相をみせはじめたのである。

表2-9　高校新卒者の進路状況（全体）

(単位：人)

| 卒業年月 | 高校卒業者数 | 大学（学部） | 短期大学 | 専門学校 | 就　職 |
|---|---|---|---|---|---|
| 2000年3月 | 1,328,902 | 463,897 | 131,363 | 228,672 | 247,074 |
| 2001年3月 | 1,326,844 | 475,394 | 119,173 | 232,625 | 240,176 |
| 2002年3月 | 1,314,809 | 475,330 | 110,089 | 236,791 | 221,359 |
| 2003年3月 | 1,281,334 | 465,372 | 102,269 | 241,931 | 210,017 |
| 2004年3月 | 1,235,012 | 459,140 | 96,452 | 237,264 | 206,525 |
| 2005年3月 | 1,202,738 | 472,897 | 90,312 | 228,858 | 206,751 |
| 2006年3月 | 1,171,501 | 489,821 | 83,214 | 213,096 | 208,815 |
| 2007年3月 | 1,147,159 | 505,378 | 77,189 | 193,074 | 211,108 |
| 2008年3月 | 1,088,170 | 499,991 | 70,203 | 167,010 | 205,328 |
| 2009年3月 | 1,063,581 | 502,627 | 65,897 | 156,221 | 192,361 |
| 2010年3月 | 1,069,129 | 511,397 | 64,220 | 170,182 | 167,370 |
| 2011年3月 | 1,061,594 | 505,702 | 61,435 | 172,032 | 172,323 |
| 2012年3月 | 1,053,180 | 501,305 | 57,620 | 177,207 | 175,866 |
| 2013年3月 | 1,088,124 | 514,905 | 58,605 | 185,378 | 183,619 |
| 2014年3月 | 1,047,391 | 502,336 | 55,937 | 178,431 | 182,678 |

出典：文部科学省「学校基本調査」より作成。

　さらに，高校新卒者の進路状況について，実人数の動向をみてみたい（表2-9）。2000年は約133万人の高校新卒者数であったが，2014年には105万人を下回っており，やはり人口減少の傾向が顕著にみられる。こうしたなか，大学進学者数は，約46万人から約50万人に増加し，短期大学進学者数，専門学校進学者数，就職者数はともに減少している。これをみると，多くの高校生が，大学進学にシフトしていることがみてとれる。しかし，直近の5年間をみると，大学進学数は51万1000人から50万2000人に減少，短期大学進学者数は6万4000人から5万5000人に減少している。これに対して，専門学校進学者数は17万人から17万8000人に増加，就職者数も16万7000人から18万2000人に増加している。さらに，同じく直近の5年間を性別でみると（表2-10），男子は，大学，短期大学進学者数が減少し，専門学校進学者数，就職者数は増加しているが，女子は，短期大学進学数は減少し，大学，専門学校進学者数，就職者数は増加しているのである。また，大学進学の動きを性別でみると，男子は2007年を頂点に減少傾向を示しているのに対して，女子は緩やかに増加を示している。

第2章　大学大衆化と高校生の進路選択行動の変化

表2-10　高校新卒者の進路状況（性別）

（単位：人）

| 卒業年月 | 高校卒業者数 | | 大学（学部） | | 短期大学 | | 専門学校 | | 就職 | |
|---|---|---|---|---|---|---|---|---|---|---|
| | 男子 | 女子 | 男子 | 女子 | 男子 | 女子 | 男子 | 女子 | 男子 | 女子 |
| 2000年3月 | 661,535 | 667,367 | 268,873 | 195,024 | 11,819 | 119,544 | 99,558 | 129,114 | 136,889 | 110,185 |
| 2001年3月 | 660,007 | 666,837 | 272,710 | 202,684 | 10,724 | 108,449 | 98,896 | 133,729 | 134,529 | 105,647 |
| 2002年3月 | 655,641 | 659,168 | 268,462 | 206,868 | 10,683 | 99,406 | 100,404 | 136,387 | 124,852 | 96,507 |
| 2003年3月 | 641,908 | 639,426 | 261,991 | 203,381 | 10,686 | 91,583 | 103,134 | 138,797 | 118,357 | 91,660 |
| 2004年3月 | 622,385 | 612,627 | 259,404 | 199,736 | 10,625 | 85,827 | 102,195 | 135,069 | 118,146 | 88,379 |
| 2005年3月 | 607,474 | 595,264 | 267,402 | 205,495 | 10,064 | 80,248 | 97,971 | 130,887 | 119,630 | 87,121 |
| 2006年3月 | 594,090 | 577,411 | 275,974 | 213,847 | 8,642 | 74,572 | 89,683 | 123,413 | 121,396 | 87,419 |
| 2007年3月 | 580,050 | 567,109 | 281,359 | 224,019 | 7,276 | 69,913 | 78,559 | 114,515 | 122,556 | 88,552 |
| 2008年3月 | 551,068 | 537,102 | 275,795 | 224,196 | 6,273 | 63,930 | 65,907 | 101,103 | 119,921 | 85,407 |
| 2009年3月 | 536,575 | 527,006 | 273,688 | 228,393 | 5,733 | 60,164 | 60,782 | 95,439 | 113,016 | 79,345 |
| 2010年3月 | 540,796 | 528,333 | 277,700 | 233,697 | 6,133 | 58,087 | 68,911 | 101,271 | 99,139 | 68,231 |
| 2011年3月 | 536,615 | 524,949 | 271,509 | 234,193 | 5,823 | 55,612 | 69,458 | 102,574 | 103,651 | 68,672 |
| 2012年3月 | 531,210 | 521,970 | 267,366 | 233,939 | 5,456 | 52,164 | 71,577 | 105,630 | 105,813 | 70,053 |
| 2013年3月 | 547,355 | 540,769 | 271,898 | 243,007 | 5,545 | 53,060 | 74,722 | 110,656 | 110,838 | 72,781 |
| 2014年3月 | 526,434 | 520,957 | 264,735 | 237,601 | 5,350 | 50,587 | 71,733 | 106,698 | 110,706 | 71,972 |

出典：文部科学省「学校基本調査」より作成。

　以上，全体としては，短期大学は減少，専門学校と就職は相互に影響し合いながら推移し，大学は上昇傾向が続いてきた。このような動きには，1990年代中頃に日本経済が低迷期に入り，高卒就職が厳しい状態が続いたことと，大学入試が易化し，就職志望者が進学に進路選択を変更したことが要因であると考えられる。しかし，2010年頃からは，就職環境は厳しい状況が続いているといわれ，大学は全入時代を迎えているにもかかわらず，男女ともに，大学への動きが鈍る一方で，専門学校進学率や就職率は上昇している。そして，実際の人数も大学進学者数は減少するなか，専門学校進学者数や就職者数は増加しており，また，依然として短期大学志望者も一定数存在している。こうした動きをみると，これまで大学進学に傾斜していた生徒たちの進学意識に，何らかの変化がおきていることが考えられるのである。

## 3　学科別の進路状況

　ここからは，1955年から2013年までの高校生の進路動向について，普通科と専門学科別に整理していくこととする。

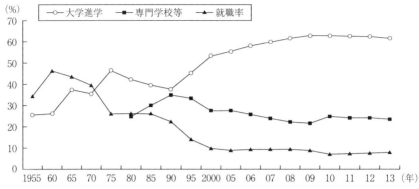

図2-8 高校生の進路動向の推移（普通科）

注：専門学校等については，制度化後の1980年からデータを掲載。
出典：文部科学省「普通科・職業学科別進学率就職率」より作成。

　はじめに大学（短期大学含む）への進学状況をみてみたい（図2-8参照）。普通科をみると，1955年時点に25.4％であった進学率は1975年に46.3％と20年間で20ポイントの上昇をみせた。これは先述のとおり，戦後の大学拡大期に入り，大都市を中心に私立大学設置，定員拡大などによって進学率が大幅に上昇したものである。その後は，高等教育計画の実施によって1985年には39.3％と抑制されることとなった。そして，第2次ベビーブーム世代が18歳を迎える1992年に焦点をあわせた国の大学政策によって，大学数や入学定員数が増加し，1995年には45.5％まで上昇することとなった。その後も増加を続け2007年には60％を超え，2010年には63.1％まで上昇することとなったが，2012年をピークに2011年62.9％，2012年62.8％，2013年は62.2％と減少に転じている。

　続いて，専門学校等（専修学校・公共職業能力開発施設等）の進学率の推移をみてみたい。専門学校等については，制度化後の1980年からのデータとなる。専門学校については，1980年時点で普通科24.6％，進学率があった。その後，1985年から1995年の10年間で，普通科は30％台前半で推移していたが，2000年以降は減少している。これは，苅谷らが指摘したように，それまで学力不足で大学進学をあきらめて専門学校に進学していた層が，大学入試の易化によって大学進学にシフトしたことが要因であると考えられる。その後は，2007年には

図 2-9　高校生の進路動向の推移（専門学科）

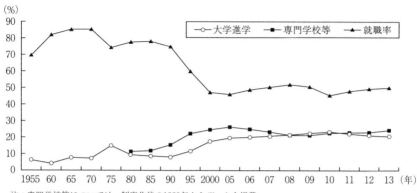

注：専門学校等については，制度化後の1980年からデータを掲載。
出典：文部科学省「普通科・職業学科別進学率就職率」より作成。

23.7％と1980年の24.6％を下回り，2009年の21.5％まで下降を続けた。しかし，2009年以降は，それまでの減少傾向が緩やかになり，2010年は24.5％まで上昇した。その後は，2011年24.0％，2012年24.2％，2013年23.2％と緩やかに減少しているが，2009年と比べると，1.7ポイント程度の上昇となっている。

そして，就職率は，1955年に34.4％であった数値は，1960年の46.3％に上昇し，その後は減少し続けることとなる。1975年には26.0％，1990年前半には10％台まで減少し，2000年には1桁台となった。しかし，近年，2010年に7.4％まで減少した数値は，2011年7.6％，2012年7.8％，2013年は8.1％と，若干ではあるが回復傾向をみせている。

次に，専門学科の状況についてみてみたい（図2-9参照）。1955年から1970年の推移をみると80％を超える生徒が就職をしており，大学（短大含む）の進学者の割合は10％を下回る数値であった。つまり，専門学科生徒の多くは，高校卒業後は直ちに就職することが前提となっていたのである。このような動きは，1985年頃まで続いたが，1990年から次第に変化がみられるようになった。とくに就職率は1990年から2000年の10年間で74.7％から47.6％と27.1ポイントの減少をみせた。これに対して，大学は8.3％から17.1％の8.8ポイントの上昇，専門学校は15.0％から24.4％の9.4ポイントの上昇をみせたのである。このよう

な専門学科における進学率の上昇は，1995年前後から顕著にみられるが，これは，それまで好調だった日本経済が急激に悪化したことで高卒者にとって厳しい就職環境となり，進学を選択する者が増加したことが大きな要因として考えられる。その後，2008年までは大学20％前後，専門学校20％台前半で推移，就職も50％前後で推移することとなった。2007年頃には，企業が高卒者の採用を積極的に実施したことで，2005年からは就職率が若干の上昇をみせ，その分，専門学校進学率が減少したが，大学進学率は緩やかではあるが上昇を続けた。全体では就職者が多いものの，大学や専門学校への進学者も一定数存在する状態となっており，専門学科において進路選択の多様化がみられるようになったのである。しかし，近年の3年間，2011年，2012年，2013年の動向をみると，大学は22.3％から20.8％の1.5ポイントの減少に対して，専門学校は22.5％から24.1％の1.6ポイント，就職は48.3％から50.5％の2.2ポイントの上昇がみられたのである。以上のように，学科別でみると，普通科は大学，専門学校進学率が減少し，就職率が上昇するなど進学を志望する割合が減少しているのに対して，専門学科では，大学進学率が減少するなか，専門学校進学率，就職率が上昇している。いずれにしても，普通科，専門学科ともに大学進学を志望する割合が減少していることがみてとれる。

　最後に，財団法人日本青少年研究所の「高校生の進路と職業意識に関する調査」をみてみたい（表2-11参照）。

　詳しくみると，高校卒業後の進路について，レベルの高い大学には普通科や男女ともに，普通程度の大学には学科別，性別にかかわらず一定の割合で進学を志望する者がいるのに対して，入りやすい4年制大学に進学したいと考える者は学科別や性別，年度比較のいずれも5％前後と非常に少ない結果となった。他方，専門学校への進学は，普通科11.3％，職業科28.0％，性別では女子が16.7％になり，就職については，普通科12.4％，職業科35.5％，性別ではともに10％を超えており，専門学校や就職を志望する者が入りやすい4年制大学より多い結果となったのである。この結果は，入学難易度が低い大学に進学するよりは，専門学校への進学や就職をした方が良いと考える者が，一定の割合で存

表2-11　高校卒業後の進路

(単位：%)

|  | | 学科別 | | 性別 | | 年度比較 | |
|---|---|---|---|---|---|---|---|
|  | | 普通科 | 職業科 | 男 | 女 | 2006年 | 2012年 |
| 1 | 国内のレベルの高い大学に進学したい | 29.3 | 1.9 | 36.4 | 22.4 | 25.9 | 29.3 |
| 2 | 国内の普通程度の4年制大学に進学したい | 32.7 | 14.7 | 32.4 | 33.0 | 38.5 | 32.7 |
| 3 | 入りやすい4年制大学に進学したい | 5.6 | 6.3 | 5.8 | 5.4 | 4.4 | 5.6 |
| 4 | 外国へ留学したい | 1.0 | 1.4 | 0.8 | 1.1 | 1.5 | 1.0 |
| 5 | 短大に進学したい | 2.9 | 5.0 | 0.5 | 5.2 | 4.5 | 2.9 |
| 6 | 専門学校に進学したい | 11.3 | 28.0 | 5.4 | 16.7 | 11.1 | 11.3 |
| 7 | 就職したい | 12.4 | 35.5 | 13.1 | 11.8 | 7.3 | 12.4 |
| 8 | まだ考えていない | 4.5 | 6.9 | 5.4 | 3.6 | 6.4 | 4.5 |
| | 無回答 | 0.3 | 0.3 | 0.2 | 0.5 | 0.4 | 0.3 |
| | 実数（人） | 1,224 | 879 | — | — | 1,131 | 1,224 |

出典：財団法人日本青少年研究所「高校生の進路と職業意識に関する調査」『教育アンケート調査年鑑　2013年版（上）』創育社，2013年，8頁より作成。

在することをうかがわせるものである。

　以上，1990年以降，高校生の進路先は大学・短期大学に大きく動き，それは普通科のみならず専門学科でも同様のことがいえるのである。また，就職状況をみても，専門学科の減少幅はいうまでもなく，普通科においても減少している。これらは，1990年代後半から現在にかけて，依然として回復の兆しがみえてこない日本経済の状況から，高卒者の就職状況が改善しないことや，少子化の影響や大学入試の易化により，大学に入学することが容易になったことも要因のひとつであるといえる。しかし，近年においては，普通科，専門学科ともに大学進学の動きが鈍り，専門学校への進学や就職をする割合が増加している傾向にあるのである。

## 第4節　私立大学の現状と高校生の進路行動からみえてくる課題

　本章では，はじめに戦後日本の高等教育政策を整理しながら，国土計画における私立大学の地域配置に関する政府の政策展開をみてきた。ここからみえることは，国土の均衡ある発展を目指した日本においては，地方の私立大学が人

口の都市部集中を抑制し，将来的に地域の経済，産業の発展を担う人材となる若者を地方に定着させる重要な役割を担ってきたことである。そして，国土の均衡ある発展を遂げた現代日本において，国土計画に位置づけられた地方分散化政策としての私立大学の役割は終えたといっても過言ではないのである。

2004年に政府は，全国総合開発計画に代表されるような国土計画について「戦後半世紀を経て，我が国土を今一度総括すると国土全体では工場・教育機関等の地方分散，中枢，中核都市の成長が図られ，戦後から今日まで長期的にみれば，大都市への急激な人口流入傾向が収束に向かい，地域間の所得格差もかなり縮小されるに至っている」と一定の評価をしている[47]。また，小林雅之(2009) によれば，「大学進学機会の地域間格差是正の観点からみても，相応の成果をあげたとされ，もはや政策課題ではなくなった」と指摘している[48]。これらは，戦後日本が，欧米諸国へのキャッチアップとともに，国土の均衡ある発展を目指すための方策のひとつとして，全国各地に大学立地を分散させたことに区切りをつけるものであり，21世紀の新たな国づくりのなかで，高等教育政策も新たな局面を迎えたことを意味するものであるといえる。

このような大学政策の転換期のなか，近年の私立大学を取り巻く環境の変化についてみてみると，入学定員規模や地域によって学生募集における二極化が生じはじめているのである。とりわけ私立大学においては，受験人口の減少と推薦入試やAO入試などのかつてほど学力を問わない入試の導入とともに，安定した入試状況にある大学と，定員充足のために学力を問わない推薦入試やAO入試に依存せざるを得ない大学との間に二極化の傾向がみられるようになった。また，このような私立大学の入試環境の変化により，普通科のみならず専門学科の生徒にとって，大学に入学しやすい環境が整うこととなったのである。

こうした情勢の変化のなか，高校生の進路動向は，1990年代以降，この20年間で大きな変化がみられるようになった。この間，大学進学者と大学入学定員が同数となる「大学全入時代」の到来や，団塊世代が大量退職することから新卒者の求人が好転するなどといった，いわゆる「2007年問題」があった。実際

に，大学，短期大学の収容力をみても，2000年代初頭では83.3%であったが，2007年には90%を超え，2014年現在では，93.0%まで上昇するなど，大学進学が容易になっている状況がある。また，図2-8でみたように，普通科全体の進路状況では大学進学者の割合が多かったが，それらは大学への進学者が大部分となる進学校の生徒が占めていることは容易に想像でき，普通科において専門学校や就職にシフトしているのは，本書で注目する「進路多様校」の生徒が主だったものと考えられる。そして，2009年頃から性別，学科別でみても大学進学率は停滞，下降の動きをみせるなかで，専門学校への進学率や就職率は若干ではあるが上昇傾向をみせはじめている。

　また，過年度高卒者を含む大学進学率は2014年に51.5%と過去最高の数値を示すこととなったが，実際の大学進学者数は減少しており，高校新卒者の進路状況をみても，同様に減少していることを指摘してきた。こうした動きは，18歳人口，高校新卒者数が減少しているなかでは，これまでのように大学進学率の動向だけでは実態の把握をすることが難しいことを示しているともいえる。重要なことは，2000年以降をみると，18歳人口は約30万人減少しているなかで，大学進学者数は1万人程度増加したに過ぎず，大学進学率の上昇は，実数の増加を示すものではないという点と，大学入学定員が増加しているなかで，実際の大学進学者数は減少していることにあり，とりわけ私立大学においては定員割れの大学数が増加していることである。そして，本章で示してきたように，現在のように大学進学が容易になっているにもかかわらず，専門学科を含めた進路多様校の生徒が，大学進学ではなく専門学校や就職を選択しているのは興味深い。なぜならば，例えば，専門学校と一括りにいっても，教育年数が4年間必要な学校や，分野によっては大学と同等かそれ以上の学費捻出が必要な学校があり，必ずしも専門学校が大学より経済的負担が軽いとはいえないなかで，それでも専門学校に進学するのは，かれらの進路意識のなかで，経済的事由ではなく，大学に進学しない積極的な理由が存在すると考えられるからである。つまり，大学全入時代といわれる今日において，大学入試をどれだけ軽量化しても大学進学者数は増加していないことや，第1章で述べてきたように，奨学

金制度が有効な経済支援政策となっていないことを合わせて考えると，現代の高校生の進路選択プロセスを形成する特有の要因が，かれらの進路意識のなかに介在していることが考えられるのである。

　以上，本章でみてきたように，戦後の私立大学の量的拡大と1990年代以降の18歳人口の減少，大学入試の緩和は，大学大衆化を進展させた。そして，このような現象は，進路多様校生徒の進路選択のなかで，大学進学を容易なものにし，多くの生徒が大学進学にシフトすることとなった。また，新規学卒者の労働需要は高卒者から大卒者にシフトしたことも，大学進学者の増加を後押ししたのである。しかし，同時に，大学入試の緩和によって学生募集環境は二極化していることも明らかになった。そして，こうした状況のなか，近年の高校生の進路動向をみると，大学進学率は停滞，下降し，専門学校の進学率や就職率は増加傾向をみせているのである。

　次章では，大学入試状況が二極化し学生募集環境が実質全入状態となっている私立大学が増加した状況によって，大卒就職環境がどのような影響をうけているのかみていくこととする。

注
（1）　例えば喜多村和之『現代大学の変革と政策――歴史的・比較的考察』玉川大学出版部，2001年，黒羽亮一『新版　戦後大学政策の展開』玉川大学出版部，2001年，天野郁夫『日本の高等教育システム――変革と創造』東京大学出版会，2003年，猪俣歳之「日本における高等教育関連政策の展開――高等教育機関の地方立地に関する政策を中心に」『東北大学大学院教育学研究科研究年報』第54集・第2号，2006年など。
（2）　東京圏，関西圏，名古屋圏は，それぞれ東京，大阪・京都・神戸，名古屋及びこれらと社会的，経済的に一体性を有する地域を想定している。具体的には，およそ次の範囲がこれにあたる。東京圏は，東京都区部を中心として，八王子市・立川市，浦和市・大宮市，千葉市，横浜市・川崎市及び土浦市・筑波研究学園都市の業務核都市並びに成田等の副次核都市を含み一体となった都市圏を構成する地域。関西圏は，京都市，大阪市，神戸市を中心として，大津市，奈良市，和歌

山市及び関西文化学術研究都市等を含み一体となった都市圏を構成する地域。名古屋圏は，名古屋市を中心として，岐阜市，豊田市及び四日市市等環状に展開する諸都市を含み一体となった都市圏を構成する地域（国土庁計画・整備局四全総研究会『第四次全国総合開発計画——40の解説』時事通信社，1987年，43頁）。

（3） 喜多村和之は，「地方自治体が『わが村（町）にも大学を』と，競って学校を作ろうという地方や民間のエネルギーがあったことや，親も身銭を切りながら子供の高い学費を捻出してくれたからこそ，政府は支出を国民は公費を節約できた」と指摘している（喜多村和之，前掲書，2001年，99頁）。

（4） 2009年6月10日の産経ニュースでは，1学部の単科大学で800人以下の小規模大学である三重中京大学が2009年4月に学生募集停止を決定したほか，同規模の神戸ファッション造形大学や聖和トマス大学も学生募集の停止を決定したことを報じている（http://sankei.jp.msn.com/life/education/090610/edc090610224 7006-n1.htm：2009年6月27日アクセス）。

（5） 天野郁夫『大学改革秩序の崩壊と再編』東京大学出版会，2004年，54頁。

（6） M.トロウ（天野郁夫・喜多村和之訳）『高学歴社会の大学——エリートからマスへ』東京大学出版会，1976年，62〜65頁。

（7） M.トロウ，前掲書，1976年，100頁。

（8） 市川昭午は，こうした上昇志向の要因を次のように述べている。「1980年代後半以降になると，経済不況から脱却し，国際競争力に生き残るための産業構造や企業経営リストラを進めるには，人材の活用こそが決めてであるとの認識が世界的に高まり，教育の経済的貢献と高等教育の役割が改めて評価された。未来が不確定であり，ニーズの予測やそれに基づく計画が不可能であればあるほど，継続学習能力や創造性，主体性など個人の能力を開発し，それによって労働力の質的向上を図り，弾力性を強める必要が大きくなるためであろう。この『人的資源の再発見』はより多くの大学教育を必要とし，高学歴化にいっそう拍車をかけることが予想される。技能要件の高度化が進み高学歴者に対する実質需要が伸びれば，高学歴者の相対賃金も上昇し，大学への進学意欲はさらに刺激されるからである」（市川昭午『大学大衆化の構想』玉川大学出版部，1995年，40頁）。

（9） Pempel, T. J., *Patterns of Japanese Policymaking: Experiences from Education*, Westview Press, 1978（T. J. ペンペルは，「大学卒業証書の重視，官界・民間両者

の学位取得に対する放任的態度，高度経済成長を優先させる政府の一般方針，という3つの価値観が日本の高等教育の拡大政策を力強く下支えしてきた」と指摘している（T. J. ペンペル（橋本鉱市訳）『日本の高等教育政策――決定のメカニズム』玉川大学出版部，2004年，164頁））．

(10) 潮木守一は，「このような進学要求の高まりをもたらした要因として日本の社会システムが二十歳代前半までの時期に，熾烈な競争メカニズムを作り，その競争の勝敗をもとにその後の人生コースに各個人を振り分けるという特異な社会システムを作りあげ，それに依存してきた結果である」と指摘している（潮木守一『学歴社会の転換』東京大学出版会，1978年，188頁）．

(11) その後，官立5校（東京・仙台・京都・金沢・熊本）と準官立（山口・鹿児島）が設置され，地方立地が促進されたが，それは国家主導の高等教育政策の結果といえ，国家による高等教育機関の量的拡大が進められていくことになる（猪俣歳之，前掲書，2006年，138頁）．

(12) この大学令は大学制度を柔軟化し，多様な大学が設立され展開していく制度的基盤をつくったとも指摘される（猪俣歳之，前掲書，2006年，141頁）．

(13) 猪俣歳之はこのほかに，「文部省としては，他省庁において策定された国土計画などの将来計画と連動する形で地方分散・地方立地を推し進めようとしたが，それも十分にかなわず，またもっともその意志を発揮できる大学の設置認可の段階にも地方分散に有効な手段を持ち得なかった」と指摘している（猪俣歳之，前掲書，2006年，144～145頁）．

(14) 文部省「大学教育の改善について」（http://www.mext.go.jp/b_menu/shingi/chuuou/toushin/630101.htm：2011年7月19日アクセス）．

(15) 橘木俊詔・松浦司，当時の東京集中の様子について次のように述べている．「高度成長期に日本は未曾有の地域間労働を経験した．大都会で多くある就業機会を求めて，地方から若者を中心にして移動が大規模に行われた．集団就職，という言葉を今の若い人は知らないかもしれないが，多くの若者が地方から東京，大阪，名古屋への学校卒業後に働くために移住をした．日本の経済活動は都市に集中したのである．特に東京集中は経済のみならず，政治，学問，文化，スポーツなどのあらゆる分野で進行し，東京一極集中といっても過言ではない時代を，高度成長期以降に迎えることとなった．この東京一極集中現象が若者に東京に行

第2章 大学大衆化と高校生の進路選択行動の変化

きたい，という希望を与えることとなった。多くの若者が東京にいるし，街はにぎやかだし，文化・スポーツ活動も盛んだし，とにかく魅力に満ちた東京に一度は住みたい，と若者が希望を持つのは自然なことである。この夢を満たす1つの方法は，地方から東京の大学に進学することである。さらに東京は質の高い，かつ有名な大学が多くあるので，東京進学を考える若者が増加したのである。東京の大学を卒業後，東京で就職するか，それとも地元に戻るか，という選択に迫られる。卒業後どうするかを決めなければならないが，とりあえずは東京の大学に進学を，という希望を抱いたのである」（橘木俊詔・松浦司『学歴格差の経済学』勁草書房，2009年，32頁）。このように若者が大学進学をきっかけに都市部移動した状況について指摘している。

(16) 黒羽亮一によると，「このような大学設置基準の緩和は，所得倍増計画達成に必要な科学技術者養成のために私大の設置や拡張を容易にする必要があるというのは表面的理由で，文系，理系にかかわらず大学拡張を容易にするためのものであった。これにより昭和40年以降の大学生急増期に私大の拡張が容易になったことで，国民の教育要求を吸収できたが，高等教育の水準維持の観点から規模の拡大に限度があるとした中教審38答申は画餅に帰した」と述べている（黒羽亮一，前掲書，2001年，106頁）。

(17) この計画は，第一次から第五次まで策定されることとなったが，なかでも第三次と第四次の計画が大きな影響を与えている。両計画はそれぞれ1977（昭和52）年，1987（昭和62）年に策定されているが，同時期に，大学（とくに私立大学）の量的拡大を図った文部省の高等教育計画（昭和50年代計画，61年以降計画）が策定されており，ここで大学の地域配置と国土計画が密接に関係している点が指摘できる。例えば，第三次総合開発計画の「定住圏構想」では，具体的に大学進学の上昇による高学歴化と，若者層の定住を関連づけた施策について明記され，第四次総合開発計画では高等教育機関の移転等の促進や，放送大学の活用を通じて，地方に重点を置いて大学を整備することが明記されている。

(18) 例えば，工業等制限区域となった東京都23区内と武蔵野市の全域・川口市・三鷹市・横浜市・川崎市の一部などでの大学の新設は不可能となったが，法律が，そういう効果以上に企図していたのは，この地域内の既設大学も地方に分散することで，文部省にも対応を迫ることであった（黒羽亮一，前掲書，2001年，104

頁)。

(19) 文部省「今後における学校教育の総合的拡充整備のための基本的施策について」(http://www.mext.go.jp/b_menu/shingi/chuuou/toushin/710601.htm：2011年7月19日アクセス)。

(20) 猪俣歳之，前掲書，2006年，153頁。

(21) この「公私協力方式」は「60年代計画」によってはじめて打ち出されたものではなく，1977年に閣議決定された「第三次全国総合開発計画」，1978年の国土庁大学立地検討連絡会議による報告書『大学等の地域的適正配置の推進について』といった国土庁関連の将来計画に加え，通産省による「テクノポリス構想」(1980年に構想発表，83年に法制化）の内容がその原型となっている（猪俣歳之，前掲書，2006年，159頁)。

(22) 白石裕『分権・生涯学習時代の教育財政——価値相対主義を越えた教育資源配分システム』京都大学学術出版会，2000年，161頁。

(23) 1980（昭和55）年以降，1993（平成5）年までに新増設・移転により，260校の大学，短期大学が新たに立地したが，このような大学等立地に対する地域の効果，大学に対する期待と評価を把握するために，国土庁大都市圏整備局が大学及び市町村に対して1987年と1993年にアンケート調査を実施した。

(24) 国土庁大都市圏整備局『大学の誘致と期待・効果』大蔵省印刷局，1988年，45頁。

(25) この調査では，学園計画地ライブラリーが開設された1980年以降1987年にかけて新たに立地した大学，短期大学について，当該大学等の立地市町村に対し，大学等の施設内容，立地経緯などに関する調査をおこない，併せて大学等の立地への期待及び立地後の効果についてアンケート調査をおこなった。回収率は100％。

(26) 文部省高等教育局企画課内高等教育研究会『大学審議会答申・報告総覧——高等教育の多様な発展を目指して』ぎょうせい，1998年，211頁。

(27) 文部科学省「平成12年度我が国の文教施策」(http://www.mext.go.jp/b_menu/hakusho/html/hpad200001/hpad200001_2_204.html：2011年3月15日アクセス)。

(28) 文部科学省「大学の質の保証に係る新たなシステムの構築について」(http://202.232.86.81/b_menu/shingi/chukyo/chukyo0/toushin/020801.htm：2010年12月5日アクセス)。

(29) 国土庁『21世紀のグランドデザイン——地域の自立の促進と美しい国土の創造』1998年，79頁（http://www.kokudokeikaku.go.jp/document_archives/ayumi/26.pdf：2009年3月3日アクセス）。

(30) 答申では，推薦入試の改善として「影響力のある特定の大学を含めて，これを実施する大学や学部の増加を図るとともに，入学定員に対する割合の拡大が望まれる」と指摘し，さらに「推薦入学の趣旨を踏まえると，推薦を受け付けながら学力試験を課すことは適当ではない」と言及しており，それまでの過度の受験競争のために推薦入試を積極的に拡大する姿勢がうかがえる（文部科学省中央教育審議会「21世紀を展望した我が国の教育の在り方について」中央教育審議会第二次答申（全文）（http://www.mext.go.jp/b_menu/shingi/chuuou/toushin/970606.htm：2013年11月30日アクセス））。

(31) 中村高康「四大シフト現象の分析」『進路選択の過程と構造——高校入学から卒業までの量的・質的アプローチ』ミネルヴァ書房，2010年，181頁。

(32) 中村は，「推薦入試制度は，『試験地獄の解消』という大義名分を背負うことによって実現可能になった側面があるが，この大義名分はいつでも通用するものではない。教育拡大が試験地獄に拍車をかけるという認識の成立したこの時期においてこそ，より説得力を持ちえたと考えられる」述べている（中村高康『大衆化とメリトクラシー——教育選抜をめぐる試験と推薦のパラドクス』東京大学出版会，2011年，95頁）。つまり，言い換えると，現在のように試験地獄を経験しない多くの者が大学進学を果たすような状況で，教育拡大の限界地がみえたとき，推薦入試制度の意味自体を再考することが求められると考えることができよう。

(33) 中村高康，前掲書，2011年，127〜130頁。

(34) 1990年代以降の大学選抜の変化について中村（2012）は「私たちが教育システムの現代的変容を考察する場合，90年代以降と時期を限定せずともどうしても踏まえなければならない必須の事実は，四年制大学進学者の増大である。戦後の高校生の進路についての変化の最大の特徴は，彼らが圧倒的に就職しなくなってきたという事実であり，また圧倒的に大学に進学するようになってきたという事実につきる。規模という点だけでみれば，高卒無業者層の変化とは比べものにならないほどの大きな変化である」と述べている（中村高康「大学入学者選抜制度改革と社会の変容——不安の時代における「転機到来」説・再考」『教育学研究』第

79巻第 2 号，2012年，54頁)。

(35) 片瀬は，このように「マス選抜」が入学の機会を拡大するべきという大衆の論理に基づいて普及した選抜であるとした中村の指摘を基に，「こうした『マス選抜』においては，受験生が特定の大学・学科の学問内容に関心や学習意欲をもって受験をするという前提が成り立つかどうか，疑問が残る」と述べている。続けて片瀬は「偏差値上位の大学の AO 入試には，大学の学科内容に理解や関心を示す学業成績のよい受験生が志願するが，「どの大学（学科）でも入れればよい」というマス型の受験生にとっては，AO 入試も大学受験機会の複雑化か，早期に入学を決定できる便利な入試として利用されることにもなりかねない」とし，大学生の「学習意欲の低下」を導いた可能性があると論じている（片瀬一男『ライフ・イベントの社会学』世界思想社，2013年，48～49頁)。

(36) 文部科学省「平成26年度大学入学者選抜実施要項」(http://www.mext.go.jp/component/a_menu/education/detail/__icsFiles/afieldfile/2013/06/11/1281953_01.pdf：2014年 9 月10日アクセス)。

(37) 文部科学省「平成26年度大学入学者選抜実施要項」(http://www.mext.go.jp/component/a_menu/education/detail/__icsFiles/afieldfile/2013/06/11/1281953_01.pdf：2014年 9 月10日アクセス)。

(38) このような学力の低い層が大学進学にシフトした状況について中村（2012）は「ストレスの大きい選抜形式に対して親和的でない層――具体的には学力テストを受けたくない高校生たち――を，いかに受け入れていくのかということが，高等教育が大衆化して以降の大学入学者問題の本質であったように思われる。その意味で，私立大学を中心にした入試の多様化・軽量化は，必ずしも非難されるべきものではない。現実のニーズにそのまま対応しただけのことだ，ともいえる。少子化という政策的にもっとも予測の容易な部類の変化を前にして，大学設置基準を緩めて大学を増設し，なおかつ入試多様化を政策的に推進したわけであるから，現状はむしろまったく自然な流れの中に位置づけられる」と論じている（中村高康，前掲書，2012年，55頁)。

(39) 厚生労働省『平成23年度版労働経済の分析――世代ごとにみた働き方と雇用管理の動向』2011年，118～119頁（http://www.mhlw.go.jp/wp/hakusyo/roudou/11/：2013年 1 月 7 日アクセス)。

(40) 木下龍「青年の進路の実際」斉藤武雄・佐々木英一・田中喜美・依田有弘編『ノンキャリア教育としての職業指導』学文社，2009年，26〜28頁。
(41) 苅谷剛彦は，この「一人一社主義」は「教育の論理」を優先させることから生まれた日本的な就職慣行であるとし，続けて「高卒就職予定者は，労働市場に参入している自立的な求職者としてよりも，未熟な，それゆえ指導や保護の対象となる，教育の客体として見なされている。複数の企業に就職内定が決まった場合に，こうした未熟な高校生には的確な企業選択の判断はできないだろう。あるいは，複数の企業からの入社の誘いに適切に対応しきれまい。こうした教育的な配慮から，生徒たちを守るために就職機会をひとつに制限しようというのである。一人に一社しか学校推薦を与えないのは，ほかならぬ生徒のためであるという教育的な理由づけが，一人一社主義には与えられていた」と述べている（苅谷剛彦『学校・職業・選抜の社会学』東京大学出版会，1991年，177頁）。
(42) 文部科学省「高校生の就職問題に関する検討会議報告」(http://www.mext.go.jp/b_menu/shingi/chousa/shotou/008/toushin/010201.htm：2013年4月15日アクセス)。
(43) 筒井美紀『高卒労働市場の変貌と高校進路指導・就職斡旋における行動と認識の不一致——高卒就職を切り拓く』東洋出版社，2006年，28頁。
(44) 堀有喜依「高卒で働く若者をどのように支えていくのか——『高卒就職の自由化』をめぐって」小谷畝・土井隆義・芳賀学・浅野智彦編『若者の現在——労働』日本図書センター，2009年，93〜94頁。
(45) 安田雪『働きたいのに…高校生就職難の社会構造』勁草書房，2003年，14〜15頁。
(46) さらに，その結果，男子は専門学校への進学が増加していることや，男子は女子に比べ自分の成績を考慮する者が相対的に多くなっていることも指摘している（片瀬一男・元治恵子「進路意識はどのように変容したのか——ジェンダー・トラックの弛緩？」海野道郎・片瀬一男『〈失われた時代〉の高校生の意識』有斐閣，2008年，103〜107頁）。
(47) 国土審議会調査改革部会「『国土の総合点検』——新しい"国のかたち"へ向けて」『国土審議会調査改革会報告書』(http://www.mlit.go.jp/kokudokeikaku/report/16soutenken/soutenken.pdf：2011年8月30日アクセス)。

(48) さらに小林は,「これらは戦前からの日本の高等教育をめぐる大きな政策課題であり,さらにより大きな国家的政策の一部であった。そのため大学の地方分散化政策が取られた結果として,戦後長期にわたり格差が是正されてきたということは忘れてはならない」と述べている(小林雅之『大学進学の機会——均等化政策の検証』東京大学出版会,2009年,70頁)。

(49) 旺文社教育情報センター(http://eic.obunsha.co.jp/resource/pdf/educational_info/2014/0829_02_k.pdf:2014年9月5日アクセス)。

(50) 片瀬一男は,普通科のうち,大学への進学者数が大部分を占める高校を進学校とし,進路多様校は,大学への進学者のほかに専門学校や就職など多様な進路を選択する者が多い高校を意味するとしている(片瀬一男「序章〈失われた時代〉高校生」海野道郎・片瀬一男『〈失われた時代〉の高校生の意識』有斐閣,2008年,27頁)。

(51) 日本私立学校振興・共済事業団私学経営情報センターによると,平成26(2014)年度の私立大学の入学定員は46万251人と前年度より1795人増加(平成25年度45万8456人)したのに対して,入学者は前年度より6326人減(平成25年度48万3957人)の47万7631人にとどまったこと。そして,全体の入学定員充足率が前年度より1.78ポイント下降して103.78%,入学定員充足率が100%未満の大学は33校増加して265校となり,大学全体に占める未充足校の割合は前年度より5.5ポイント上昇して,45.8%となったことを明らかにしている(日本私立学校振興・共済事業団私学経営情報センター「平成26(2014)年度私立大学・短期大学等入学志願動向」〔http://www.shigaku.go.jp/files/shigandoukou26.pdf:2014年8月13日アクセス〕)。

# 第3章

# 大学全入時代における大卒就職問題

　本章では，大卒就職環境を取り巻く環境の変化をみながら，はじめに就職機会の大学間格差について論じ，次に実質的に全入状態となっている私立A大学を事例に，厳しい学生募集環境にある大学の就職環境の実態をみていくこととする。そして，最後に，これらをふまえ，現在の大卒就職問題の背景にあるものについて明らかにしてみたい。

## 第1節　大卒就職環境における就職格差問題

### 1　大卒就職環境の変化と就職機会の二極化

　まずは，1980年代中頃以降の大卒就職環境の変化を確認しながら，大卒就職の実態をみていくこととする。

　図3-1は，1988年以降の大学新卒者の就職率と求人倍率の推移である。詳しくみてみたい。就職率はバブル経済期を迎えた1988年の77.8％から，絶頂期となった1991年の81.3％まで非常に高い数値を示していた。しかし，翌年の1992年には80％を割り込み，1995年には67.1％，1999年は60.1％と急激に悪化し，2000年代前半は50％後半を推移することとなった。その後，高卒就職環境と同様に，団塊世代の大量退職を見込んだ企業側が積極的な採用行動をとったことにより，2007年から2009年は67.6％，69.9％，68.4％と一旦は回復をみせたが，2010年には60.8％と9ポイントの大幅な減少がみられた。そして，2013年には67.3％，2014年には69.3％と回復傾向を示したものの，依然，不安定な状況が続いている。求人倍率も，1988年の2.48倍から1990年の2.86倍まで上昇した後，1992年は2.41倍と2倍台を維持したものの，1996年の1.08倍まで急減

図3-1　大学新卒者就職率及び求人倍率の推移

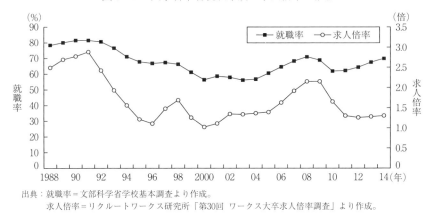

出典：就職率＝文部科学省学校基本調査より作成。
　　　求人倍率＝リクルートワークス研究所「第30回　ワークス大卒求人倍率調査」より作成。

し，2000年には0.99倍と1倍を割り込むこととなった。その後は，就職率同様，2000年前半は1倍台前半を推移し，2000年後半には2倍台を回復したが，2011年以降は1.2倍台が続き，2014年についても1.28倍にとどまっている。

　図3-2，図3-3は文系，理系別の大学新卒就職者の就職率について設置形態別で示したものである。詳しくみてみたい。はじめに全体でみると（図3-2参照），1997年以降，文系より理系が高い数値で推移している。1998年，1999年は文系と理系では4ポイント以上の差となり大きな開きをみせたが，2000年から2008年までは，文系，理系の差も1から2ポイント程度で推移しながら上昇することとなった。しかし，2009年からはともに下降に転じ，とくに文系は2010年には前年から4.2ポイントの大幅減をみせ，2011年は90.5％と1997年以降，最低の数値を示している。理系についても，2008年の98.5％から2011年は93.1％まで5.4ポイントの大幅な減少となっている。2012年以降は文系，理系ともに若干の回復をみせているが，今後も不透明な状況となっている。

　さらに，これを設置形態別でみると（図3-3参照），1997年では私立理系の96.3％が最も高く，次いで私立文系95.2％，国公立理系94.3％となり，国公立文系が90.7％と最も低く，私立優位であった。しかし，1999年には国公立理系95.9％，国公立文系92.5％，私立理系93.5％，私立文系90.3％と国公立優位とな

図3-2 大学学部分野別就職率の推移

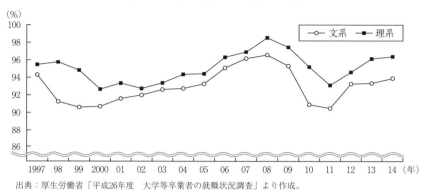

出典：厚生労働省「平成26年度 大学等卒業者の就職状況調査」より作成。

図3-3 大学設置形態・学部分野別就職率の推移

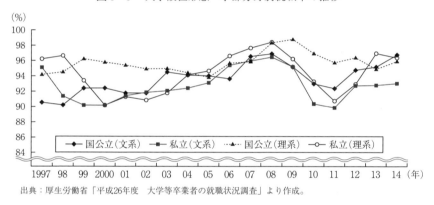

出典：厚生労働省「平成26年度 大学等卒業者の就職状況調査」より作成。

った。その後は，文系，理系ともに国公立が高い数値で推移し，2010年以降は，文系，理系にかかわらず国公立が私立より高い状況になっている。現在では，文系，理系を比べると理系が常に高い就職率で推移しているが，設置系形態別でみると，文系，理系の分野にかかわらず国公立大学が高い就職率を示しており，私立大学は厳しい状況にある。

また，厚生労働省は，大学卒業者で就職も進学もしなかった未就職者の割合の推移について，「就職氷河期」といわれる2000年前後に高い水準となり，その後の景気回復にともない一旦は低下したが，2008年のリーマンショック以降

は再び上昇。2012年の未就職者は，およそ10万6000人，全体の19％となったとしている[(1)]。

　こうした未就職問題について労働政策研究・研修機構（2012）は，2003年と2011年3月の大卒者における未就職者の状況を比較した結果，人文科学，社会科学系で高い特徴が続いており，未就職者の6割から7割がこの学部系統であること，そして，設置形態別では，私立大学で高くなっていると報じている[(2)]。この点について，本田由紀（2009）は，「日本における大学と仕事の関係のあり方は，大学教育の専門分野によって異なり，大学生全体の3分の2を占める人文科学や社会科学という分野については，大学の教育内容そのものが対応する職業分野を意識して設計されておらず，卒業後も主に民間企業内部において専門的でないキャリアをたどる者が多いため『職業的意義』の水準は低い」と指摘しており[(3)]，日本の大学教育の根本的な課題について言及している。

　表3－1は，大学の諸属性と未就職者の割合を，設置者，創立年，大学規模（卒業生数）で示したものである（2009年度卒業生を対象）。まず，設置者，創立年別でみると，未就職者割合が30％以上の大学は，国立4.5％，公立7.7％と低いのに対して，比較的創立年が新しい私立大学は，39.3％，35.1％と高くなっている。また，大学規模別（卒業生数）でみると，未就職者割合が30％以上を超えている大学が，卒業生数200から499人で30.8％と3割を超え，200人未満では38.3％と4割近い数値となっている一方で，規模が大きくなるにつれて，その割合も低くなっている。

　表3－2は，大学設置者・入学難易度別の未就職率の変化を示したものである。小杉礼子（2013）は，私立大学については入学難易度によって三分したうえで，大学群ごとに二時点の平均就職率を求めているが，これは大学生の質を考えたとき，入学難易度の低い大学ほど学力水準の低い高校生の進学先となるため，質の変化が大きいと考えたからとしている[(4)]。これをみても，国公立大学，難易度の高い私立大学では，2005年に比べて2010年のほうが未就職率は低いが，中位から下位レベルの私立大学は2005年より2010年のほうが，未就職率が高くなっている。この点について小杉は，「入学難易度の低い大学のほうが学生の質

第3章　大学全入時代における大卒就職問題

**表3-1　大学の諸属性と未就職者割合**

①設置者・創立年　　　　　　　　　　　　　　　　　　　　　　　　　　　（単位：％）

| 設置者・創立年 | 10％未満 | 10～30％未満 | 30％以上 | 不明 | 合計 | 実数（N） |
|---|---|---|---|---|---|---|
| 国立 | 52.2 | 41.8 | 4.5 | 1.5 | 100.0 | 67 |
| 公立 | 35.9 | 56.4 | 7.7 | 0.0 | 100.0 | 39 |
| 私立（～1950年） | 8.2 | 63.9 | 27.9 | 0.0 | 100.0 | 122 |
| 私立（1950～1990年） | 5.3 | 57.6 | 35.1 | 2.0 | 100.0 | 151 |
| 私立（1990年～） | 18.8 | 42.0 | 39.3 | 0.0 | 100.0 | 112 |
| 合計 | 17.9 | 53.4 | 27.9 | 0.8 | 100.0 | 491 |

②大学規模（卒業生数）　　　　　　　　　　　　　　　　　　　　　　　　（単位：％）

| 卒業生数 | 10％未満 | 10～30％未満 | 30％以上 | 不明 | 合計 | 実数（N） |
|---|---|---|---|---|---|---|
| 200人未満 | 20.2 | 41.5 | 38.3 | 0.0 | 100.0 | 94 |
| 200～499人 | 17.9 | 50.6 | 30.8 | 0.6 | 100.0 | 156 |
| 500～999人 | 13.1 | 59.6 | 27.3 | 0.0 | 100.0 | 99 |
| 1,000～1,999人 | 22.2 | 55.6 | 20.0 | 2.2 | 100.0 | 90 |
| 2,000人以上 | 15.4 | 67.3 | 15.4 | 1.9 | 100.0 | 52 |
| 合計 | 17.9 | 53.4 | 27.9 | 0.8 | 100.0 | 491 |

出典：独立行政法人労働政策研究・研修機構「大学における未就職者卒業者支援に関する調査」より作成。

**表3-2　大学設置者・入学難易度別未就職率の変化（2010年・2005年）**

| | | 2010年調査 | | | 2005年調査 | |
|---|---|---|---|---|---|---|
| | | 平均未就職率（％） | 対象大学数（校） | | 平均未就職率（％） | 対象大学数（校） |
| 設置者・入学難易度 | 対象計 | 23.0 | 487 | | 23.8 | 494 |
| | 国立 | 11.8 | 66 | ＜ | 19.5 | 75 |
| | 公立 | 14.8 | 39 | ＜ | 18.7 | 47 |
| | 私立（～45*） | 27.7 | 141 | | 27.0 | 135 |
| | 私立（46～56*） | 26.5 | 201 | | 25.2 | 202 |
| | 私立（57～*） | 15.3 | 40 | ＜ | 19.8 | 35 |
| 「学校基本調査」 | | 21.7 | | | 24.7 | |

注：未就職卒業者は「学校基本調査」の卒業後の状況（に対応させた選択肢）のうち、「一時的な仕事」、「左記以外」、「死亡・不詳」の合計。未就職率は未就職卒業者数/卒業者数。
　＊数値は偏差値を示す。
出典：小杉礼子・堀有喜衣編『高校・大学の未就職者への支援』勁草書房，2013年，106頁より作成。

表3-3 私立大学学部系統別入試動向

(単位：人，％)

| 区分 | 集計学部数 2012年度 | 集計学部数 2013年度 | 集計学部数 2014年度 | 志願者数 2012年度 | 志願者数 2013年度 | 志願者数 前年比 | 志願者数 2014年度 | 志願者数 前年比 | 入学者数 2012年度 | 入学者数 2013年度 | 入学者数 前年比 | 入学者数 2014年度 | 入学者数 前年比 |
|---|---|---|---|---|---|---|---|---|---|---|---|---|---|
| 医学 | 29 | 29 | 29 | 84,899 | 97,521 | 114.9 | 110,427 | 113.2 | 3,587 | 3,660 | 102.0 | 3,736 | 102.1 |
| 歯学 | 17 | 17 | 17 | 5,626 | 6,466 | 114.9 | 8,029 | 124.2 | 1,668 | 1,694 | 101.6 | 1,755 | 103.6 |
| 薬学 | 57 | 57 | 57 | 82,573 | 104,253 | 126.3 | 121,877 | 116.9 | 11,631 | 12,556 | 108.0 | 12,556 | 100.0 |
| 保健系 | 154 | 161 | 175 | 138,556 | 157,627 | 113.8 | 164,659 | 104.5 | 25,708 | 27,307 | 106.2 | 29,156 | 106.8 |
| 理・工学系 | 147 | 147 | 146 | 553,755 | 607,166 | 109.6 | 651,819 | 107.4 | 63,518 | 64,934 | 102.2 | 64,437 | 99.2 |
| 農学系 | 17 | 17 | 17 | 72,512 | 77,662 | 107.1 | 82,167 | 105.8 | 7,921 | 7,814 | 98.6 | 7,789 | 99.7 |
| 人文科学系 | 238 | 238 | 238 | 505,198 | 512,645 | 101.5 | 511,565 | 99.8 | 74,956 | 75,169 | 100.3 | 73,365 | 97.6 |
| 社会科学系 | 511 | 507 | 505 | 1,133,175 | 1,157,434 | 102.1 | 1,146,575 | 99.1 | 172,115 | 172,229 | 100.1 | 168,524 | 97.8 |
| 家政学 | 68 | 69 | 72 | 72,511 | 83,524 | 115.2 | 81,097 | 97.1 | 15,440 | 16,264 | 105.3 | 15,707 | 96.6 |
| 教育学 | 68 | 71 | 80 | 95,023 | 104,044 | 109.5 | 104,780 | 100.7 | 13,771 | 14,917 | 108.3 | 15,453 | 103.6 |
| 体育学 | 10 | 10 | 10 | 15,688 | 17,669 | 112.6 | 17,241 | 97.6 | 5,455 | 5,438 | 99.7 | 5,325 | 97.9 |
| 芸術系 | 60 | 61 | 60 | 41,424 | 42,413 | 102.4 | 40,643 | 95.8 | 14,625 | 14,909 | 101.9 | 14,242 | 95.5 |
| その他 | 242 | 251 | 253 | 397,385 | 422,715 | 106.4 | 423,550 | 100.2 | 64,497 | 67,102 | 104.0 | 65,917 | 98.2 |

出典：日本私立学校振興・共済事業団「平成24（2012）年度・平成25（2013）年度・平成26（2014）年度私立大学・短期大学等入学志願動向」より作成。

の変化の度合いは大きく，そのことが，この大学間の未就職率の差を広げた要因の一つになっている可能性が高い」と指摘している。[5]このように大学設置者，設置年や規模，入学難易度によって就職環境に差が生じていることがみてとれる。

　表3-3は，2012年度から2014年度の学部系統別の入試動向であるが，人文科学系，社会科学系については志願者数，入学者数ともに減少を示している一方で，医療系，保健系，理・工学系，教育学系では，志願者数の増加がみられ，入学者数についても理・工学系を除き増加の傾向がみられた。そして，学部数についても，保健系，教育学系の増設が目立つ一方で，社会科学系については減少している。実際に大手進学予備校の河合塾は，医療系が総じて人気が高いことや，教育，食物栄養といった資格に直結する学部系も人気であることから，景気の動向が受験生の学部系統選びに密接な関係があることをうかがわせていると志願動向を分析している。[6]つまり，近年の大学進学志望者は，将来の職業に直結する学部に対して非常に強い関心をもっていることがみてとれるのであ

る。このように，大学全入時代の到来は，大学と受験生の立場を逆転させることになり，その結果，私立大学入試は規模や分野系統によって二極化の傾向を見せはじめることとなったのである。

　以上，国公立大学では文系，理系で一定の差はあるものの，全体的には安定した就職環境にあり，私立大学でも伝統ある大規模校は，国公立大学に及ばないものの比較的安定している。しかし，規模が小さく伝統も浅い大学は厳しく，そのなかでも文系私立大学は非常に厳しい就職環境にあることがうかがえる。つまり，文系，理系の別，国公立，私立の設置形態別，設立年，入学難易度によって就職環境は大きく違いをみせており，大学間において就職機会の量的な格差[7]が顕著にみられるようになっているのである。

## 2　大卒就職における「学校歴」の影響

　ここでは，大卒就職機会が二極化するなかで，大学生の就職に「学校歴」がどのような影響を与えているのかについてみていくこととする。

　苅谷剛彦（2010）は，大卒就職問題の歴史的検討から，「企業特殊的な人的資本形成と学校教育での人的資本形成を，学校歴というカテゴリーと推薦制度を用いて直接的に結びつけていたのが，大卒就職の仕組みだったということである」と述べており[8]，このような指摘は，大卒就職問題には，学歴以上に，学校歴に対する意識が強く影響しているものである。ここでは，大学就職研究おいて重要な視点となっている「学校歴」の問題について，バブル経済期以降の動向に注目し整理していくこととする。

　島一則（1999）は，「社会階層と社会移動全国調査」に基づいて所得関数の推計をおこない，学歴，学校歴の影響について分析した結果，高度成長期と以降を比較すると，学歴の所得上昇効果・規定力が減少する一方で，労働経験年数による所得の規定力が上昇し，所得に対してキャリアのもつ重要性が相対的に高まっていることを確認している[9]。しかし続けて，学歴の効果が単に減少してきたことのみを語るだけでは，高度成長期以降の日本社会における教育と所得の関係を見誤ると指摘し，その理由を次のように述べている[10]。

131

学歴，すなわち大卒か高卒かという学校段階の差異にもとづく経済的な効果は，高度成長期と比較して薄らいでいる。しかしながらその一方で，どの大学を卒業したのか，ひいては有名大学に入るためにどの有名進学校（都市部においては有名国・私立中学）に入ったかという学校歴が重要となってきた。このことは，「大衆教育社会」・「大衆受験社会」へと人々を駆り立てる経済的なドライブの存在を意味しているのである。高度成長期以降の日本社会は，以上のような背景のもとで，長期雇用社会の浸透，学歴社会から学校歴社会への転換を経験してきたのである。

　この主張は，高度成長期から経済停滞期に移行する1965年，1975年，1985年，1995年のデータを基に分析がおこなわれており，日本が戦後復興を果たし，経済成長を背景にした学歴に対する価値観の形成過程を表すきわめて興味深いものであるといえる。また，竹内洋（1995）は，バブル経済期突入時の1987年度の企業の採用行動について，文系民間企業就職者を集計した結果，偏差値70から75の学部学生は民間企業に就職したもののうち71.4％が従業員数5000人以上の大企業に就職しているのに対して，偏差値37から39の学部学生は5.7％しかこのような大企業に就職していないこと，さらには大企業就職者の占有率がもっとも大きいのは偏差値58から63の偏差値中上位校大学であることを明らかにしている。そして竹内（1995）は，ある大企業の採用方式に注目して，このような大企業の就職者が特定大学から採用される要因を明らかにしているが，要約すると次のようになる。

　　企業としては公に指定校制をとっているわけではないが，企業は個別大学ごとに長期（5ヵ年）の採用目標を設定しており，その採用対象大学は基本的に例年入社実績がある大学が選ばれる。実際に1987年度はリストされていない大学からの採用はまったくなかったが，その点について人事担当者は，リストされていない大学の学生から採用するためには採用目標大学からの採用を減らすといった当初の計画を変更するといったエネルギーが必要となるため，目標校以外からの採用はほとんどない。そして，目標校をリストアップする際には，偏差値という尺度をつかっているわけでは

ないが、漠然とした世間的大学評価にもとづいているため、入学難易度が採用目標大学の決定に作用していることは否定できない。

当時の企業側の採用行動においては、現実的には大学ランクの高低が大きく影響しており、学生側としても、大企業への就職を可能にするためには、できるだけ偏差値の高い大学に入学する必要があったことがみてとれる。

それでは、このような大卒就職事情は、バブル経済の崩壊によってどのように変化したのだろうか。この時期においては、苅谷剛彦ら（1995）の研究による知見が重要となる。苅谷らは、1993年度（1994年3月卒）の大学卒業者、主に経済系学部卒業者の就職実態を詳細に調べた調査研究の報告をおこなった。そこで苅谷らは、バブル経済崩壊後の景気後退をうけて、大卒市場は「超売手市場」から「買手市場」へと変化したことにより、就職機会の大学間格差に注目をし、そのなかで、高卒、大卒という「学歴」のみならず、どの大学を出たかという「学校歴」が就職の際に与える影響について分析をおこなっている。同報告書のなかで平沢和司（1995）は、偏差値の高い大学は大企業への就職が有利である理由について、「指定校制がなくなり自由応募制になっても、表向きにはどの大学の学生でも大企業へアプローチできるはずだが、現実には雇用主はOBというフィルターを通して大学名によって学生をスクリーニングしていると考えられ、内定企業規模を決めるのが、大学偏差値であって大学時代の成績ではない」と指摘している。また、苅谷らは、「大学から職業への移行は、その重要な部分がすでに大学入学時にある程度決まってしまっていることを意味する。大学の出口で行われる就職は、依然として大学の入り口部分の選抜に、依存しているといえるのである。繰り返し指摘され、批判されてきた『学校歴主義』は、今日なお健在である」と結論づけている。

そして、就職協定が廃止された1997年度卒業生（1998年3月卒）の学生を対象に、岩内亮一ら（1998）は、先述の苅谷らの93年度調査に引き続き、再度、調査報告をおこなっている。この調査は、就職協定廃止が大学就職市場にどのような影響を与えたかを検証するものであったが、ここでも、93年度調査より大学の社会的評価が内定の決め手となる比率が、ランクの高い大学において低く

なっていることは認められたものの，結果的にはランクの高い大学の学生が，大規模企業により多くの内定を得ていることが明らかになっている[15]。また，同報告書で中村高康（1995）は，93年度と97年度調査の結果を比較し，意識面での変化の動向を大学ランク別に分析した結果，大学ランクによって規定される構造に変化はなく，加えて，就職プロセスの在り方が格差意識を規定することを明らかにし，そして，「不況と協定廃止は，格差意識の部分的希薄化や格差意識をもつ集団を特定しにくい報告へシフトしたという点で，就職結果の大学間格差という実態を追認する報告に動いているかもしれない」と述べている[16]。さらに，平沢・濱中（2008）は，2004年度調査（2005年3月卒業生対象）の結果うけて，採用・就職活動の「自由化」が，大学群によって異なる帰結をもたらしたと指摘し，大学ランクの高い大学は，就職活動の強化が生じ，ランクの低い大学では就職意識が曖昧なまま早期の就職活動に巻き込まれる学生の増加の存在を明らかにするとともに，「就職活動の内容や時期が変化したとはいえ，学校歴により就職機会の差異は結果的に厳然と存在している」と述べている[17]。

　最後に，経済同友会がおこなった調査結果から近年の動向をみてみたい。経済同友会は，2010年に「企業の採用と教育に関するアンケート調査」を実施している[18]。そこでは，大学新卒採用の選考方法・基準において「面接の結果」を最も重視すると回答した企業は222社中202社（90.9％）となり，一方，「出身校」を第1位とした企業は全くなく，第2位に7社，第3位に6社となった程度であった。しかし，採用試験で「出身校不問（学校名を聞かずに筆記・面接試験等を行う）」としているかどうかは，「全面的に採用している」と回答したのは219社中53社（24.2％）となり，これは前回調査（2008年調査）の29.8％に比べると減少し，前々回調査（2006年調査）の24.1％と同程度となっている。そして，「採用していない」と回答したのは148社（67.6％）となり，これは前回59.9％，前々回64.3％と比べても高い数値となった。さらに，採用していない企業に対して，今後の導入の予定を質問したところ，90.3％の企業が今後も導入の予定はないと回答している。この点について齋藤拓也（2007）は，企業が「人物本位採用」を強調しながら，企業がいう「能力」について「『一定の学力がある』

『自分の会社の風土に合う』『ビジネスで成功する思考能力，行動力ある学生』を採るという時点で，本人に内在する能力というよりは社会もしくは企業が優秀だと認めた『社会的に作られた能力』であるといえる」と指摘し，一方，学生は「人柄や個性など個人に内在するもの」を評価してもらえると考えており，企業のいう「能力」と学生が考えている「能力」にギャップが生じていると述べている。そして，2012年調査では，これまでの調査結果と同様に，採用時に重視する項目として，面接重視，出身校不問とする傾向は続いているものの，企業が高等教育（大学・大学院）に対して期待することとして，「対人コミュニケーション能力の養成」「論理的思考能力や問題解決能力の養成」「専門的な学問教育」といった項目が上位となっており，これらをみると，企業が求める能力基準は，幅広く，一定の学力レベルを養成することを期待していることがうかがえる。

このような「能力」に対する考えの社会的変化については本田由紀（2005）の「ハイパー・メリトクラシー」論が重要な示唆を与える。本田は，「近代社会」のメリトクラシー下で人々に要請される能力を「近代型能力」，そして「ポスト近代社会」のハイパー・メリトクラシー下で人々に要請される能力を「ポスト近代型能力」と呼んだ。

表3-4は，「近代型能力」と「ポスト近代型能力」の特徴の比較対照を示したものである。これによると「近代型能力」を「主に標準化された知識内容の習得度や知的操作の速度など，いわゆる『基礎学力』としての能力」とし，これに対して「ポスト近代型能力」は「文部科学省の掲げる『生きる力』に象徴されるような，個々人に応じて多様でありかつ意欲などの情動的な部分——『EQ』！——を多く含む能力である」とし，「既存の枠組みに適応することよりも新しい価値を自ら創造すること，変化に対応し変化を生み出していくことが求められる」としている。

さらに本田は，「近代型能力」は標準的で定型的な「能力」であるがゆえに，公平かつ正当なものとして広く承認を得ることができたのに対して，「ポスト近代型能力」は，その柔軟性や状況即応性により，明確な輪郭で測定・証明さ

表3-4 「近代型能力」と「ポスト近代型能力」の特徴の比較対照

| 「近代型能力」 | 「ポスト近代型能力」 |
| --- | --- |
| 「基礎学力」 | 「生きる力」 |
| 標準性 | 多様性・新奇性 |
| 知識量，知的操作の速度 | 意欲，創造性 |
| 共通尺度で比較可能 | 個別性・個性 |
| 順応性 | 能動性 |
| 協調性，同質性 | ネットワーク形成力，交渉力 |

出典：本田由紀『多元化する「能力」と日本社会——ハイパー・メリトクラシー化のなかで』NTT出版，2005年，22頁より作成。

れにくいことと，「『人物評』的な形で一定範囲の人々に共有されることはありうるとしても，それは常に曖昧で流動的なものであり，継続的に成果を発揮し続けることによってしか『人物評』の確実性は保たれない」と論じ，続けて，「ポスト近代型能力」の特徴について次のように述べている。(23) (24)

　「ポスト近代型能力」は個性や多様性，新奇性など，個人間の質的な相違をひとつの重要な要素としているがゆえに，そもそも多寡という一元的な尺度が適用されにくい。要するに，「ポスト近代型能力」は，手続きではなく結果によってのみ，また特定の一時点ではなく不断に継続的にのみ，また共通の尺度ではなく個別性によってのみ，外在化するという点で，個人がその保持を主張する上で「近代型能力」比べて多大な労力を要し，なおかつ不透明であるという特徴をもっている。

　このような本田や先述の齋藤の主張を背景に置くと，能力に対する社会的評価の基準が，個々人の人間性の全体と深部に及ぶものとなるなか，大卒就職環境において，企業側が採用プロセスのなかで「面接重視」を謳いながらも，結果的に入試難易度が高い大学の学生が勝ち残る仕組みになっていることは，本田がいうポスト近代型能力の「不透明さ」が根底にあることがうかがえるのである。何より重要なことは，今日の大卒就職環境においては，企業側が基礎学力といった「近代型能力」を担保したうえで「ポスト近代型能力」を評価対象としている実態があるにもかかわらず，自由競争という誰にも平等な機会が与

えられるような印象を学生自身が抱き，曖昧で不透明な能力基準を満たそうとする努力を続けないといけない理不尽さが隠れていることである。

　こうしたなか，濱中義隆（2011）は，内定獲得時期及び大企業への就職の規定要因に関する分析をおこなった結果，選抜性の低い非銘柄大学の学生は，選抜性の高い銘柄大学より内定を獲得した時期も遅く，就職活動を継続しても内定を獲得できない者，途中で活動を止めてしまう者の割合が多いことを明らかにしている。そして，平沢和司（2011）は，学歴や学校歴が，初職や現職にどのような影響が与えているのか検討した結果，初職，現職及び現在の収入に対して，学歴が影響していることを指摘しながら，大学の学校歴も直接な影響を与え，大卒間では入学難易度に沿ったかたちで職業達成に差異があることや，さらに選抜度の低い大学群は専門学校や短期大学・高等専門学校と違いがみられないことを明らかにしている。また，小杉礼子（2013）は，就業機会の学歴間格差の傾向を指摘し，今後の労働力需要が高学歴者に傾く可能性を高いとしながらも，一方で，大学生の近年の就職プロセスの変化について，就職活動に心理的負担を強く感じる学生が増えていることや，取り組み状況の個人差が大きくなる現状を指摘し，学力的に中位以下にある私立大学では，大学の就職斡旋機能が低下していることが，未就職者の増加の一因になっている可能性が高いと述べている。このような濱中，平沢，小杉の指摘は，大学の社会的評価（ここでは入試難易度や選抜性が高いという社会的評価）の高い大学と，そうではない大学では，学生自身の就職活動を突破する力の差のみならず，大学が所有する就職に関する情報量の差があることを示唆するものである。つまり，バブル経済期以降，経済の低迷よる雇用環境の悪化や就職協定廃止など，大卒就職を取り巻く環境が変化するなかで，企業側の採用行動も指定校制度や推薦制度から，自由公募制に移行し，学生の就職活動も大きく変わったとされているが，本節でみてきたように，採用の実態として，相変わらず学校歴が強く影響していることは，ゆるぎない事実であることは認めざるを得ないのである。

## 3 大学全入時代において大卒就職格差が意味するものは何か

　ここまで，大学入試及び大卒就職機会の大学間格差の実態についてみてきた。現在の大学進学状況をみると，18歳人口が減少するなかでも進学率は上昇しているとはいえ，小規模大学，人文・社会科学系学部への志願者数は減少の傾向にある一方で，大規模大学や医療系，保健系，教育系学部への志願者数は増加している。また，設置形態，分野系統，大学規模，創立年数別に大卒就職状況をみると，国公立大学より私立大学，理系より文系の就職は厳しく，伝統ある大規模私立大学は比較的安定しているものの創立年数の新しい小規模私立大学は無業のまま卒業する学生の割合が高い状況にある。つまり，大学全入時代の到来は，入試，就職の面で大学間格差を生じさせることとなったのである。そして，これらは大学に進学して単に「学歴」を取得することによって，安定した就職機会が得られるといったことが幻想となりつつあるといっても過言ではないことを示しているといえる。

　しかし，こうした状況にあっても，大学進学を目指すのはなぜだろうか。小杉礼子（2003）は，「現在の高学歴化にはモラトリアム期間の延長という意味合いと，高校から大学へという進路選択には，とりあえず就職を先送りするという意味合いも含まれている」と指摘している。[28]また，宮本みちこ（2002）は，「日本型高学歴社会がますます深みにはまっていく要因として，親の側も，高卒者の就職がむずかしいうえに，子どもにどうしても働いてもらわなければやっていけないほど困窮していないとなれば，あと二年間あるいは四年間，子どもにモラトリアムを許す。進学に代わるもっと有効な方向が，親にもわからないからだ」と述べている。[29]そして，三宅義和・遠藤竜馬ら（2005）の保護者に対する調査では，社会・経済情勢の変化を十分に認識せず，一言でいえば「大学を出て安定した就職」という古典的就職観でもって子どもに接している親がまだまだ多いことが明らかとなっている。[30]つまり，親もまた，若者の雇用不安が続いているなかで，一体どのような教育環境を子どもに与えることが良いのかわからないまま，幻想とはわかりつつ，漠然とした期待感だけで大学に進学させざるを得ない状況となっているのである。また，遠藤竜馬（2005）は，高

校の進路指導において，就職できなかった，あるいはできそうにない生徒たちの避難先としての大学進学を選択させるという感覚が常識となっていると指摘し，このような進学傾向を「進学者層の下方強制伸長」と呼び，実質的に非選抜型大学となった大学群は定員割れという事態を避けるため，この層を取り込みはじめたと述べている。こうして，親の期待感や高校の進路指導方針と，大学全入という環境が重なることによって，結果的に高校卒業時において無目的な状況にある生徒たちの大学進学を容易に許すことにつながっているのである。

このような進学行動が学力不安を抱える生徒たちのひとつのルートとして確立されていることは，大卒就職における無業者問題の核心に迫ることになる。耳塚寛明（2005）は「威信の高い四大へ進学できずかつ就職も困難だった生徒たちのなかで，教育費の負担が可能な層は，極端にいって成績の如何や高校生活へのまじめな取り組みの有無に関わらず，進学することができる。教育費の負担が不可能な層にとっては，『進路未定』『無業者』という進路しか残されていない。こう考えれば，そもそも高卒無業者層が豊かな階層から出現しているなどということはあり得ない」と論じている。この耳塚の指摘は，大学入試が容易となった今，大学教育費用をまかなう経済力があり，社会的威信の高い大学にこだわることさえしなれば，高卒無業者になることを回避するために大学へ進学している実態を明快に示しているといえる。そして，児美川孝一郎（2011）は，高校生が1990年代後半以降，就職から進学に切り替えたことは，就職の代替ルートであったとし，「今日の大学や専門学校という存在は，冷徹に観察すれば，若年層における『潜在的な失業人口』をプールする場所として機能していると言うことができるかもしれない」と述べている。このような耳塚，児美川の指摘は，現在の大卒無業者問題を単純化させる。すなわち，高卒時点で行き先のない若者が，一旦，選抜性の低い大学や短大，専門学校を経由することは，単に無業者となる時期を遅らせているに過ぎなく，大卒無業者問題は，当然の帰結であるということになる。

一方で，学力と就労問題の関係において，学力が低い層がフリーターやニートになりやすい傾向が強いとされている。例えば，家計の経済力が困窮のため

就職せざるを得ない状況にあると，一般的社会規範が備わっていない状態であることや，社会からの疎外感などにより就業意欲がなくなり社会に適応できないことが指摘されている。小杉礼子（2002）は，「フリーターになる背景には，中途退学者など学歴が低く若い者が正社員市場から閉め出されている傾向があると考えられ，また，親が豊かでないことは高等教育への進学費用の壁として影響を与えている。一方，フリーターからの離脱の有無は収入の必要性のような現実の市場への妥協をうながす要因の影響が大きいと考えられる」と述べている。つまり，ある一定の社会規範を得るための教育環境が整備されていないと将来の就職機会が不利になることを示している。こうした個人（家庭）の経済力の格差によって進学機会が奪われることにより，人によって不平等な環境に置かれてしまうことは，仕事の能力を習得したいという意欲があってもそれを許さない環境や，機会を得られない状況によって就業期前の段階で差を生じさせることになり，結果として就業期において様々な格差が生じる要因となってしまうのである。また，何より問題なのは就学期を終えると生涯にわたって再チャレンジできない状況にある者が多いことである。こうした論点から，大学進学機会の平等化に向けて，小林雅之らが主張したように，個人の経済力を起因とした進学格差の是正が強く求められるようになったのである。

　しかし，本節でみてきたように，大卒就職環境においては「学歴」以上に「学校歴」が強く影響しており，たとえ機会の平等が実現することにより大学進学格差が是正されたとしても，次にはどのような大学に進学したかというあらたな条件が求められるようになるのである。こうした先のみえない機会の平等に対する現実について，熊沢誠（2008）は，次のような指摘をしている。

　　　機会の平等とは，すべての人に階層上昇の競争機会を開くことです。競争の成否は能力や努力のもたらす成果にかかっている。だから，今の職場内外の日々の生活が耐え難いならば，がんばって仕事内容や収入の高い地位に就くようにと，機会の平等さえあればいいと考える体制の支配者たちは呼びかけます。けれども，能力や成果という基準は，現実の成功者たちによってその具体的な内容を決められるものであって，本来的に曖昧です。

そしてなによりも大切な点は，恵まれた仕事やポストは相対的に希少なのですから，若者が一流大学の試験にパスするのと同様，上昇競争の成功者は厳しく限られているということです。それゆえ，成功が難しい能力主義的競争のもたらす心労に，人々は長期にわたって追い込まれるのです。

　現在の日本社会のひとつの側面を鋭く表している主張である。そして，深田和範（2009）は，バブル経済期以降に大卒就職者が大量に労働市場に排出されたことのひとつの帰結として「1980年代以前は，大卒者が少なかったために，大卒者はホワイトカラーとして企業の管理や事務的な職種を担う少数精鋭部隊として貢献してきたが，2000年以降は大卒者の数が増幅しこのようなホワイトカラーの質低下を招き，今では業績向上に結びつかない仕事を担当しているだけとなり，会社の『がん細胞化』している」と指摘しており，労働市場において大卒者が過剰になっている様子を端的に表している。また，近年の企業側の採用行動をみても，不安定な経済情勢が続くなかでは一時的に採用意欲が高まったとしても，採用するのであれば優秀な学生を採りたいという，厳選採用の方針は強まる一方である。

　結局のところ，就職を先送りするために安易な大学進学を経てきた学生が，厳しい就職活動を潜り抜けるためには，社会に出る間際となる大卒就職活動時，学校歴による就職機会の格差という現実に直面し，それを埋めるための努力を課せられることになる。しかも，小杉礼子（2005）が「4年制大学の場合には，短大・専門学校よりも就職に対する支援はいっそう弱くなる。高校とは異なり，担任や進路指導担当などの特定の支援者はほとんどみられない」と述べているように，大学での就職活動が学生主体となっているなか，かれらは，自由公募制という一見，誰にも等しく開かれた就職機会のもと，みえないゴールに向かってひたすら努力し続けなければならないのである。そして，先述の平沢・濱中の指摘のように，ランクの低い大学の学生は，早期の就職活動に巻き込まれたまま，時間だけが過ぎてしまい，最終的に大卒無業者になったとしても，個人の責任に帰させるきらいがあるのである。

　大学全入時代の到来は，高校生の進路選択の幅を広げることとなった。しか

し，えり好みをしなければ，すべての者が大学に進学できる大学全入という現象は，入試，大卒就職状況において大学間格差を生じさせることとなったのである。[39]何より，そこには学歴以上に，学校歴への意識の拡大が根底にあり，このような意識が強弱を問わず社会（企業側）と個人（本人，保護者側）の両者において厳然と存在していることは明らかだろう。その意識の拡大は，安定した就職を可能としてくれる大学か否かという，結果への不安感からもたらさせるものとなっている。そして，安定した就職が期待できる大学への進学は，一定の学力水準が必須条件であることが自明となっている今，学力不安をもつ者たちに対する安易な大学進学機会の平等化は，明らかな結果の不平等につながる可能性を含意するおそれがあるといえよう。

次節は，こうした大卒就職環境の問題点を，学力不安を抱える学生の就職活動の実態をみながら探ってみたい。

## 第2節　非選抜型大学における就職未決定者の実態

本節では，非選抜型大学における就職未決定者のメンタリティを明らかにしてみたい。はじめに2007年度に実施したアンケート結果から，かれらの進学理由についてみていく。そして2007年度入学生の卒業年度にあたる2010年度に就職未決定者へのインタビューを実施し，かれらがどのような意識を抱きながら就職活動に取り組んでいるのか，その実態に迫ってみたい。

まずは，本調査の対象となった私立A大学について述べてみたい。A大学は，入学定員400名以下の小規模大学で開設年次も1980年代と比較的新しい。学生募集状況をみると，ここ数年，定員充足率は100％を下回る状態が続いており，推薦入試，なかでも書類と面接のみで合否を決める指定校推薦入試やスポーツ推薦入試，AO入試への依存度が高い。そして，これらの入試によって入学する学生の割合は70％に達する状況になっており，非選抜型大学のひとつと位置づけられる大学といえる。また，文系学部で構成されており，教員，医療，福祉系のような職業に直結する国家資格の養成課程も設けられていない。そのた

め，製造業，小売業，サービス業に就職する者が多いのが特徴であり，調査対象になった学生の希望職種も，そのような業態がほとんどである。なお，2013年3月に卒業した学生の就職率は50％にとどまり，進学者を除いた進路未決定のまま卒業した卒業した割合は30％を超えるまでとなっている。

## 1　入学理由に関するアンケート調査

【調査の概要】

　　時期：2007年3月（在学生），4月（新入生）
　　対象：学生（在学生869名：485名（回収率55.8％））
　　　　　　　　（新入生211名：178名（回収率84.3％））
　＊帰属性は入試区分「指定校・AO」「スポーツ推薦」「学力」である。「学力」はペーパーテストを課した入試すべてを指すものとする。


　表3-5は，入学条件の項目「知名度」「偏差値」「就職実績」「地理的条件」「教育環境」「オープンキャンパスの内容」「学費・奨学金」「資格取得」「施設設備」「校風」「留学制度」「その他」「無回答」について，在学生（2年生以上），新入生に対する質問紙による調査を実施した結果である。

　はじめに入試区分別でみると，「指定校・AO」では在学生，新入生ともに「地理的条件」「教育環境」が高く，次いで「オープンキャンパスの内容」となっている。これは，A大学の場合，「スポーツ推薦」以外は，地元出身学生が多く，通学に便利で費用負担も少ないことを入学理由とする者が多いからであると考えられる。

　また，指定校やAO入試などの専願制を希望する受験生は，オープンキャンパスや相談会に積極的に参加し，大学の教育研究内容を理解したうえで，高校1・2年次の早期の段階で志望校を決定する傾向が強くなっていることが結果に表れていると考えられる[40]。これに対して，「スポーツ推薦」は，「その他」が高い数値なったが，コメントをみるとほとんどが「スポーツ活動をしたいから」といった競技継続が理由であった。また，「スポーツ推薦」の特徴としては，

表3-5　入学理由（在学生）

（単位：人，％）

| 項　目 | 指定校・AO | | | | スポーツ推薦 | | | | 学　力 | | | |
|---|---|---|---|---|---|---|---|---|---|---|---|---|
| | 在学生（2年生以上） | | 新入生（1年生） | | 在学生（2年生以上） | | 新入生（1年生） | | 在学生（2年生以上） | | 新入生（1年生） | |
| | 人数 | 構成比 | 人数 | 構成比 | 人数 | 構成比 | 人数 | 構成比 | 人数 | 構成比 | 人数 | 構成比 |
| 知名度 | 7 | 3.9 | 0 | 0.0 | 9 | 13.8 | 3 | 5.8 | 10 | 4.2 | 3 | 5.8 |
| 偏差値 | 16 | 8.8 | 4 | 5.4 | 4 | 6.2 | 2 | 3.8 | 22 | 9.2 | 7 | 13.5 |
| 就職率・実績 | 19 | 10.5 | 5 | 6.8 | 4 | 6.2 | 6 | 11.5 | 24 | 10.0 | 7 | 13.5 |
| 地理的条件 | 51 | 28.2 | 13 | 17.6 | 4 | 6.2 | 3 | 5.8 | 61 | 25.5 | 11 | 21.2 |
| 教育環境 | 32 | 17.7 | 19 | 25.7 | 5 | 7.7 | 2 | 3.8 | 33 | 13.8 | 8 | 15.4 |
| オープンキャンパスの内容 | 18 | 9.9 | 13 | 17.6 | 2 | 3.1 | 3 | 5.8 | 8 | 3.3 | 3 | 5.8 |
| 学費・奨学金 | 5 | 2.8 | 2 | 2.7 | 10 | 15.4 | 5 | 9.6 | 12 | 5.0 | 0 | 0.0 |
| 資格取得 | 8 | 4.4 | 7 | 9.5 | 0 | 0.0 | 1 | 1.9 | 5 | 2.1 | 1 | 1.9 |
| 施設設備 | 12 | 6.6 | 5 | 6.8 | 4 | 6.2 | 3 | 5.8 | 18 | 7.5 | 3 | 5.8 |
| 校風 | 1 | 0.6 | 3 | 4.1 | 2 | 3.1 | 0 | 0.0 | 7 | 2.9 | 4 | 7.7 |
| 留学制度 | 5 | 2.8 | 0 | 0.0 | 0 | 0.0 | 0 | 0.0 | 14 | 5.9 | 1 | 1.9 |
| その他 | 5 | 2.8 | 2 | 2.7 | 18 | 27.7 | 23 | 44.2 | 23 | 9.6 | 3 | 5.8 |
| 無回答 | 2 | 1.1 | 1 | 1.4 | 3 | 4.6 | 1 | 1.9 | 2 | 0.8 | 1 | 1.9 |
| 合　計 | 181 | 100.0 | 74 | 100.0 | 65 | 100.0 | 52 | 100.0 | 239 | 100.0 | 52 | 100.0 |

「知名度」「学費・奨学金」の数値が高い。「知名度」は自身が入部を希望する団体の優れた競技実績が，大学広報や新聞等のパブリック広報を通じて周辺地域に認知されていることが入学要因となっていることが考えられる。そして「学費・奨学金」が他に比べて重要な要素となっていることは，A大学はスポーツ推薦による入学者に対して，競技成績に応じた奨学金制度を積極的に展開していることが要因であると考えられる。「学力」については，「地理的条件」「教育環境」が高い結果となったが，「その他」も一定数いるのは，「指定校・AO」とは異なる点である。この「その他」の内容をみると，「すべり止めだった，他が受からなかった」などが18名，「なんとなく」といった無気力な回答が6名あり，また「オープンキャンパスの内容」が低いことを合わせて考えると，A大学にあまり興味がなく，不本意入学者として入学した学生が一定数いることをうかがわせる。

　全体としては，「スポーツ推薦」学生は，スポーツ活動に取り組むことを理

表3-6　入学後，とくに取り組みたいことは何か（新入生のみ）

（単位：人，%）

| 項　目 | 指定校・AO | | スポーツ推薦 | | 学　力 | |
| --- | --- | --- | --- | --- | --- | --- |
| | 人数 | 構成比 | 人数 | 構成比 | 人数 | 構成比 |
| ゼミ活動 | 7 | 9.5 | 0 | 0.0 | 4 | 7.7 |
| 資格取得 | 19 | 25.7 | 6 | 11.5 | 15 | 28.8 |
| 就職活動 | 6 | 8.1 | 1 | 1.9 | 7 | 13.5 |
| アルバイト | 4 | 5.4 | 0 | 0.0 | 4 | 7.7 |
| スポーツ活動に取り組む | 8 | 10.8 | 42 | 80.8 | 3 | 5.8 |
| 文化活動に取り組む | 1 | 1.4 | 0 | 0.0 | 0 | 0.0 |
| 基礎技術をしっかりと身につける | 11 | 14.9 | 0 | 0.0 | 10 | 19.2 |
| 専門分野を深く学ぶ | 10 | 13.5 | 2 | 3.8 | 7 | 13.5 |
| その他 | 3 | 4.1 | 0 | 0.0 | 2 | 3.8 |
| 無回答 | 5 | 6.8 | 1 | 1.9 | 0 | 0.0 |
| 合　計 | 74 | 100.0 | 52 | 100.0 | 52 | 100.0 |

由に入学しており，学習面を重視するような結果ではなかった。一方，「指定校・AO」や「学力」の学生の教育環境や資格取得などの学習面に対する考えは，「スポーツ推薦」学生よりは高いものの，在学生においては地理的条件が他の項目に比べて高い数値となった。もちろん，在学生については，入学時の自分を振り返ることとなるので，年数が経てば正確な記憶に基づいた結果ではないことは述べておきたい。

　次に，新入生に対して「入学後，とくに取り組みたいことは何か」についての調査結果をみてみたい（表3-6参照）。「指定校・AO」「学力」による入学者は「資格取得」とする学生が最も多かった。次いで「基礎技術をしっかりと身につける」や「専門分野を深く学ぶ」といった学習に対する意欲をみせる学生も多かった。「スポーツ推薦」については，やはり「スポーツ活動に取り組む」ことをあげる学生が80.8％と最も多い結果となり，学習に関する項目は皆無の状況となった。これらをみると，スポーツ推薦は独特な入学理由や目的をもっていることや，そのなかで入試区分にかかわらず「資格取得」に対する意欲は高いことが示されている。しかし，先述したように，A大学においては，仕事に直結するような国家資格の養成課程があるわけではなく，いわゆるビジネス

表3-7　2007年度入学生1年次前学期成績状況

|  | 評定値平均 | 人数 | 構成比（％） | 素点平均（全体） | 素点平均（必修） |
|---|---|---|---|---|---|
| 指定校・AO | 3.4 | 76 | 42.5 | 68.1 | 65.1 |
| スポーツ | 3.4 | 55 | 30.7 | 62.8 | 62.6 |
| 学　力 | 3.3 | 48 | 26.8 | 65.7 | 65.2 |

系，情報系の資格の取得を目指すことを目的としている。つまり，たとえそうした資格を取得したとしても，必ずしも就職活動の際に有効となるとはかぎらないものであることは留意しなくてはならない。

　次に入試区分ごとの学力状況をみてみたい。

　表3-7はA大学に2007年度入学した学生の1年次の前学期試験の結果を，全体の素点平均と必修のみの素点平均を「指定校・AO」「スポーツ」「学力」の入試区分別にまとめた表である。所属学部を一切考慮しなかったのは，1年次の科目は合同で開講している科目が多いことと，必修についてはどの学部もゼミナール形式の科目，語学科目が多く学部間でそれほど違いがないためである。また，評定平均値を項目にしたのは，指定校推薦が評定値を基準にしていることが理由である。ただし入試区分によって出身高校の学力レベルに差異はないことも述べておきたい。なおスポーツ入試の出願基準は高等学校長の推薦と競技実績であり，試験は面接のみとしている。成績状況をみると「スポーツ」は他の入試区分に比べても「全体」「必修」ともに素点平均に差はなくほぼ同数値にあるといってよい。また，高校時の評定平均値の平均をみてもスポーツ推薦入学者が著しく低いことはなく，これについても同数値であった。つまりA大学においては，入試区分ごとに学力の差はみられなかったのである。

　以上，ここまで非選抜型大学の入学理由と，2007年入学生の学生生活に対する考えや，学力についてみてきた。次は，2007年入学生が4年生となった2010年度（2011年3月卒業）に実施した調査結果を基に，非選抜型大学の就職状況についてみていくこととする。

## 2　就職未決定者へのインタビュー調査

【調査の概要】

2011年3月卒業予定者のなかで，2010年8月，9月時点で就職未決定者20名にインタビュー調査を実施した。インタビューの時間は1人約10分。半構造化面接法でおこなった（表3-8）。

表3-8　インタビュー対象者の詳細

| No. | 面接日 | 高校時の第一希望進路先 | 希望職種 | 入試方法 |
|---|---|---|---|---|
| 1 | 2010/8/18 | 大　学 | 公務員 | 指定校 |
| 2 |  | 大　学 | 未　定 | スポーツ |
| 3 |  | 専門学校 | 営　業 | スポーツ |
| 4 |  | 就　職 | 未　定 | AO |
| 5 | 2010/8/22 | 就　職 | 未　定 | AO |
| 6 | 2010/8/24 | 専門学校 | 公務員 | 指定校 |
| 7 |  | 大　学 | 営　業 | 指定校 |
| 8 | 2010/8/27 | 大　学 | 未　定 | スポーツ |
| 9 |  | 大　学 | 営　業 | 指定校 |
| 10 |  | 専門学校 | サービス業 | AO |
| 11 |  | 専門学校 | サービス業 | AO |
| 12 |  | 就　職 | 公務員 | スポーツ |
| 13 | 2010/9/2 | 就　職 | 製造業 | 指定校 |
| 14 |  | 就　職 | 未　定 | AO |
| 15 |  | 大　学 | 未　定 | 指定校 |
| 16 | 2010/9/7 | 専門学校 | 未　定 | AO |
| 17 |  | 大　学 | 公務員 | AO |
| 18 |  | 専門学校 | 営　業 | スポーツ |
| 19 |  | 就　職 | 製造業 | 指定校 |
| 20 |  | 大　学 | 未　定 | 指定校 |

Q1　就職活動に取り組んでみて感じたことを教えてください。

「マジで厳しいです。地元の就職セミナーに参加しても，自分が就きたいと感じられる会社に出会わないし，自分が何をやりたいのかわからなくなってしまう。結局，1，2時間会場内をぐるぐる回って，あきらめて家に帰ってしまいます。」(No.2)

「大規模な就職セミナーに行ってみても，参加者の多さにびっくりしてしまう。他の大学の学生がすごい勢いで席を取り合う姿をみると，正直，勝てないとあきらめちゃいますね。」(No.3)

「春から数社受けて，そのうち2社は最終面接（どちらも5次試験）までいったんですが，結局ダメでした。なんか疲れてしまいました。」(No.9)

「3年生の11月ぐらいから，何社もエントリーシートを送りましたが，全滅でした。筆記試験を課せられる会社を受ける自信もないし，面接だけの会社

を探していますが，あったとしても，なんかピンとこないんです。」(No.11)

「2社受けましたが，2社ともダメでした。高校の時に進路先生から，お前の成績では就職ができないから大学に進学しろと言われたので進学しましたが，結局，何の意味もなかったみたいです。今後，就職するかどうかからもう一度考えます。」(No.12)

「自分には何の能力もないですからどんな会社でも良いからと思って探してはいますが，全く何をして良いかわかりません。こんなことならやっぱり大学に進学せずに就職しておけば良かったですよ。といっても，高卒で就職させてもらえなかったから，大学に進学することになったんですけどね。」(No.14)

「大学にも勉強せずに入ったのに，就職試験なんて無理っすよ。就職試験対策の本とかみてもさっぱりわかりません。面接だけなら自信あるんですけどね。親は有名な会社を受けろって言うんですけど，そんなところに就職できるわけないですよ。でも，小さい会社って，地味だしすぐつぶれそうだし，うまいこと有名な会社に就職したいとは思っています。」(No.15)

「どんな仕事をして良いのかわからないので，公務員試験を受けました。親も公務員になれと言うし。でも不合格でした。まあ，大学で勉強なんてほとんどしてないですから当たり前ですよね。今，とりあえず就職活動をしていますが，こちらもダメです。どうしたら良いですかね？」(No.17)

ここで取り上げた学生は就職する意志をもってはいるが，厳しい就職環境を目の当たりにして，就職活動を継続する気力がなくなっている状況であった。これは，他の学生にも当てはまることであった。また，5社以上の企業を受けている者は20名中1名だけであったが，このように早期に就職活動から離脱してしまう理由に，就職試験として筆記試験を課せられることに対して，「自信がない」「解けるわけがない」といった，いわば学力によって選抜されることに

恐怖心を抱いていることが強く感じられた。そして全体的には，就職はしなくてはならないが，現時点で就きたい仕事が明確になっている者は少なく，ただ時間だけが経過している様子であったことが特徴的であった。さらに，注目すべきことは，No.12のように，高校時の第1希望進路先が就職だったにもかかわらず，就職できずにやむなく大学に進学している者の存在である。かれらのように不本意な進学をする背景には，高卒就職を実現するためには，その高校において成績上位者でなければならないが，高卒就職状況が厳しい現状のなかでは，高校時の成績が中低位にいる生徒は就職することが難しく，高校の進路指導教員もこのような生徒の就職機会を先送りするために，非選抜型大学へ進学させていることがあると考えられる。この点は前節の遠藤の指摘を裏づけるものであるといえる。そして，今回の調査では，高校時の第1希望進路先で「専門学校」や「大学」をあげた者のなかにも，本当は就職を希望したかったが，保護者や高校教員などの周囲の意向によって，進学に切り替えた者が多かったことが実態であった。また，No.15，No.16のように，安定した公務員や有名大手企業への就職を期待する親の意向が，本人の進路決定を迷走させていることがみられた。そこには，学生自身や親の考えに，「大学に進学したのだからせめてこの程度の企業には就職を」といった漠然とした期待感があることがうかがえた。

次に，就職未決定の状態で卒業してしまうことについて，質問をしてみた。結果は以下のとおりである。

Q2　就職が決まらないまま卒業することについて，どう思いますか？

「公務員希望なんで，専門学校に進学して勉強します。親も20代は公務員を目指しなさいと言っていますし，自分もそれで良いと考えています。でも，正直，それも不安ですよ。だって，中学，高校の時から勉強なんかほとんどしていない僕が，専門学校に行ったからといって，国立大学を卒業した連中と試験で勝負しても勝てるわけがないです。」（No.1）

「テレビや新聞で，大学生の就職が厳しいって良く言ってますよね。もしそうであれば，自分なんか就職できなくてもしょうがないと思います。他の大学に進学した友人も，就職が決まらないと言っていました。スポーツ特待生で学費免除になったから大学に進学しましたが，こんなことなら専門学校にしておけばよかったですよ。」(No. 3)

「さて，どうしましょうか。働くことは別に嫌だとは思わないけど，どうせ働くなら自分がやりたい仕事に就きたいと思っています。でも，何がしたいかわからないので，どうしたら良いのかもわかりません。就職留年とかも考えていますが，お金がもったいないですよね。何か良い方法を教えてくださいよ。」(No. 4)

「最悪，今のバイトしている居酒屋で正社員になろうかと思います。でも，正社員の人たちをみると，すごく大変そうです。自分も，将来は名ばかり店長ですかね（笑）。」(No. 5)

「フリーターやニートは絶対に嫌なので，専門学校で何か資格をとって，また就職活動するしかないですよね。こんなことなら，資格がとれる大学にしておけばよかったと後悔しています。」(No. 11)

「高校の友達に工場に就職したのがいるんですけど，そいつが，最近大卒なのに中途で入社してくる人が多いって言っていました。自分もそのパターンかなと思っています。でも，そうしたら何のために大学に進学したのかわかりませんよね。だから，そうならないために，資格をとって自分で店でもやろうかと思っています。スポーツバーとか良いですよね。」(No. 18)

全体的に，雇用環境が厳しい状況下とはいえ就職が決定しないにもかかわらず，焦りを感じていない者が多く，9月の時点ですでに就職未決定のまま卒業することを覚悟している者がほとんどであった。しかし，かれらが就職することに対して消極的かというと決してそうではなく，卒業後にどのように社会に

表3-9　個別質問の結果

|  | 後悔している | 後悔していない | どちらともいえない |
|---|---|---|---|
| 就職決定者（n=28） | 17.8%（n=5） | 67.9%（n=19） | 14.3%（n=4） |
| 就職未決定者（n=35） | 28.6%（n=10） | 51.4%（n=18） | 20.0%（n=7） |

出るのか具体的に考えることができないことや，どのように将来について考えればよいのかわからないということが正直な気持ちであると感じられた。そして，自分自身の学力に自信がないことで卒業後の自分にも不安を感じる者や，将来の方向性は決めてはいないが，とりあえず資格を取得することが打開策になると考える者が多く，就職が決まらなければ専門学校に進学すればよいと考える傾向がみられた。

　また，この調査の際に，今回のインタビュー対象者を含めた就職未決定者35名と就職決定者（内定獲得者）28名に「就職活動をするなかで，今の大学に進学したことを後悔しているか」について質問をしてみた。結果は表3-9のとおりとなった。

　詳しくみてみると，就職決定者では大学進学を後悔している者が17.8%に対して後悔していない者が67.9%となり，約7割の学生は就職が決まったことで，とりあえず大学に進学して良かったと考えていた。この結果については容易に想像できるものであった。これに対して，就職未決定者では意外な結果となった。それは後悔している者が28.6%と3割に満たない数値となり，後悔していない者は51.4%と半数を超えたのである。そして，後悔していないと答えた理由の多くは，高校卒業時に別の選択肢がなかった，あるいは将来の目標をもてなかったから大学に進学したので，後悔のしようがないという意見であった。換言すると，高校卒業時に別の進路を選択できれば大学には進学していないということになる。つまり，ほかに選択肢がなく大学に進学せざるを得ない状況にあったことや，就職活動がうまくいかない現状を招いたのは，誰のせいでもなく自己責任であると認識していることがうかがえた。この結果は非常に興味深い。なぜならば，就職が決まらない自分の能力を客観視し，現状をありのまま受け入れていること，そして，このことは高校の進路選択時に希望進路が叶

わなかったことで，すでに耐性ができていることから生じていると考えられるからである。つまり，かれらは，高校卒業時に自分の能力が社会に受け入れられなかった経験をもつことで，大学卒業時に再び同じ環境に陥っても，その状況を受け入れる準備ができているのである。

最後に，就職活動に対応できないまま大学を中退した事例をみてみたい。この学生とは1年6カ月前から定期的にコンタクトをとりながら，就職活動の進捗状況についてヒアリングをしていた。かれは本来ならば2009年3月に卒業する予定にあったが，真面目に就職活動に取り組んでいたものの内定が取れない状況が続いたことにより精神的に追い込まれて，2008年9月から大学を休学し卒業を1年遅らせることとなったのである。そして，2009年4月には復学し，直ちに就職活動を再開したが，前年度以上に厳しい状況となった就職環境に対応できずに，再び大学に登校できない状態に陥り，最終的には卒業必要単位わずか10単位を残して退学することとなった。

今回のインタビューは退学することが決まり，精神的にも安定しはじめた2010年2月17日（水）に，約30分実施した。内容については次のとおりである。

Q：就職活動を振り返ってみてどう思いますか？
　A：はい。なかなか厳しかったです。それほど大きくない会社を受けても，いつもまわりは有名大学ばかりなので，僕なんかの頭では受からないと思ってしまいました。こんなことなら大学に進学せずに，専門学校に行って資格をとっておけばよかったと思います。

Q：なぜ大学に進学したのですか？
　A：スポーツの特待生制度で学費が免除になったからです。その話があるまでは，勉強も苦手ですし経済的なことを考えて，専門学校に進学することを考えていました。でも，学費が半額減額されとなって，大学への進学に切り替えました。何より親は僕が大学進学することを願っていましたから。試験も面接だけで良いといわれ落ちる心配もなかったですし。

Q：大学に進学したことを後悔していますか？
　A：半分半分です。クラブの仲間と出会えたのは本当に良かったと思っていますが，就職がこんなに厳しいなんて……。でも，授業にそれほど出席しなくても単位はとれたので，真剣に勉強した記憶はほとんどありません。こうなったのも自分のせいです。

Q：これからどうしますか？
　A：何も考えられません。

　ここで注目したい点は，学費軽減によって大学進学を実現させていることである。かれの場合，スポーツ特待生に該当し学費負担を軽減できることで，大学進学が可能となったことは大いに評価できることではあるが，もともと大学進学を希望していなかったにもかかわらず，試験は面接のみ，なおかつ学費の一部免除という特別扱いをされたことによって進路変更をすることとなった。さらに，勉強せずとも大学では単位がとれてしまっていることで，スポーツ活動以外の努力をしないまま就職活動を迎えている。つまり，安易な方法で大学へ進学し，社会に移行する準備がなされないまま厳しい就職戦線に直面してしまい，その環境に対応できずに精神的に追い込まれてしまっている。換言すると，大学進学に強い意志はなかったにもかかわらず，「学費免除」という条件が生じたことによって，大学進学を実現させてしまったことが，結果的に本人にとっては重い負担となってしまったのである。

　以上，本節では，就職未決定者にインタビューを実施し，現役学生と大学を退学した者を事例として取り上げた。いずれも共通しているのは，厳しい入試選抜を経ての大学進学ではなく，いわば「進学できるのなら進学してみてもよいかな」「勉強にはそれほど興味はないが，自分が好きなこと（例えばスポーツ）をするため」といったように，学習や研究を通じて自身の能力を高めることを主な目的とせずに，高校から大学への移行を果たしていることである。そして，就職活動に取り組むなかで，それまで中学校，高校，大学のそれぞれの移行時に経験してこなかった厳しい競争に直面し，どのように切り抜けていってよい

か方法が見当たらない状態の者が多かった。また，大学進学が親の意志によるものであった者が多かったり，大学卒業後の進路についても，選択する職業について親の意向が強く働いたりと，親の介入も随所にみられたことも特徴のひとつであるといえる。

### 3　非選抜型大学生の就職意識の特徴

　はじめに非選抜型大学における就職未決定者の特徴について整理すると，1点目は，高校から大学に移行する際に，厳しい競争を経験したことがないために，他の多くの学生と競争をすることを恐れていること。2点目は，何より，自己を客観視するなかで，自身が非選抜型大学に進学したことで，厳しい競争に立ち向かう能力など有していないと自覚していること。しかし，かれらは今の大学に進学したことを後悔しているわけではなく，高校卒業時に希望していた進路を実現できなかったことや，あるいはほかに目的がなかったことが大学に進学した理由であるため，現状を招いたのはあくまで自己責任であると認識をしているのである。3点目としては，しかしながら一方で，大学に進学したのだから，有名企業や公務員のような安定した職業に就きたいといった考えが，本人や親のなかに依然として強く存在していることがある。

　それでは，これらの結果と入学理由のアンケート結果をふまえながら考察してみたい。

　非選抜型大学の学生は，受験人口の減少により実質的に選抜ができない状況にある大学が多くなるなか，そのような大学に進学した学生にとっては，大学進学が就職をするための時間的な猶予期間になってはいるものの，結局，就職活動において厳しい内定獲得競争に耐えられる力をつけるための期間にはなっていないことである。とくに今回調査対象となったA大学のように，就職に直結するような職業資格の取得ができない大学では，就職の意識づけやキャリア形成が困難であると考えられる。これは先述の本田が指摘のようにA大学のような社会科学という分野については，「職業的意義」の水準が低い教育内容であることが要因のひとつであるといえる。また，深田が述べるように，文系大

学出身者を採用する動きも弱くなっていることなどが影響しているとも考えられる。

　このように，非選抜型大学においては，安易な方法で高校から大学への移行を果たすことはできたものの，大学から社会への移行を目指す際に，一転して厳しい競争に直面し，就職未決定の状態で社会に送り出されている学生の割合が，選抜性の高い大学に比べて多い状況にある。そして，かれらが厳しい競争を強いられる就職活動に適応できないのは，高校から大学へ安易な方法で移行したことで競争環境に順応する力が備わっていないことや，そうした状況を自覚し受け入れていることが要因のひとつにあることが明らかになった。そして，こうした高校卒業段階で就職機会を先送りするために，とりあえず進学しやすい大学に入学した学生が，就職未決定者となり，例えばフリーター，ニートとして社会に送り出されていることは，結局，大学教育に対する不信感へとつながってしまい，高校生が大学進学を選択することに対して慎重にならざるを得ない状況を生み出していると考えられるのである。

## 第3節　大卒就職問題の背景にあるもの

　本章では，大学進学が容易化する一方で，大卒就職は厳しさを増し，就職機会の大学間格差が生じている現状を確認した。そして，学力不安を抱える学生たちが，一見平等化している就職機会のなかで，結局のところ学校歴というフィルターにかけられながら，見通しの立たない就職活動の渦のなかに巻き込まれていることを明らかにした。そして，その見通しとは，長期化する就職活動期間や高い情報収集能力が求められるといった学生自身が体感できる要素のほか，「能力」といった個人の考えや感覚によって基準が異なるものに対して，立ち向かっていかなければならない状況であることを指摘した。

　また，非選抜型大学に分類されるA大学の学生が，そもそも不本意入学者であったり，たとえ積極的な理由であったとしても，スポーツ活動などの学習以外の事柄が目的であったり，学習に対する考えが決して高いとはいえない状況

にあること。そして，入試区分によって学力差がみられないなど，非選抜型大学の入学者の特徴を捉えたうえで，就職未決定状況にある学生へのインタビュー調査を通して，就職未決定者が就職活動に取り組むなかで抱く不安や，自己を客観視するメンタリティを明らかにした。なかでも，かれらが厳しい競争を強いられる就職活動に適応できないのは，高校から大学へ安易な方法で移行したことで競争環境に順応する力が備わっていないことが要因のひとつであると指摘したことは，現在，厳格化が強く求められる大学入試の在り方や，大学教育の社会的意義を再考するための材料となるという点で意義があるといえる。

そして，2000年以降の大卒就職環境は厳しい状況が続いており，不安定雇用や未就職者の問題がクローズアップされるようになるなか，近年ではやや回復傾向にあるものの，依然として，こうした状況にある者は10万人を超えており，早急な対応が必要となっている。また，これらを設置形態別，学部系統別でみると，私立大学，人文社会科学系の学生の割合が多くなっていることや，さらには設置年数の浅い，比較的小規模な大学で顕著にみられることが明らかとなった。

これらをふまえて本章のまとめを述べてみたい。

現在の日本では，第1章で述べたように，経済的事由による大学進学機会の格差是正を図ることを必要とする考えがある。これは吉川徹（2006）が「社会的出自による不平等は，民主主義社会では何としても解決されるべき課題である。それだけに，教育を政策から考える立場では，教育の量的拡大つまり高学歴化によって，教育機会の不平等が解消されることが想定・期待されてきたのである」と述べているように[41]，例えば，第1章において小林らが主張する奨学金政策を充実することは，教育の不平等を解消することにつながるといった立場を支持する取り組みのひとつであるといえる。しかし，同じく第1章で吉川が述べているように，現代日本においては，こうした社会的出自による不平等は，高校進学格差，大学進学格差の2段構えの状態から大学進学機会格差に集約したに過ぎない現状がある。こうした指摘はきわめて興味深い。なぜならば，教育の不平等問題は，高学歴化によって先送りされてしまう可能性を示唆して

いるからである。つまり，大学全入という現象は，多くの者が大学進学機会を与えられることを正当化する反面，教育の不平等問題が大卒就職機会の時期に先送りされている側面があると考えられるのである。

　大学全入時代においては，一部の選抜性の高い大学への進学でなければ，学力不安の学生でも大学進学が可能となっている。高校卒業時点で行き場所がなく，とりあえず大学進学することで居場所を確保した学力不安を抱える学生は，4年後の就職活動時期まで，学力の高い学生と同期間を過ごすことができるのである。しかし，企業側は，採用の際に学生の質について厳しい見方をしている。この点について，平野恵子（2011）は，現在，企業は大学を取り巻く環境変化から，学生に対して「学力不安」を抱いており，採用プロセス自体が「学力不安」が少ない学生を対象とした内容となっていることを明らかにし，就職活動には一定の学力が必要であると結論づけている[42]。また，厚生労働省（2013）も，このような大学生の学力低下が懸念されるなかで，「面接の前段で，適性試験や筆記試験が大量の応募者を絞り込む過程としても機能していることからすれば，学生としては，大学生活を送る中で基礎学力の向上等の自助努力をし，本格的な採用過程である面接等から遠ざからないようにすることが必要であると考えられる」と指摘し，大卒者の就職活動には一定の学力が必要であることについて言及している[43]。つまり，学力のある学生は大卒就職の機会をより多く得ることができるのに対して，学力不安を抱える学生は少ない機会のなかでの就職活動を余儀なくされている。言い換えると，高校卒業段階において表面化しなかった，あるいは先送りされてきた機会の不平等問題が，就職活動の段階において学校歴の差異という形で表面化したに過ぎないのである。ここに，教育の不平等問題，とりわけ学力格差の問題をあらためて確認することができる。

　こうして，大学全入という現象は，学力の有無にかかわらず日本を高学歴化へと導くことになり，また大学進学機会の平等化は，教育の不平等問題を高校卒業段階と大学卒業段階の2段階に分散させることになったのである。そして，先述のように，高校卒業段階における不平等問題は，社会的関心の高さから奨学金政策のように様々な措置が講じられている。そのなかで，このような大卒

就職事情をいち早く察知した者は、高校卒業段階で不平等な自身の状態を認識しつつも、積極的に大学進学以外の進路を選択しはじめていると考えられる。一方、高校卒業後の進路選択において、多くの選択肢から大学進学を選択することは、自己責任の範囲としてみなされてしまう。それゆえ、大卒就職時点における教育の不平等問題は隠蔽されやすい性質をもっていると考えられる。そして何より、安易な大学進学機会の平等化は、高校卒業段階までに解決できなかった社会の責任を、結果の不平等として、個々人に押しつけてしまう恐れがある。つまり、現在の大卒就職問題の背景には、大学全入という現象が、義務教育、高校教育段階で解決できなかった教育の不平等問題を先送りする装置になり、不平等問題の存在自体を自己責任という大義名分の下に隠蔽していると指摘することができ、これが本章で得られた知見である。そして、この知見は、今後、大学進学機会の平等化への取り組みが、すべての学校教育段階を含めてなされる必要があることを示唆しており、きわめて意義のある指摘であるといえる。

　また、本章でみてきたように、企業側が大学新卒者に求める能力の重要なファクターに、学力の有無があるならば、当然ながら大学入試においても、一定の学力を担保する必要がある。すなわち、大学入試の厳格化を図ることが、大学生の学力格差をある程度狭めることにつながることは誰もが認めることであろう。しかし一方で、第2章で述べたように、大学個々の経営事情から学力を問わず学生を確保しなくてはならない私立大学が多いのも実情である。大卒無業者を社会に産出し続けている現状は、こうした大学教育内部にくすぶる理想と現実のギャップ、いわば大学教育現場のジレンマを放置してきた当然の帰結といえよう。

　以上、大学全入時代の到来は、結果的に大卒就職に対する不安感を高め、結果に対する自己責任といったリスクを意識せざるを得ない状況を生むこととなったのである。次章では、これまで大学進学にシフトしてきた進路多様校生徒たちが、こうしたリスクが高まる状況のなかで、どのような進路意識を抱き、進路選択をしているのかについてみていくこととする。

注

（1） 厚生労働省『平成25年度版厚生労働白書——若者の意識を探る』2013年，129頁（http://www.mhlw.go.jp/wp/hakusyo/kousei/13/：2014年6月21日アクセス）。
（2） 独立行政法人労働政策研究・研修機構「労働政策研究報告書 No.141」2012年，78頁。(http://www.jil.go.jp/institute/reports/2012/documents/0141.pdf：2014年8月9日アクセス)。
（3） 本田由紀『教育の職業的意義——若者，学校，社会をつなぐ』筑摩書房，2009年，120頁。
（4） この際の入学難易度は2005年時点の代々木ゼミナールの偏差値ランキング（複合大学では主に社会科学系を基準）に基づいているとしている。
（5） 小杉礼子「新規大卒労働市場の変化」小杉礼子・堀有喜衣編『高校・大学の未就職者への支援』勁草書房，2013年，107頁。
（6） 河合塾2012年度大学入試動向分析（http://www.kawaijuku.jp/news/data/20111208.pdf：2012年6月21日アクセス）。
（7） 格差の概念について，例えば福島利夫は，所得の大小や高低といった単に「量的な格差」にとどまることなく，「質的な格差」として構造的・制度的に捉えられる必要があると述べている（福島利夫「『日本的経営』の見直しと格差・貧困の諸相」『専修大学社会科学研究所月報』4月・5月・6月合併号，2010年，44頁）。本節では，大学の設置形態，規模，分野の違いによる就職率の高低や未就職者割合の大小に注目しているため，量的な格差とした。
（8） 苅谷剛彦「大卒就職の何が問題なのか」苅谷剛彦・本田由紀『大卒就職の社会学——データからみる変化』東京大学出版会，2010年，7頁。
（9） 島一則「高度成長期以降の学歴・キャリア・所得——所得関数の変化にみられる日本社会の一断面」『組織科学』33巻第2号，白桃書房，1999年，29頁。
（10） 島一則，前掲書，1999年，29頁。
（11） 竹内洋『日本のメリトクラシー——構造と心性』東京大学出版会，1995年，129～130頁。
（12） 竹内洋，前掲書，1995年，131～134頁。
（13） 平沢和司「就職内定企業規模の規定メカニズム——大学偏差値とOB訪問を中心に」苅谷剛彦編『大学から職業へ——大学生の就職活動と格差形成に関する調

査研究』（高等教育研究叢書31）広島大学大学教育研究センター，1995年，67頁。
(14) 苅谷剛彦・岩内亮一「大学と就職」苅谷剛彦編，前掲書，1995年，97頁。
(15) 岩内亮一「就職活動の過程──93，97年度の比較を中心に」岩内亮一・苅谷剛彦・平沢和司『大学から職業へⅡ──就職協定廃止直後の大卒労働市場』（高等教育研究叢書52）広島大学大学教育研究センター，1998年，20頁。
(16) 中村高康「就職意識の二時点間比較──格差意識の変化」岩内亮一・苅谷剛彦・平沢和司，前掲書，52頁。
(17) 平沢和司・濱中義隆「『失われた世代』の大卒就職」『日本教育社会学会大会発表要旨集録』60，2008年，194頁。
(18) 経済同友会は，同調査を過去に5回（1997年，1999年，2003年，2006年，2008年）実施している。2010年の調査概要は，経済同友会会員所属企業846社を調査対象とし，有効回答数は230社（回答率27.2％）であった（公益社団法人経済同友会「企業の採用と教育に関するアンケート調査」結果（2010年調査）〔http://www.doyukai.or.jp/policyproposals/articles/2010/pdf/101222a.pdf：2012年9月1日アクセス〕）。
(19) 齋藤拓也「就職活動──新卒採用・就職活動のもつシステム」本田由紀編『若者の労働と生活世界──彼らはどんな現実を生きているのか』大月書店，2007年，205頁。
(20) 公益社団法人経済同友会「企業の採用と教育に関するアンケート調査」結果（2012調査）（http://www.doyukai.or.jp/policyproposals/articles/2012/pdf/121128a.pdf：2014年6月25日アクセス）。
(21) 本田由紀『多元化する「能力」と日本社会──ハイパー・メリトクラシー化のなかで』NTT出版，2005年，21〜22頁。
(22) さらに詳細に整理すると，「近代型能力」は，標準化されているがゆえにそれは試験などによって共通の尺度で個人間の比較を可能にし，それは何らかの与えられた枠組みに対して個々人がどれほど順応的にふるまえるかを測っていることになる。また，組織的・対人的な側面としては，同質性の高い文化や規範を共有する集団に対して協調的であることが期待される。これに対して「ポスト近代型能力」は，組織的・対人的な側面は，相互に異なる個人の間で柔軟にネットワークを形成し，その時々の必要性に応じてリソースとしての他者を活用できるスキル

をもつことが重要となるとしている（本田由紀，前掲書，2005年，22頁）。
(23) 本田由紀，前掲書，2005年，24〜25頁。
(24) 本田由紀，前掲書，2005年，25頁。
(25) 濱中義隆「現代大学生の就職活動プロセス」小方直幸『大学から社会へ——人材育成と知の還元』玉川大学出版部，2011年，133頁。
(26) 平沢和司「大学の学校歴を加味した教育・職業達成分析」石田浩・近藤博之・中尾恵子『現代の階層社会2　階層と移動の構造』東京大学出版会，2011年，160〜167頁。
(27) 小杉礼子「新規大卒労働市場の変化」小杉礼子・堀有喜衣編『高校・大学の未就職者への支援』勁草書房，2013年，117〜123頁。
(28) 小杉礼子『フリーターという生き方』勁草書房，2003年，154頁。
(29) 宮本みちこ『若者が《社会的弱者》に転落する』洋泉社，2002年，155〜156頁。
(30) 三宅義和・遠藤竜馬他「進路選択における両親の影響」居神浩・三宅義和・遠藤竜馬他『大卒フリーター問題を考える』ミネルヴァ書房，2005年，207頁。
(31) 遠藤竜馬「サブカルチャー論から見る大学のマージナル化」居神浩・三宅義和・遠藤竜馬他『大卒フリーター問題を考える』ミネルヴァ書房，2005年，82〜83頁。
(32) 耳塚寛明「高卒無業者層の漸増」矢島正見・耳塚寛明『第二版　変わる若者と職業世界——トランジッションの社会学』学文社，2005年，104頁。
(33) 児美川孝一郎『若者はなぜ「就職」できなくなったのか？——生き抜くために知っておくべきこと』日本図書センター，2011年，71頁。
(34) 独立行政法人労働政策研究・研修機構『労働政策研究報告書』No.35，2005年，156頁。
(35) 小杉礼子「学校と職業社会の接続——増加するフリーター経由の移行」『教育社会学研究』第70集，2002年，71頁。
(36) 熊沢誠『格差社会ニッポンで働くということ——雇用と労働のゆくえをみつめて』岩波書店，2008年，38〜39頁。
(37) 深田和範『「文系・大卒・30歳以上」がクビになる——大失業時代を生き抜く発想法』新潮社，2009年，70〜74頁。
(38) 小杉礼子『フリーターとニート』勁草書房，2005年，124頁。

(39) この点についてピエール・ブルデューは「学歴資格というのは，ある期間の当初にその資格をもっていると得られる就職口の数が増加するペースよりも，その資格の保持者数が増加するペースのほうが上回った場合，ほとんどかならず価値の下落にみまわれるといえる」と述べている（ピエール・ブルデュー（石井洋二郎訳）『ディスタンクシオン〔社会的判断力批判〕Ⅰ』藤原書店，1990年，205頁）。こうした指摘は，大学進学機会の拡大がもたらす大卒就職機会の格差問題の必然性を示唆するものであるといえる。

(40) リクルート『カレッジマネジメント』146号，2007年。

(41) 吉川徹『学歴と格差・不平等――成熟する日本型学歴社会』東京大学出版会，2006年，113頁。

(42) 平野恵子「企業からみた学力問題――新卒採用における学力要素の検証」独立行政法人労働政策研究・研修機構『日本労働研究雑誌』No. 614，2011年，68～69頁。

(43) 厚生労働省『平成25年版　労働経済の分析――構造変化の中での雇用・人材の働き方』2013年（http://www.mhlw.go.jp/wp/hakusyo/roudou/13/13-1.html：2013年12月15日アクセス）。

# 第4章

# 進路多様校生徒の進路意識に関する実証分析

　本章では，進路多様校生徒への調査を基に，大学に進学しない生徒のメンタリティの実態に迫ってみたい。そのために，はじめに，非大学進学者の特徴について整理し，次いで，短期大学，専門学校志望者の進路意識を明らかにする。そして，大学，専門学校の進学志望者と就職志望者の進路意識をみながら，最後に，かれらの進路形成に与える様々な要因について論じてみたい。

## 第1節　非大学進学者への接近

　本節では，2009年，2011年に実施した調査を基に，非大学進学者の特徴について整理してみたい。

### 1　学科別調査

【調査の概要】
　　時期：2009年6月，7月
　　対象：普通科（7名）
　　　　　大学・短大への進学割合が20%から30%，専門学校を含めた進学者の割合は50%。就職が50%の高校
　　　　　専門学科（11名），工業学科，商業学科
　　　　　保護者　4組
　　方法：インタビュー調査（半構造化面接法：所要時間は1人5分）
　（1）普通科のケース
Q：あなたが大学に進学しない理由は何ですか？

A1：大学は学費が高いので，専門学校にしようと思っています。

A2：僕より成績が低い生徒でも大学に進学できそうな雰囲気があるので，たぶん僕でも大学にいけると思います。でも，勉強はもうしたくないので就職します。

A3：経済面を理由に親からは進学ではなく就職するようにといわれているので，就職するしか選択肢がありません。

A4：これだけ不景気だと就職が厳しいので，進学するしかありませんが，大学に進学してまで勉強を続けることは考えていません。とりあえず専門学校に進学して資格をとります①。

A5：大学に進学しても，就職が厳しい状況だと聞いています。先生も無理して大学に進学する時代でもないと言ってますし②，今，専門学校への進学を薦められています。

A6：勉強はこれ以上続けたくないので，大学には進学しません。しかし，普通科への求人数はとても減っているので，就職も厳しいみたいです。最終的には専門学校になるかもしれません。

A7：先生からは「AO」や「指定校」で大学に進学できると言われました。親も経済的なことは心配しなくても良いと言ってくれていますが，そんな大学（自分が進学する程度という意味）に高いお金を出してまで③，勉強したいとも思っていません。不景気なので，就職があれば今のうちに就職しておきます。

最初に指摘しておきたいことは，A7の下線部③ように生徒自身が自身の学力レベルに見合った大学への進学にメリットを見出せないことや，A5の下線部②のように高校の教員が進路指導の際に大学への進学を促すことを躊躇していることがみられたことである。また，A4，A5のように，将来，自身が就職

をするための策として大学進学が必ずしも良い選択ではないとの認識をしていることがみられた。この回答をした生徒は全体の30名のうち就職面が最も影響すると答えた8名すべてに共通していた。

　そして，A2やA6のように，そもそも勉強を続ける意思がない生徒がみられたが，このような回答をした生徒は学力面が最も影響すると答えた10名のうち7名となり，他の3名は大学での学習に自分がついていけるか不安であるという意味であった。つまり，多くの生徒が大学進学を目指し，入学試験により学力不足と判定され進学をあきらめていた時代にみられた，苅谷がいう「野心のクールダウン」ではなく，現在は，大学に進学する機会はあるが，生徒が自身の学力を自己判定し，大学進学をしないと判断をしていることがうかがえる[1]。また，1990年代後半，進路多様校にみられた進学への強い関心は，学習意欲の減退により，失われつつあることがうかがえる。その理由としては近年では大学進学に対してそれほど「あこがれ」がなくなったことが考えられるだろう。そして，A1やA4のように経済面を理由に専門学校への進学を考えていることは，経済的なことを理由に進路変更をせざるを得ない状況にあるとみてとれるが，A3のように経済的に厳しいことが強い理由になっているのは12名のうち3名にとどまり，その他は，高い学費を支払ってまで大学に進学する必要性を感じられないという心理が強いという意味であった。このように，進路多様校では経済面を理由に大学進学を断念しているのではなく，就職するために大学進学が有効な手段とならないのであれば，無理して大学に進学する必要はないという意識をもっている様子がみられたのである。

（2）専門学科のケース

Q：あなたが大学に進学しない理由は何ですか？

　B1：これ以上，勉強したくはないからです。

　B2：推薦枠で地元の国立大学への進学を希望していましたが，先生から無理といわれたので大学はあきらめました。私立大学は学費が高いですし，進学する意味がわかりません。

B3：高校進学時から卒業後は就職することを考えていました。この<u>高校を選択した理由も，就職に有利</u>①だからです。

B4：自分は勉強が苦手なので，<u>偏差値の低い大学に進学して就職活動をするより</u>②は，今のうち大手企業に就職したほうが良いと考えています。

B5：大学に進学して，もし<u>就職できなかったら大学にいく意味が無い</u>③ですからね。だったら今，就職しておきます。

B6：そもそも大学に興味がないし，進学する意味がわからない。

B7：親が地元の企業に就職してほしいといったからです。

B8：最初は就職を考えていましたが，不景気なので就職も厳しいといわれたので進学にします。でも，<u>大学に進学して学費（4年間）をかけることもないので，2年間の専門学校にします</u>④。

B9：大学は頭が良い人がいくところですよね。私は勉強ができないので，大学にはいけません。

B10：地元の大学への進学を考えていました。しかし，高校は別ですけど自分より勉強ができなかった中学の友人がその大学に進学すると聞き，<u>そんな大学に進学する意味はない</u>⑤と考えて，就職に変更しました。

B11：成績があまり良くない僕でも進学できる大学はたくさんありますが，<u>無理して大学に進学しても将来安定するかわからない</u>⑥なら，わざわざお金を出してまで勉強することはないと思います。

ここでも，B1やB6のように勉強する意欲がない生徒がいることや，B8のように高卒時点で就職できないのであれば，とりあえず専門学校に進学することを選択する者がみられることも普通科と共通している。しかし，専門学科ではB3のように就職することを前提に専門学科に進学していることや，B4やB5,

B11のように進学先が大学か専門学校かは別にしても，とにかく将来就職するためにどのような選択をすべきなのかという観点で進路を決定している傾向が強い。これは専門学科のカリキュラムのなかで，キャリア教育に力点が置かれていることで，就職問題がより身近に感じられていることなどが理由にあると考えられる。また，普通科同様，ここでもB7のように親が積極的に就職するように促していることがみられた。

　そして，B9のように「自分は勉強ができないので進学することができない」と考える生徒は，学力面が最も影響を与えていると答えた6名すべてに共通していた。また，B4の下線部②やB10の下線部⑤ように，学力が低い自分が進学できる程度の大学に進学しても意味がないと感じていることや，中学時代に自分より学力が低かった者が入学するような大学に進むぐらいなら「就職したほうがマシ」と考える者がいたことは，注目すべき結果である。なぜならば，第2章において専門学科出身者の進路状況でみたように，1990年から2005年までの進学率の上昇は，高卒就職が厳しい状況のなか，より良い就職をするための方策として進学を選択せざるを得なかったことからであったが，昨今のように進学が決して就職するための好条件を生むとは限らないと感じるようになると，とりわけ，学力がなくても進学できてしまう大学には進学動機が見当たらなくなっているとみることができるからである。

（3）保護者のケース

保護者1：大学から学費免除の特待生として進学できる話を頂いたが，やはり就職させたいと考えている。その理由は経済的なことではなく就職面である。高校では先生方が世話をしてくれるが，大学では自分たちで就職活動をしなければならないし①，安定した仕事に就けるかどうかわからない。今なら単純労働だが大手企業への就職ができるので，就職させたいと思う。

保護者2：大学に進学させるための準備（学費等）を全くしていないので，突然，大学に進学したいといわれても，正直困ってしまう。また，

　　　　　　私たち（両親とも）は，大学に進学していませんので，大学がどのような場所かわからない②。そして，大学に進学した同級生を思い返しても，結局，就職をしなかった者もおり，正直，高い学費を出してまで大学に進学させる意義が見当たらない③。

保護者３：うちは就職させるために職業科の高校に進学させたので，大学なんて全く考えていない。また，大学を卒業してきた部下をみていると，やはり国公立レベル④を卒業してこないと専門的な仕事を任せられないのが現実である。自分の子どもの学力レベルでいける，その辺の大学にいかせるぐらいなら，就職したほうが良いと思えてならない⑤。

保護者４：正直，偏差値が50ぐらいある大学でないと就職は厳しくなると思うし⑥，せめて教員や福祉の免許みたいに，将来の仕事につながる資格がとれないと大学に進学する意味はないと考えている。これが無理ならば，就職するか専門学校に進学して資格をとったほうが良いのではないか。

　４組とも就職に対する意識が高い結果となった。保護者２は経済的なことを理由に進学しないとしているが，そもそも高校進学の時点で高卒就職を考えている。その理由として，下線部②③のように，自分たちが大学に進学しなかったことに対する後悔はなく，むしろ身近にいた大学進学者のその後を振り返ってみて，大学に進学することの有効性や価値を見出せないままにいることで，子どもにも大学へ進学することを望むまでの動機が生じていないのである。また，保護者１のように，特待生として進学できる条件があるとしても大学進学をさせないということは，経済的な理由ではなく，将来のことを考えると大学進学がマイナスになると判断し，進学させるより，就職させたほうが良い選択であると考えているとみてとれる。これは，下線部①のように，自身の子どもが大学での主体的な就職活動をすることに対して不安を感じており，高卒時で

あれば高校側が確実に就職させてくれるという意識が高いからだと考えられる。保護者3は，下線部④のように，同じ大卒者でも，ある程度の学力レベル（ここでは国公立大学の学生）がともなっていないと，人材として期待できないという観念のなかで，自身の子どもの学力レベルを客観的にみた結果，就職させるべきであると判断している。このような考えはほかにもみられ，下線部⑤の子どもがいく程度のその辺の大学とは「偏差値が低い大学」を指していたり，保護者4の下線部⑥のように具体的に大学を評価する基準をもっていたりと，大学に対して客観的な見方をし，その結果，社会的威信に欠ける大学は評価するに値しないとの意識をもっていることがわかった。

## 2　志望進路別調査

　ここでは，志望進路別に生徒へのアンケート調査，インタビュー調査を実施した結果をもとに検証してみたい。なお，本調査では，教育費や教育年数の点で大学と区別する意味と，対象者の大部分が男子生徒（86.6％）であったため，女子生徒の進学が多い短期大学は専門学校と同様の扱いにし検討することとした。調査の概要は以下のとおりである。

【調査の概要】
　　時期：2011年6月，7月
　　対象：104名（男子89名　女子15名）
　　　　　（私立普通科高校29名・公立普通科高校40名・公立専門高校35名），
　　　　　3校ともに，生徒の進路先をみると，大学が20〜30％，短期大学，
　　　　　専門学校が30〜40％前後，就職が40〜50％となっている。
　　方法：・アンケート調査
　　　　　・インタビュー調査（半構造化面接法：所要時間は1人10分）

　はじめに「進路選択の際に何を重視しているのか」の質問項目，選択肢は「自身の学力」（学力），「家庭の経済状況」（経済），「就職に有利かどうか」（就職）「その他」について，志望進路別に集計した（表4-1参照）。検定の結果，志望進路の違いによって，進路選択の際に重視することに差がないことがわかっ

表4-1　志望進路別

| 志望進路 | 学力 | 経済 | 就職 | その他 | 合計 |
|---|---|---|---|---|---|
| 大　学 | 47.8%<br>n=11 | 17.4%<br>n=4 | 34.8%<br>n=8 | 0.0%<br>n=0 | 100.0%<br>n=23 |
| 短期大学・専門学校 | 43.2%<br>n=19 | 13.6%<br>n=6 | 36.4%<br>n=16 | 6.8%<br>n=3 | 100.0%<br>n=44 |
| 就　職 | 46.0%<br>n=17 | 37.8%<br>n=14 | 13.5%<br>n=5 | 2.7%<br>n=1 | 100.0%<br>n=37 |

注：$\chi^2=11.882$, $df=6$, $p>0.05$。

た。

　詳しくみてみたい。まず，注目したいのは，自身の学力をあげている者が，大学で47.8％，短期大学・専門学校で43.2％，就職で46.0％となり，3つの進路とも40％を上回ったことである。これは進路多様校の生徒は，どのような進路を選択するとしても，学力の高低は別として自身の学力を最も重視していることを表すものである。次に，経済状況と就職環境をみると，大学，短期大学・専門学校のいずれにしても進学を考えている生徒は，どのような進学先を選択すれば就職に有利なのかを考えて，それぞれ34.8％，36.4％と約3割強が就職環境を最も重視すると回答している。一方，就職を志望する生徒は，経済的なことを理由に37.8％が進学ではなく就職することを考えている。この点をみると，就職志望者は進路選択の際に経済的なことが影響していることがうかがえ，進学を選択する者とは違いがあると考えられる。

　次に，大学を志望しない生徒に「高校卒業後，すぐに一流大学に進学できるとしたらどうしますか？」を聞いてみると（表4-2参照），大学進学に変更すると答えた者はわずか4名にとどまり，72名（88.9％）の生徒が，それでも大学に進学しないと答えた。この72名のうち質問項目に設けられた自由記入欄に記入した生徒が40名いたが，経済的理由をあげたのは4名だった。それに対して「勉強が苦手」「大学に全く興味ない」といった，学習に興味がもてない事項に関連する意見が17名と多く，次に「自分のやりたいことを重点的にしたい」「目標の資格を取得するのに大学は必要ない」「4年間は時間がもったいない」と

**表4-2** 質問「高校卒業後，すぐに一流大学に進学できるとしたらどうしますか？」

| 回　答 | 人数（人） | 割合（％） |
|---|---|---|
| 大学に変更する | 4 | 4.9 |
| それでも大学に進学しない | 72 | 88.9 |
| 無回答 | 5 | 6.2 |
| 合　計 | 81 | 100.0 |

いった，学習する意欲はあるが，大学の必要性を感じられないといった者が11名となった。

Q：なぜ，大学に進学しないのですか？（　）内は志望進路

A：大学と専門学校と迷いましたが，専門学校にしました。決め手は，オープンキャンパスです。自分がしたいことが重点的に勉強できるところに惹かれました①。大学は，やりたいこと以外のこともしないといけないので，自分には合わないと考えました。（専門学校）

B：高校入学時から就職することを考えていました。理由は，実家が建築の自営業をしているからです。3年生になってから，周囲からは指定校推薦などを利用して大学に進学することも薦められましたが，自分としては大学にいる4年間がとても無駄に感じてしまい②，早く社会に出て技術を身につけたほうが良いと思っています。（就職）

C：大学に進学しても就職が不安です。テレビや新聞で大学卒業者の就職率が悪いことをみると③，自分が就職できるか自信がありません。親も，大学に進学して就職できないと困ると言っていますし。自分は車が好きなので，専門学校に進学してから自動車整備士の資格を取りたいと考えています。（専門学校）

D：大学に進学している先輩に話を聞きましたが，大学より専門学校に進学したほうが，自分がやりたいことができると言われました④。英語とかパソコンの授業を必ず受けないといけないと聞くと，英語が苦手な自分には

無理かなと思いました。あと，自分が進学したい専門学校のAO入試の申込みの期日が近づいていたので，迷っている時間もなかったですし⑤。（専門学校）

E：就職したかったのですが，自分は成績が悪いので，担任の先生から就職するのは無理だと言われました。フリーターは嫌なので進学に変更しましたが，大学はお金もかかるし，4年間勉強することなんか考えられません⑥。親もとりあえず専門学校に進学して何か資格をとって就職に備えたほうが良いと言っていますので，専門学校に決めました。（専門学校）

F：経済的に厳しいので，就職します⑦。普通科高校なので，就職の求人は少ないですが，評定平均値がそこそこ高かったので，なんとか決まりそうです。友人からは成績が良いのだから推薦（学費免除特待生）で大学に進学したほうが良いのではないかと言われましたが，自分は高校進学のときから就職することを決めていたので，納得しています。（就職）

G：成績が悪いので大学は考えていません。とりあえず就職が良さそうな医療系⑧の短大への進学を志望しています。普通の会社に就職しても，いつ潰れるかわからないので，やはり資格はとっておいたほうが良いかと思いますし。（短期大学）

　詳しくみてみたい。まずFの下線部⑦のように，経済的事由によって進学しない生徒は存在するが，このような生徒は30名中，わずか6名であった。また，Fのように成績優秀者に対する大学からの学費免除制度を利用すれば，学費支出を軽減できるにもかかわらず，それでも大学に進学しないことは，やはり単純に経済的なことが理由であるとはいえないと考えられる。同じように就職を志望しているBについても，下線部②のように大学の4年間を無駄に感じており，そもそも大学に興味がないことや，F同様，高校入学時から就職することを考えていたのである。

　次に，専門学校や短期大学を志望するケースをみてみたい。C，E，Gの3

第4章　進路多様校生徒の進路意識に関する実証分析

名は，資格を取得するために専門学校や短期大学を選択している。その背景には，下線部③のように，近年，大学新卒者の就職状況が非常に悪いことが世間に強く印象づけられていることから，本人や保護者のなかで，大学への進学がかえって就職することを難しくしてしまうといった考えが強くなり，Gの下線部⑧ように看護師や理学療法士のような医療系の国家資格を取得し，確実に就職をしたいと考えているのである。このGもスポーツ特待生として大学から学費免除の条件を与えられているが，F同様，大学進学に変更せず，将来の就職のために，資格取得を優先に考えていた。また，Eのように，親の意見としても，高卒就職できないならば，専門学校で資格をとって就職準備をさせたいと考えており，本人も進学することはやむをえないが，やはり大学に進学して4年間も勉強することに対して意味を感じていないのである。

　そして，AとDをみると，学習意欲はあるが，大学ではなく専門学校を選択している。理由として，下線部①や④のように，自分がやりたいことに重点的に取り組みたいと考えたり，多くの大学で必須科目に位置づけられている英語やパソコンなど苦手意識がある科目を強制的に学習する時間がもったいないと考えたりしている。また，Aが志望するコンピュータ系の専門学校は4年制となっており，教育年数はもちろんだが学費も大学と同程度であった。その点について，本人に聞いてみると「専門学校のほうが就職に有利だと聞いたし，とにかく自分が好きなことに集中できそうなので」と返答があった。大学より専門学校のほうが就職に有利だといわれた場は，その専門学校のオープンキャンパスだったとのことだが，かれにとっては非常にインパクトのある事柄だったのだろう。そして，もうひとつ，Dの下線部⑤にあるAO入試を受験するためという内容も，かれら特有の考えといえる。それは，勉強が苦手な生徒の多くは，大学，短期大学，専門学校のどの学校に進学するとしても，できるだけ易しい方法で早く合格したいと考えるのである。実際に，今回のアンケート調査の質問項目「進学の際に利用する入試方法は何ですか？」に対して，進学志望67名のうち，公募制推薦入試や一般学力入試などの学科試験を課す方法を考えているのは15名（23％）にとどまり，国公立大学や難関私立大学を目指す生徒

の多くが受験する大学入試センター試験は，わずか1名（2%）であった。その他の51名（77%）は，指定校推薦入試やAO入試のように面接や小論文などを重視する方法を利用しての進学を考えていたのである。とくに専門学校となると，非常に早い段階から入試を実施するため，志望校決定時期も必然的に早くなってしまうのである。

## 3 非大学進学者の進路選択行動の特徴

本節では，次の3点が明らかになった。

1点目は，進路多様校生徒においては，学科の違いにかかわらず，自身の就職時期に対する意識が進路選択に強く影響を与えている傾向がみられた。これは学力に不安がある者が自身の将来を見据える際には，どのような進路選択をしたら就職に有利になるのかという意識が強いことをうかがわせるものであった。

2点目は，進路多様校生徒においては，進学する価値のある大学かどうか精査する傾向が強くなっていることである。その理由には，保護者からみて，学力が不足しているにもかかわらず進学できてしまう，不可解な大学入試の現状に対する不信感が強くなっていることが考えられる。

3点目は，志望進路先の違いによって，生徒が進路選択の際に重視する事柄に差がなかったことである。かれらは，自身の学力を重視する傾向があり，経済的事由を重視する者が，全体として他の項目より少ない結果となった。これは，進路多様校生徒のように学力構造で下位にある生徒は，経済的事由によってやむなく進路を変更しているといったこれまでの主張とは異なる結果であった。

現在のように，大学進学が容易になってくると，進路多様校生徒の保護者のなかでも，無理してでも進学させたい価値ある大学と，学費を出すまでの価値を見出すことができない大学というように，大学を精査している現状が明らかになった。そして，価値のある大学とは「安定した就職ができる可能性が高い大学」であり，これを実現するためには「社会的に評価の高い大学」に進学す

る必要があると考えている。しかし，生徒自身や保護者もそのような大学に進学できる学力が備わっていないことを自覚しており，自分たちの将来にとって有効な進路選択を考えるとき，その選択肢から大学進学が除外されはじめているのである。このような結果は，インタビュー調査でもみられた事象である。とくに学費免除制度が適用される者でも，就職や専門学校を選択していることは興味深い。なぜなら，学費負担が軽減されようとも大学に進学するよりは，高卒時に就職することや，就職に有利な資格を取得するために専門学校を選択することが良いと考えているのである。つまり，こうした状況をふまえると，進路多様校生徒のなかで，大学進学を「回避」するメンタリティが働きはじめた可能性があるのである。

　次節以降では，短期大学や専門学校への進学を志望する者の進路意識や，これら進学志望者と大学進学志望者との進路意識について比較検討を進めるとともに，就職志望者に実施した調査結果についても検討してみたい。

## 第2節　短期大学・専門学校進学志望者の進路意識に関する調査

　本節では，進路多様校において進学を志望した生徒を対象に実施したアンケート調査，インタビュー調査をもとに，とくに短期大学・専門学校に進学する生徒の進学意識について検証してみたい。なお，本調査の対象となった生徒は，大学進学の割合が50％に達しない，短期大学・専門学校への進学，就職の割合がそれぞれ20〜40％の進路多様校に在籍する生徒である。

【調査の概要】
　　時期：2011年9月〜2012年2月
　　対象：322名（表4-3参照）
　　方法：・アンケート調査
　　　　　・インタビュー調査（半構造化面接法）
　　　　　面談対象は3年男子3名，3年女子3名。所要時間は1人10分
　　　　　（インタビュー実施日：2011年12月8日）

**表4-3　回答者の属性（n=322）**

(単位：人)

|  | 志望進学先 | | | 合計 |
|---|---|---|---|---|
|  | 大学 | 短期大学 | 専門学校 |  |
| 男子 | 65 | 7 | 80 | 152 |
| 女子 | 62 | 44 | 64 | 170 |
| 合計 | 127 | 51 | 144 | 322 |

## 1　アンケート調査

はじめに，進路選択における自身の条件「進路選択の際に何を重視しているのか」の質問項目，選択肢は「自身の学力」（学力），「家庭の経済状況」（経済），「就職に有利かどうか」（就職）について，志望進路別に集計し，それを性別に示した（表4-4，表4-5参照）。

検定の結果，男子については，自身が進学先を選択する際に重視する条件について，大学志望者と，短期大学・専門学校志望者との間で有意な差がみられ[2]，女子については有意な差はみられなかった。詳しくみると，大学志望者は男女ともに「学力」の次に「経済」を重視する者が多かった。一方，短期大学・専門学校志望者は，男子は「就職」の次に「学力」を重視する者が多く，女子は「学力」の次に「就職」を重視する者が多くなり，男女ともに「経済」を重視する者は他に比べて低い数値となった。また，女子は，進学先にかかわらず「学力」を重視する傾向がみられた。

次に，短期大学・専門学校志望者を進学先別で示した（表4-6参照）。検定の結果，進学先によって重視する条件に有意な差がみられた。詳しくみると，短期大学志望者は，「学力」を重視する者が62.7％と「経済」13.7％や「就職」23.5％に比べて非常に高い数値となった。一方，専門学校をみると，短期大学同様，「学力」を重視する者が38.2％と最も高い数値とはなったが，「経済」27.1％，「就職」34.7％と拮抗しており，短期大学ほど大きな違いはみられなかった。

続いて，短期大学・専門学校志望者が「大学に進学しない理由」について回

第4章　進路多様校生徒の進路意識に関する実証分析

表4-4　進学先決定の条件（男子）

| 志望進学先 | 学力 | 経済 | 就職 | 合計 |
|---|---|---|---|---|
| 大　学 | 53.8%<br>n=35 | 24.6%<br>n=16 | 21.5%<br>n=14 | 100.0%<br>n=65 |
| 短期大学・専門学校 | 33.3%<br>n=29 | 26.4%<br>n=23 | 40.2%<br>n=35 | 100.0%<br>n=87 |

注：$\chi^2=7.798$, $df=2$, $p<0.05$。

表4-5　進学先決定の条件（女子）

| 志望進学先 | 学力 | 経済 | 就職 | 合計 |
|---|---|---|---|---|
| 大　学 | 58.1%<br>n=36 | 27.4%<br>n=17 | 14.5%<br>n=9 | 100.0%<br>n=62 |
| 短期大学・専門学校 | 53.7%<br>n=58 | 21.3%<br>n=23 | 25.0%<br>n=27 | 100.0%<br>n=108 |

注：$\chi^2=2.807$, $df=2$, $p>0.05$。

表4-6　進学先決定の条件（短期大学・専門学校志望者）

| 志望進学先 | 学力 | 経済 | 就職 | 合計 |
|---|---|---|---|---|
| 短期大学 | 62.7%<br>n=32 | 13.7%<br>n=7 | 23.5%<br>n=12 | 100.0%<br>n=51 |
| 専門学校 | 38.2%<br>n=55 | 27.1%<br>n=39 | 34.7%<br>n=50 | 100.0%<br>n=144 |

注：$\chi^2=9.421$, $df=2$, $p<0.05$。

答した結果を進学先別，性別で示した（表4-7参照）。選択項目は，理由①「学力不足だと考えているから」，理由②「家庭の経済状況が厳しいから」，理由③「自分がやりたいことが短期大学や専門学校で十分に学べるから」，理由④「就職が厳しいため仕方なく進学するが，4年制大学には興味がない」，理由⑤「とくに理由はないが最初から4年制大学には興味がない」，理由⑥「その他」である。結果は次のとおりである。

　全体では，理由③と回答した者が53.8％と最も多く，次に理由①が17.4％，続いて理由②が14.9％となった。これを進学先別，性別でみてみたい。検定の結果，進学先による有意な差はみられなかったが，性別では有意な差がみられ

表4-7　大学に進学しない理由（進学先別・性別）(n=195)

| 理由 | 全体 | | 進学先別 | | | | 性別 | | | |
|---|---|---|---|---|---|---|---|---|---|---|
| | | | 短期大学 | | 専門学校 | | 男子 | | 女子 | |
| ① 学力不足だと考えているから | 34人 | 17.4% | 4人 | 7.8% | 30人 | 20.8% | 23人 | 26.4% | 11人 | 10.2% |
| ② 家庭の経済状況が厳しいから | 29 | 14.9 | 7 | 13.7 | 22 | 15.3 | 10 | 11.5 | 19 | 17.6 |
| ③ 自分がやりたいことが短期大学や専門学校で十分に学べるから | 105 | 53.8 | 36 | 70.6 | 69 | 47.9 | 32 | 36.8 | 73 | 67.6 |
| ④ 就職が厳しいため仕方なく進学するが、4年制大学には興味がない | 9 | 4.6 | 0 | 0.0 | 9 | 6.3 | 8 | 9.2 | 1 | 0.9 |
| ⑤ とくに理由はないが最初から4年制大学には興味がない | 15 | 7.7 | 3 | 5.9 | 12 | 8.3 | 11 | 12.6 | 4 | 3.7 |
| ⑥ その他 | 3 | 1.5 | 1 | 2.0 | 2 | 1.4 | 3 | 3.4 | 0 | 0.0 |
| 合計 | 195 | 100.0 | 51 | 100.0 | 144 | 100.0 | 87 | 100.0 | 108 | 100.0 |

注：進学先別　$\chi^2=10.863$, $df=5$, $p>0.05$, 性別　$\chi^2=32.869$, $df=5$, $p<0.01$。

た。

　まず、進学先別でみると、短期大学では理由③が他の理由に比べ突出している。専門学校でも理由③が47.9％と最も高い数値となったが、短期大学と比べると低い。また理由①は短期大学が7.8％に対して専門学校は20.8％となった。次に性別でみると、進学先別と同様、理由③が最も多い結果となってはいるが、女子の67.6％は男子の36.8％と比べても際立って高い。これに対して男子は理由①や④、⑤が女子に比べて高い数値となったのをみると、次のことがいえる。それは、短期大学志望者は女子の割合が高いため、進学先の違いにかかわらず、女子が大学に進学しないのは、理由③のように、自分のやりたいことが明確となっていることが強い理由であることが考えられる。また、表4-6において短期大学志望者が学力を重視し、表4-7では理由③が多いことについては、近年、女子の志望度が高い医療・看護や保育系等といった資格系学部へ進学[3]するには、高い学力水準が求められている。[4]そのため、学力を進学の際に重視する者が多いと考えられるが、学力的に大学進学が難しく、たとえ学力に見合

表4-8　質問「4年制大学が無償化になれば進学しますか？」（進学先別・性別）

| | 全体 | | 進学先別 | | | | 性別 | | | |
|---|---|---|---|---|---|---|---|---|---|---|
| | | | 短期大学 | | 専門学校 | | 男子 | | 女子 | |
| はい | 46人 | 23.6% | 11人 | 21.6% | 35人 | 24.3% | 18人 | 20.7% | 28人 | 25.9% |
| いいえ | 137 | 70.3 | 38 | 74.5 | 99 | 68.8 | 62 | 71.3 | 75 | 69.4 |
| 無回答 | 12 | 6.2 | 2 | 3.9 | 10 | 6.9 | 7 | 8.0 | 5 | 4.6 |
| 合計 | 195 | 100.0 | 51 | 100.0 | 144 | 100.0 | 87 | 100.0 | 108 | 100.0 |

注：進学先別　$\chi^2=1.497$, $df=2$, $p>0.05$，性別　$\chi^2=1.497$, $df=2$, $p>0.05$。

う短期大学へ進学することになっても，そこには積極的な理由を見出していると考えられる[(5)]。これに対して，男子の割合が多く含まれている専門学校は，理由③が最も多いものの，理由①や④，⑤のような学力や学習意欲に関することが多くなっており，女子に比べて進路選択の際に学力不安を意識する傾向がみられる。このように，大学に進学しない理由については，進学先の違いというよりはむしろ性別が影響していると考えられる。そして，理由②の経済的事由をみると，一定の割合を占め，男子より女子が意識する傾向がみられたものの，大学に進学しない強い理由であるとはいえない結果となった。

　表4-8は質問「4年制大学が無償化になれば進学しますか？」に対する回答結果である。検定の結果，進学先別，性別ともに有意な差はみられなかった。詳しくみると，それぞれ，「はい」が20％から25％の割合であったの対し，「いいえ」は70％前後から75％の割合となった。これをみても，かれらが大学に進学しない理由として，経済的事由が大きな要因ではないことがうかがえる。

## 2　インタビュー調査

　続いて，3年男子3名，3年女子3名に対して，大学に進学しない理由についてインタビュー調査を実施した。結果は，次のとおりである。

Q：なぜ4年制大学に進学しないのですか？
　男子A（工業高校）：専門学校・自動車整備士志望
　　本当は就職をしたかったのですが，成績が悪いので無理でした。地元の

大学だったら進学できるみたいですけど，4年後の就職環境も良いともかぎらないし，勉強は嫌いなので，大学進学なんて考えられません①。とりあえず専門学校にしようかと。親も大学より専門学校で資格をとった方が良いって言うので，整備士の資格をとりたいと思っています。

男子B（普通科高校）：専門学校・情報系志望
　　将来はゲームクリエーターになりたいので専門学校にしました。成績はそんなに悪くないので，周りからは大学も薦められましたが，好きなゲームだけのことをしたかったので大学には進学しません。あと，今は大卒の就職が厳しいって聞いたのも理由です。将来，この仕事でやっていくのなら，少しでも専門的なことをたくさん勉強して，できるだけ良い会社に就職したいです②。

男子C（普通科高校）：専門学校・公務員志望
　　将来，安定した仕事に就きたいので公務員になることを考えています。学校の先生に相談したら，大卒で公務員になるのは難しいと言っていたので，専門学校にしました。自分は勉強ができないですからね③。公務員になれれば，警官でも消防士でもどちらでも良いです。

　詳しくみてみたい。男子Aは，就職を希望していたにもかかわらず成績が振るわないことにより，進路変更を余儀なくされている。Aは工業高校に通っているが，工業科や商業科のような専門高校では成績が良い者から校内選考により就職が決まるため，かれのように成績不振の生徒は就職枠がなくなり，やむを得ず進学に切り替えることがみられるが，下線部①のように大学卒業後の就職環境に対しても不安視していることや，学習に対する意欲が低いため，そもそも大学に進学することを考えていない。男子Bは，成績は良いがあえて大学には進学しない生徒である。かれのように，自分のやりたいことに集中するために専門学校に進学する生徒は，大学で課せられる一般教養科目や語学科目を学習する意味が感じられないと，その時間が無駄に思えてしまうのである。ま

た，下線部②のように大学より専門学校の方がより専門的な知識を得られると考えていたが，さらに，かれの進学先の専門学校は4年制であり，教育年数や学費も大学並みに必要となるにもかかわらず，大学進学ではなく専門学校への進学を志望していた。そして，男子Cのように，最近の厳しい経済情勢から，公務員志望者が多くなっている傾向がみられる。下線部③のように，かれは高校の先生からのアドバイスと自身の学力を客観的にみて，大学に進学するとマイナスになってしまうと考え，専門学校を選択しているのである。

次に女子をみてみたい。結果は次のとおりである。

女子A（普通科高校）：短期大学・保育士志望
　<u>とにかく就職するためにも資格を取りたいと思ったからです</u>④。どの資格にするか迷いましたが，子供が好きなので保育士に決めました。それと，同じ資格なのに大学に進学してわざわざ高い学費と時間をかけるのがもったいないので，短大にしました。あと，<u>早く社会に出ないと保育士としては使えないと聞いたことがありますしね</u>⑤。

女子B（普通科高校）：専門学校・看護師志望
　昔から看護師を目指していました。資格をとれば将来の生活の心配もあまりしなくて良いかと思ったことも理由です。大学も考えましたが，同じ資格なのに学費が全然違うのにもビックリしました。<u>奨学金は勤務の条件がつくので，大学卒業して4，5年も働いたら30歳手前になってしまいますし</u>⑥，専門学校で資格をとることを考えました。あと大学の入試倍率も高いので自分には無理だと思いました。

女子C（商業高校）：専門学校・調理師志望
　料理が好きなので，栄養士にするか迷いましたが調理師に決めました。一番大きかった理由は，管理栄養士の大学と調理師の専門学校のオープンキャンパスに行ったんですが，専門学校の方が楽しかったことです。それと，資格をとるのが専門学校で，勉強するのが大学ってイメージも

あったことと，専門学校の方が就職も良いとも聞いていたので⑦，やっぱり専門学校にしました。

　詳しくみてみたい。女子Aは，下線部④のように，まずは資格を取得することを前提とした進路選択をしているが，同じ資格をとるならば，学費が安くて教育年数も少ない短期大学を志望している。女子Bも同様な考えを示しており，両者ともに進学後の自身の年齢についても触れている。女子Aは，下線部⑤のように周囲から保育士の職場は若い年齢から就いたほうが有利であると聞かされ，必要以上に就学することがかえってマイナスになると考えており，女子Bは下線部⑥のように学費軽減のために奨学金を受給してしまうと，仕事に就いた後，一定年数の間拘束されてしまうことを不安視し，結果的に大学進学を躊躇することになっている。また，ここでは，結婚や出産といった事柄を想定してのことであることも述べている。これらはこれまで多くの研究で示されているように(6)，女子特有の思考であるといえるとともに，社会における女性の労働環境への不安感ものぞかせていた。女子Cは，大学，専門学校の両方を候補としていたが，専門学校は楽しい雰囲気であったのに対して，大学は難しいことに取り組む場所であるとの印象を受けていた。そして下線部⑦のように，そもそも資格取得や就職を考えたら専門学校の方が有利であるという考えが強いことも大学進学を志望しない理由であった。

　以上，ここまで進路多様校生徒，主に短期大学，専門学校志望者への調査を実施し，かれらの進学意識についてみてきた。次では，これらの結果を整理し，考察をしていくこととする。

## 3　短期大学・専門学校進学志望者の進路選択行動の特徴

　本節で明らかになったのは，次の点である。
　1点目は，進路多様校生徒は，進学先を決定する際に重視する条件として，男子は大学志望者が学力を，短期大学・専門学校志望者が就職を重視するなど進学先によって有意な差がみられた一方，女子は有意な差はみられなかった。

また，男女ともに経済的事由については他に比べて重視する者は少なかった。

　２点目は，短期大学・専門学校志望者が進学先を決定する際に重視する条件については進学先の違いによって有意な差がみられたが，大学に進学しない理由と合わせてみると，進学先より性別の影響が強いことがみられ，女子は自身の目標が明確で積極的な理由で大学に進学しない者が多いのに対し，男子は学力への不安や学習意欲がもてないことを理由にする者が女子より多かった。そして，インタビュー調査でもみられたように，全体として，自身の学力を考慮した結果，将来の就職に有利となる資格の取得や，自身の目指すことを優先するために大学に進学しない者が多くみられた。

　３点目は，経済的事由が改善され大学進学が現実化したとしても，短期大学・専門学校から大学に進路変更を検討する者は少なく，これについては進学先や性別の有意な差はみられなかった。以上のことをふまえて検討をすすめたい。

　調査を通してみえてくることは，進路多様校生徒のように学力不安を抱える者は，経済的事由より自身の学力や将来の就職に有利かどうかを熟慮し，進学先を決定していることである。男子は，進学先決定の条件として就職を強く意識しながら短期大学や専門学校を選択し，自身の学力に対して不安を抱えながら進学目標を模索している者が多い。そして，女子は短期大学，専門学校のどちらの選択をするとしても，明確な進学動機をもっているが，それは将来の仕事に直結する資格取得を目標としている。また，短期大学や専門学校を志望する女子が学力を進学先決定の条件とする者が多いのは，先述のように，資格系学部への進学には高い学力が必要となるため，学力的に大学進学を断念していることが理由として考えられる。しかし，資格取得が強い志望理由となっている女子は，学力的に大学入試をクリアする自信がなければ，資格取得を最優先し，短期大学や専門学校においてその目的を成し遂げることを考えているのである。いずれにしても，かれらは自身の学力を客観的に捉え，将来の就職を見据えながら進学先を検討していることがみられる。しかし，経済的事由が大きく影響していることはみえてこない。大学が無償となったとしても進路を変更す

る者が少なかったことや，資格取得を目標とするならば大学である必要がないと考える者や，専門性を高めるには大学より専門学校の方が有利であると考え[7]，大学に進学する学力があっても教育年数や学費が大学と同程度必要な専門学校に進学する者の考えに接すると，かれらのなかでは大学進学を志望しないのは経済的事由ではなく，大学自体に価値を見出すことができないとの意識が強く存在しているためだと考えられる。そして，その価値とは，将来の自身の就職を有利にするために，付加価値を与えてくれる場所であり，それが大学ではなく短期大学や専門学校であるのであれば，無理して大学に進学する必要性を感じられない状況となっているのである。

## 第3節　大学・専門学校進学志望者の進路意識に関する調査

　本節では，大学，専門学校への進学志望者への調査を基に，進路多様校における進学志望者の進学意識について考察してみたい。ここでは，大学志望者と専門学校志望者を比較検討することで，専門学校への進学を志望する生徒の特徴を探るともに，大学，専門学校の志望進路の違いにかかわらず，かれらの進路決定に影響している事柄を明らかにしてみたい。

【調査の概要】

　　時期：2013年4月～2013年9月

　　対象：大学志望者172名

　　　　　（普通科：男子51名，女子46名　専門学科：男子55名，女子20名）

　　　　　専門学校志望者124名

　　　　　（普通科：男子25名，女子38名　専門学科：男子34名，女子27名）

　　方法：・アンケート調査

　　　　　・インタビュー調査（半構造化面接法：所要時間は1人10分）

### 1　志望進路別の全体結果

　はじめに，進路選択における自身の条件「進路選択の際に何を重視している

表4-9　志望進路別

| 志望進路先 | 学力 | 経済 | 就職 | 全体 |
|---|---|---|---|---|
| 大　学 | 58.1%<br>n=100 | 18.0%<br>n=31 | 23.8%<br>n=41 | 100.0%<br>n=172 |
| 専門学校 | 50.8%<br>n=63 | 25.8%<br>n=32 | 23.4%<br>n=29 | 100.0%<br>n=124 |

注：$\chi^2=2.761$, $df=2$, $p>0.05$。

表4-10　性別

| 性別 | 学力 | 経済 | 就職 | 全体 |
|---|---|---|---|---|
| 男　子 | 61.8%<br>n=102 | 14.5%<br>n=24 | 23.6%<br>n=39 | 100.0%<br>n=165 |
| 女　子 | 46.6%<br>n=61 | 29.8%<br>n=39 | 23.7%<br>n=31 | 100.0%<br>n=131 |

注：$\chi^2=11.039$, $df=2$, $p<0.01$。

表4-11　学科別

| 学科別 | 学力 | 経済 | 就職 | 全体 |
|---|---|---|---|---|
| 普通科 | 53.1%<br>n=85 | 25.0%<br>n=40 | 21.9%<br>n=35 | 100.0%<br>n=160 |
| 専門学科 | 57.4%<br>n=78 | 16.9%<br>n=23 | 25.7%<br>n=35 | 100.0%<br>n=136 |

注：$\chi^2=2.961$, $df=2$, $p>0.05$。

のか」の質問項目，選択肢は「自身の学力」（学力），「家庭の経済状況」（経済），「就職に有利かどうか」（就職）について，志望進路別に集計し，それを性別，学科別に示した（表4-9，表4-10，表4-11参照）。

　検定の結果，性別では有意な差がみられ，志望進路別，学科別では有意な差はみられなかった。詳しくみてみたい。全体としては，進路選択の際には，自身の学力を最も重視する傾向がみられた。性別でみると，女子において学力が46.6%と男子61.8%と比べても15ポイント程度低い結果となった。そして経済面については，そして女子は経済面を重視する者が29.8%と男子の14.5%比べて15ポイント程度高い結果となった。

## 2　大学進学志望者への調査

（1）アンケート調査の結果

①単純集計と質問項目間の相関係数

　表4-12は，大学進学者への質問項目，質問①「将来の仕事に役立つ勉強がしたいから」，質問②「幅広い教養を身につけたいから」，質問③「大卒の学歴が必要だと思うから」，質問④「資格を取得したいから」，質問⑤「まだ社会にでることが不安だから」，質問⑥「とくに理由はないが大学進学した方が良いと思うから」について単純集計の結果，そして，表4-13は，この質問6項目間の相関係数を示したものである。

　詳しくみてみたい。質問①は，「そう思う」が61.6％となり「ややそう思う」の24.4％と合わせ86％とほぼ9割の者が将来の仕事に役立つ勉強をすることが進学理由となっている。また質問②についても，65％の者が幅広い教養を身につけたいと考えており，質問①，質問②の相関係数をみても0.651と正の相関関係が認められた。

　次に，質問③の大卒学歴の必要性については，肯定的に捉えているのは約6割となり，質問④の資格取得は約7割の者が進学理由として考えていた。つまり，大学進学志望者は学歴取得を目指し，かつ資格取得を理由に進学する者が多くみられるのである。また，質問③，質問④については相関係数をみると0.217と低い正の相関関係が認められ，質問間に関連性があると考えられる。質問⑤，質問⑥については，否定的に捉えるものがそれぞれ多く，質問間の相関係数をみても，0.311となり低い正の相関関係が認められた。そして，質問⑥と他の質問間との相関係数をみても，当然ながら質問①，質問②，質問④と明確な目標をもっている者は質問⑥と低い負の相関関係が認められた。ここから，目的をもって大学に進学する者がいる一方で，社会に出ることが不安な者は，とりあえず進学した方がよいと考えていると捉えることができる。

②規定要因分析

〈データの概要〉

　次のようにデータを整理した。

第4章　進路多様校生徒の進路意識に関する実証分析

表4-12　大学に進学する理由

| 質問 | そう思う | やや そう思う | あまりそう 思わない | そう 思わない | 合計 |
|---|---|---|---|---|---|
| ①将来の仕事に役立つ勉強がしたいから | 61.6%<br>n=106 | 24.4%<br>n=42 | 4.7%<br>n=8 | 9.3%<br>n=16 | 100.0%<br>n=172 |
| ②幅広い教養を身につけたいから | 45.3%<br>n=78 | 19.2%<br>n=33 | 21.5%<br>n=37 | 14.0%<br>n=24 | 100.0%<br>n=172 |
| ③大卒の学歴が必要だと思うから | 33.1%<br>n=57 | 26.2%<br>n=45 | 29.1%<br>n=50 | 11.6%<br>n=20 | 100.0%<br>n=172 |
| ④資格を取得したいから | 41.3%<br>n=71 | 27.3%<br>n=47 | 24.4%<br>n=42 | 7.0%<br>n=12 | 100.0%<br>n=172 |
| ⑤まだ社会にでることが不安だから | 4.1%<br>n=7 | 27.3%<br>n=47 | 47.1%<br>n=81 | 21.5%<br>n=37 | 100.0%<br>n=172 |
| ⑥とくに理由はないが大学進学した方が良いと思うから | 8.1%<br>n=14 | 20.3%<br>n=35 | 27.9%<br>n=48 | 43.6%<br>n=75 | 100.0%<br>n=172 |

表4-13　質問項目間の相関係数

| | 質問① | 質問② | 質問③ | 質問④ | 質問⑤ | 質問⑥ |
|---|---|---|---|---|---|---|
| 質問① | 1 | | | | | |
| 質問② | 0.651** | 1 | | | | |
| 質問③ | 0.275** | 0.193* | 1 | | | |
| 質問④ | 0.351 | 0.229** | 0.217** | 1 | | |
| 質問⑤ | −0.002 | −0.053 | 0.161* | 0.191** | 1 | |
| 質問⑥ | −0.267** | −0.249** | 0.178* | −0.262** | 0.311** | 1 |

注：$^*p<.05$，$^{**}p<.01$。

- 「性別」⇒（男子=1，女子=0）
- 「学科」⇒（普通科=1，専門学科=0）
- 質問項目の単純集計結果を「そう思う」4→「そう思わない」1の4段階で数値化。
- すべての項目を従属変数とし，これらを強制投入法によって分析した。

それでは分析を進めたい。

表4-14は，「仕事に役立つ勉強」を従属変数とし分析をした結果である。「仕事に役立つ勉強」については，「幅広い教養を身につけたい」「学歴取得」「資格取得」が影響していることが示された。大学進学志望者は，大卒学歴や

**表 4-14** 「仕事に役立つ勉強」の規定要因に関する重回帰分析結果

|  | 回帰係数（B） | 標準化回帰係数（ベータ） | 有意確率 |
| --- | --- | --- | --- |
| 性　別 | 0.162 | 0.084 | 0.198 |
| 学　科 | 0.008 | 0.004 | 0.944 |
| 幅広い教養 | 0.465 | 0.546 | 0.000 |
| 学歴取得 | 0.132 | 0.144 | 0.019 |
| 資格取得 | 0.196 | 0.201 | 0.005 |
| 社会への移行不安 | 0.007 | 0.006 | 0.930 |
| 理由なし | −0.114 | −0.118 | 0.075 |
| （定数） | 1.143 |  | 0.000 |

注：N＝172，決定係数＝0.496，自由度調整済み決定係数＝0.474，F値＝23.046，有意確率＝0.000。

資格を取得することが将来の仕事に役立つと考えていることがみてとれる。また，教養を身につけることに対しても関心が高かった。

　表4-15は，「幅広い教養」を従属変数とし分析した結果である。「幅広い教養」については，「仕事に役立つ勉強」が影響していることが示された。大学進学を考える生徒は，将来の仕事に役立つ勉強をしたいと考えるなかで，幅広い教養を身につけることも重要であると考えていることがわかった。

　表4-16は，「学歴取得」を従属変数とし分析をした結果である。「学歴取得」については，「仕事に役立つ勉強」「資格取得」「理由なし」が影響していることがわかった。学歴を取得することが将来の仕事に役立つと考えていることや，大学に進学することは，学歴や資格を取得することが目的となっていることがみてとれる。そして，とくに進学する理由はないが，学歴取得には関心があることもわかった。

　表4-17は，「資格取得」を従属変数とし分析をした結果である。「資格取得」に対しては，「性別」「仕事に役立つ勉強」「学歴取得」「社会への移行不安」「理由なし」が影響していることがわかった。性別のベータがマイナスであることをみると，女子が資格取得を進学する傾向が強いことがみてとれる。また，資格を取得することによって将来の仕事に役立つと考えていることや，学歴を取得したいと考えていることがわかった。社会への移行が不安であると考えているほど資格取得にも関心が高いことがうかがえる。そして，理由なしのベータ

### 第4章 進路多様校生徒の進路意識に関する実証分析

表4-15 「幅広い教養」の規定要因に関する重回帰分析結果

|  | 回帰係数（B） | 標準化回帰係数（ベータ） | 有意確率 |
| --- | --- | --- | --- |
| 性　別 | 0.070 | 0.031 | 0.654 |
| 学　科 | -0.133 | -0.060 | 0.360 |
| 仕事に役立つ勉強 | 0.718 | 0.611 | 0.000 |
| 学歴取得 | 0.038 | 0.035 | 0.588 |
| 資格取得 | 0.010 | 0.009 | 0.912 |
| 社会への移行不安 | 0.017 | 0.012 | 0.856 |
| 理由なし | -0.090 | 0.079 | 0.258 |
| （定数） | -0.636 |  | 0.111 |

注：N=172，決定係数=0.436，自由度調整済み決定係数=0.412，F値=18.128，有意確率=0.000。

表4-16 「学歴取得」の規定要因に関する重回帰分析結果

|  | 回帰係数（B） | 標準化回帰係数（ベータ） | 有意確率 |
| --- | --- | --- | --- |
| 性　別 | 0.159 | 0.075 | 0.360 |
| 学　科 | -0.220 | -0.107 | 0.170 |
| 仕事に役立つ勉強 | 0.250 | -0.230 | 0.019 |
| 幅広い教養 | 0.047 | 0.051 | 0.588 |
| 資格取得 | 0.250 | 0.236 | 0.009 |
| 社会への移行不安 | 0.086 | 0.066 | 0.412 |
| 理由なし | 0.316 | 0.302 | 0.000 |
| （定数） | 0.299 |  | 0.499 |

注：N=172，決定係数=0.196，自由度調整済み決定係数=0.162，F値=5.709，有意確率=0.000。

表4-17 「資格取得」の規定要因に関する重回帰分析結果

|  | 回帰係数（B） | 標準化回帰係数（ベータ） | 有意確率 |
| --- | --- | --- | --- |
| 性　別 | -0.820 | -0.412 | 0.000 |
| 学　科 | 0.036 | 0.018 | 0.781 |
| 仕事に役立つ勉強 | 0.240 | 0.233 | 0.005 |
| 幅広い教養 | 0.008 | 0.009 | 0.912 |
| 学歴取得 | 0.162 | 0.172 | 0.009 |
| 社会への移行不安 | 0.254 | 0.209 | 0.002 |
| 理由なし | -0.236 | -0.239 | 0.001 |
| （定数） | 2.136 |  | 0.000 |

注：N=172，決定係数=0.415，自由度調整済み決定係数=0.390，F値=16.597，有意確率=0.000。

表4-18 「社会への移行不安」の規定要因に関する重回帰分析結果

|  | 回帰係数（B） | 標準化回帰係数（ベータ） | 有意確率 |
| --- | --- | --- | --- |
| 性　別 | 0.134 | 0.082 | 0.303 |
| 学　科 | 0.451 | 0.281 | 0.000 |
| 仕事に役立つ勉強 | 0.007 | 0.008 | 0.930 |
| 幅広い教養 | −0.012 | −0.016 | 0.856 |
| 学歴取得 | 0.048 | 0.062 | 0.412 |
| 資格取得 | 0.220 | 0.268 | 0.002 |
| 理由なし | 0.247 | 0.304 | 0.000 |
| （定数） | 0.536 |  | 0.105 |

注：N＝172，決定係数＝0.249，自由度調整済み決定係数＝0.217，F値＝7.781，有意確率＝0.000。

表4-19 「理由なし」の規定要因に関する重回帰分析結果

|  | 回帰係数（B） | 標準化回帰係数（ベータ） | 有意確率 |
| --- | --- | --- | --- |
| 性　別 | 0.085 | 0.042 | 0.584 |
| 学　科 | 0.217 | 0.110 | 0.128 |
| 仕事に役立つ勉強 | −0.170 | 0.163 | 0.075 |
| 幅広い教養 | −0.087 | 0.098 | 0.258 |
| 学歴取得 | 0.251 | 0.262 | 0.000 |
| 資格取得 | −0.288 | 0.284 | 0.001 |
| 社会への移行不安 | 0.348 | 0.282 | 0.000 |
| （定数） | 2.012 |  | 0.000 |

注：N＝172，決定係数＝0.303，自由度調整済み決定係数＝0.274，F値＝10.200，有意確率0.000。

がマイナスであることをみると，進学理由をもっている者ほど，資格取得への関心が高いことがみてとれる。

表4-18は，「社会への移行不安」を従属変数とし分析した結果である。社会への移行不安に対しては，「学科」「資格取得」「理由なし」が影響していることがわかった。学科のベータがプラスであることをみると，普通科の生徒ほど社会への移行不安が高く，資格取得に対する関心が高い生徒や，とくに進学する理由がない生徒ほど社会への移行不安が高いことがわかった。

表4-19は，「理由なし」を従属変数とし分析した結果である。「理由なし」は，「学歴取得」「資格取得」「社会への移行不安」が影響していることが示された。大学進学を志望はするが，とくに理由はないと考えている生徒は，大卒学歴の必要度が高い一方で，資格取得の志望度は低い傾向があることが明らかとなっ

た。また，理由なく進学する生徒は，社会に出ることを不安だと考えている傾向があることもわかった。

(2) インタビュー調査の結果

それでは，次に「なぜ大学に進学するのか？」についてのインタビュー調査についてみていきたい。結果は次のとおりである。

生徒A（普通科男子：2013年6月25日実施）
　まだ就職する考えはないので，大学に進学することにしましたが，何をしたいのか決まっていないので，とりあえず指定校推薦枠で進学できる①地元の経済学部にしました。でも就職できるのか不安なのも正直あります。少しでも就職を有利にするために資格を取れるよう②に頑張りたいです。

生徒B（普通科男子：2013年6月25日実施）
　自分は昔から将来は高校の先生になりたいと考えていました。ただ，教育学部は入試が難しく無理なので③，普通の学部に入学してから教員免許を取りたいと思います。正直，教員になるには難しい試験をクリアしないといけないので，自分が本当に教員になれるかどうかは不安です④。

生徒C（普通科女子：2013年6月25日実施）
　看護師の資格を取得したいと考えています。学力が低いので最初は専門学校に行くしかないと思っていましたが，推薦で入学できる大学が見つかったので⑤，大学進学に変更しました。あと，これからの看護師は大卒の方が就職してから有利だと聞いたのも理由です。

生徒D（工業科男子：2013年7月11日実施）
　昔から大学に進学したいと考えていましたが，自分の家は経済的に厳しいので進学はあきらめていました⑥。でも，先生から地元の国立大学に工業高校の推薦枠があるから⑦，挑戦してみてはどうかといわれたのをきっかけに，大学進学を目指そうと思いました。

生徒E（商業科男子：2013年7月12日実施）
　高校入学の時から就職しか考えていなかったのですが，自分は成績が悪いので就職は無理だといわれ進学に変えました⑧。専門学校も考えましたが，大学から学費免除のスポーツ特待生で誘われたこともあり⑨，将来のことを考えてとりあえず大学進学に決めました。でも何を勉強してよいのかわからないので自分が選んだ学部もこだわりはありませんし，本当に大学の勉強についていけるか不安です⑩。

生徒F（商業科女子：2013年7月12日実施）
　大学進学を目指していたので，高校で取れる資格はできるだけ多く取りたいと考えがんばってきました。おかげで資格を利用した特待生で大学に推薦入学できそうです⑪。将来は税理士とか公認会計士の難しい資格に挑戦したいと考えています。そして，いろんな経験や教養を身につけ視野を広げたいと思っています⑫。

　詳しくみてみたい。特徴としては，下線部②，④，⑩のように進学後の学習に対しての不安感を覗かせている生徒が多いことである。また下線部①，⑤，⑪のように推薦試験による入学が可能であることが進学条件となっている。かれらがいう推薦試験とは，大学が示した基準（多くは評定平均値）を満たした生徒を高校が推薦し，試験は面接，調査書のみといった学力を問わない内容である。生徒Cについても当初は学力不安から専門学校を志望していたところ，こうした推薦試験による進学の可能性が生じたことによって大学に変更している。また，教員志望の生徒Bは，本当は教育学部を目指したいが，入学偏差値が高いことから他学部に変更しており，第1志望校への進学をかなえるために学力を高める努力をするよりも，進学可能な範囲で妥協をしていることがみてとれる。生徒Eについては，下線部⑧のように学力不足のため就職を断念し進学に志望変更しており，これは第3章の遠藤の指摘と符合する。こうした傾向は進路多様校にみられる特徴だといえるが，普通科，専門学科にかかわらず成績上位者ほど就職を志望するケースが多い。このような傾向の背景には教員側とし

ても貴重な地元優良企業からの求人枠に対しては高校内で成績，人物評価ともに高い生徒を送りたいといった考えがあるからである。そして，生徒D，E，Fの下線部⑥，⑨，⑪のように経済的事由が進路決定に影響しているケースもみられるが，生徒D，Fは学力の高さを認められて学費の安い国立大学や特待生枠を得られたことで大学進学が可能となり，進学後も下線部⑫のように意欲的に学習に取り組む考えをもっている。しかし一方，生徒Eは部活動の実績が評価の対象となり特待生として大学進学が可能となること自体は良かったものの，大学での学習に対しては非常に不安視している様子がうかがえる。これらは同じように経済的事由の問題を解決したケースではあるが，入学段階で学習に対する不安度に差が生じているのである。

　全体としては，進学後の学習や将来の就職に対する不安を抱く様子がみられた。そして，資格を取得することに対して意欲的に取り組みたいと考える生徒は，それ自体が志望理由になっている一方で，「やむを得なく」「とりあえず」といったように明確な志望理由がない状態で進学をする生徒もみられた。

## 3　専門学校進学志望者への調査

（1）アンケート調査の結果
①単純集計と質問項目間の相関係数
　ここでは専門学校進学志望者へのアンケート，インタビュー調査の結果を基に検証を進めていく。
　表4-20は，大学に進学しない理由についての質問項目，質問①「学力不足だと考えているから」，質問②「家庭の経済状況が厳しいから」，質問③「大卒の学歴が必要ないから」，質問④「資格を取得したいから」，質問⑤「少しでも早く社会に出て働きたいから」，質問⑥「とくに理由はないが4年制大学に興味がないから」の単純集計の結果，そして表4-21は，この質問6項目間の相関係数を示したものである。詳しくみてみたい。質問①は，「そう思う」21.8%，「ややそう思う」42.7%を合わせて6割の者が学力不足を理由にしている。質問②についても「そう思う」33.1%，「ややそう思う」25.8%と約6割の者が経

表4-20　大学に進学しない理由

| 質　　問 | そう思う | やや<br>そう思う | あまりそう<br>思わない | そう<br>思わない | 合　計 |
|---|---|---|---|---|---|
| ①学力不足だと考えているから | 21.8%<br>n = 27 | 42.7%<br>n = 53 | 25.0%<br>n = 31 | 10.5%<br>n = 13 | 100.0%<br>n = 124 |
| ②家庭の経済状況が厳しいから | 33.1%<br>n = 41 | 25.8%<br>n = 32 | 29.0%<br>n = 36 | 12.1%<br>n = 15 | 100.0%<br>n = 124 |
| ③大卒の学歴は必要ないから | 15.3%<br>n = 19 | 20.2%<br>n = 25 | 39.5%<br>n = 49 | 25.0%<br>n = 31 | 100.0%<br>n = 124 |
| ④資格を取得したいから | 54.0%<br>n = 67 | 25.0%<br>n = 31 | 11.3%<br>n = 14 | 9.7%<br>n = 12 | 100.0%<br>n = 124 |
| ⑤少しでも早く社会に出て働きたいから | 36.3%<br>n = 45 | 31.5%<br>n = 39 | 22.6%<br>n = 28 | 9.7%<br>n = 12 | 100.0%<br>n = 124 |
| ⑥とくに理由はないが4年制大学に興味がないから | 12.1%<br>n = 15 | 26.6%<br>n = 33 | 29.8%<br>n = 37 | 31.5%<br>n = 39 | 100.0%<br>n = 124 |

表4-21　質問項目間の相関係数

|  | 質問① | 質問② | 質問③ | 質問④ | 質問⑤ | 質問⑥ |
|---|---|---|---|---|---|---|
| 質問① | 1 | | | | | |
| 質問② | 0.438** | 1 | | | | |
| 質問③ | 0.148 | 0.371** | 1 | | | |
| 質問④ | -0.098 | -0.111 | -0.045 | 1 | | |
| 質問⑤ | -0.159 | -0.146 | 0.023 | 0.458** | 1 | |
| 質問⑥ | 0.007 | 0.091 | 0.293** | 0.091 | -0.118 | 1 |

注：** $p<.01$。

済的事由を大学に進学しない理由としている。この点は，表4-9のように進路決定の際に重視する項目の質問について単一回答を条件とすると自身の学力とする者が多いものの，学力や経済環境など複数項目がそれぞれどの程度影響しているのかについて回答できる場合は，経済的事由の影響を指摘する者も一定数いることがみてとれた。また，相関係数をみても，0.438と中程度の相関関係がみられ，学力不足だと考えている者と，家庭の経済状況が厳しいと考える者との間に関係性があることがわかる。次に，質問③については，「そう思う」15.3%，「ややそう思う」20.2%と合わせて35.5%の者が大学の学歴が必要ないと考えていたが，質問②と質問③の相関係数は0.371となり低い正の相関関係

が認められた。ここから家庭の経済状況が厳しい者と，大卒の学歴が必要ないと考える者との間に関係性があることがわかる。質問④については，「そう思う」54%と5割を超える者が資格取得を強い進学理由としており，「ややそう思う」25.0%と合わせると約8割の者が資格取得を肯定的な進学理由としている。そして質問⑤の早く社会に出ることを肯定的に捉えている者が67.8%となり，質問④との相関係数をみると0.458の正の相関関係が認められ，早く社会に出て働きたいと考える者と，資格を取得したいと考えている者との間に関係性があることがみてとれた。質問⑥については，4年制大学に興味がないから進学しないと考える者は「そう思う」12.1%，「ややそう思う」26.6%と合わせて38.7%となった。また，質問③と質問⑥の相関係数は0.293と低い正の相関関係が認められたのは，4年制大学に興味がない者と，大卒の学歴が必要ないと考える者との間に関係性があることを示しているといえる。

②規定要因分析の結果

〈データの概要〉

次のようにデータを整理した。

- 「性別」⇒（男子＝1，女子＝0）
- 「学科」⇒（普通科＝1，専門学科＝0）
- 質問項目の単純集計結果を「そう思う」4 → 「そう思わない」1の4段階で数値化。
- すべての質問項目を従属変数とし，これらを強制投入法によって分析した。

それでは分析を進めたい。

表4-22は，「学力不足」を従属変数とし分析した結果である。学力不足については，「家庭の経済状況」に影響していることがわかった。ここから，学力不安を抱える生徒は，家庭の経済状況が厳しい環境にあると考えていることがみてとれる。

表4-23は，「家庭の経済状況」を従属変数とし分析をした結果である。家庭の経済状況については，「学力不足」「学歴取得」が影響していることが示された。家庭の経済状況が厳しいと考える生徒は，学力不足と考える傾向があるこ

**表 4-22** 「学力不足」の規定要因に関する重回帰分析結果

|  | 回帰係数（B） | 標準化回帰係数（ベータ） | 有意確率（p） |
| --- | --- | --- | --- |
| 性　別 | 0.068 | 0.037 | 0.682 |
| 学　科 | 0.083 | 0.046 | 0.593 |
| 家庭の経済状況 | 0.377 | 0.427 | 0.000 |
| 学歴取得 | 0.006 | 0.007 | 0.942 |
| 資格取得 | -0.003 | -0.004 | 0.971 |
| 早く社会へ出たい | -0.097 | -0.105 | 0.285 |
| 理由なし | -0.039 | -0.043 | 0.636 |
| （定数） | 1.988 |  | 0.000 |

注：N＝124，決定係数＝0.206，自由度調整済み決定係数＝0.158，F値＝4.286，有意確率＝0.000。

**表 4-23** 「家庭の経済状況」の規定要因に関する重回帰分析結果

|  | 回帰係数（B） | 標準化回帰係数（ベータ） | 有意確率（p） |
| --- | --- | --- | --- |
| 性　別 | -0.299 | -0.145 | 0.083 |
| 学　科 | 0.057 | 0.028 | 0.725 |
| 学力不足 | 0.416 | 0.367 | 0.000 |
| 学歴取得 | 0.337 | 0.326 | 0.000 |
| 資格取得 | 0.044 | 0.042 | 0.655 |
| 早く社会へ出たい | -0.116 | -0.111 | 0.226 |
| 理由なし | -0.042 | -0.042 | 0.621 |
| （定数） | 1.295 |  | 0.007 |

注：N＝124，決定係数＝0.316，自由度調整済み決定係数＝0.275，F値＝7.665，有意確率＝0.000。

とがみてとれるが，一方で大卒学歴を取得する必要性を感じていない傾向があることも明らかになった。

　表4-24は，「学歴取得」を従属変数とし分析をした結果である。学歴取得については，「家庭の経済状況」「理由なし」に影響していることが示された。ここから，家庭の経済状況が厳しい環境にある生徒は，大卒学歴を取得することの必要性を感じない傾向があることや，そもそも大学進学に興味を示さない傾向があることが明らかになった。

　表4-25は，「資格取得」を従属変数とし分析をした結果である。「資格取得」については，「性別」「早く社会に出たい」「理由なし」に影響していることが示された。ここでは，女子より男子において資格取得を目的に大学ではなく専門学校へ進学する傾向がみられた。また，早く社会に出て働くために資格を取得

**表4-24　「学歴取得」の規定要因に関する重回帰分析結果**

|  | 回帰係数（B） | 標準化回帰係数（ベータ） | 有意確率 |
| --- | --- | --- | --- |
| 性　別 | 0.141 | 0.071 | 0.428 |
| 学　科 | －0.102 | －0.051 | 0.544 |
| 学力不足 | 0.007 | 0.007 | 0.942 |
| 家庭の経済状況 | 0.354 | 0.366 | 0.000 |
| 資格取得 | －0.140 | －0.136 | 0.164 |
| 早く社会へ出たい | 0.177 | 0.175 | 0.069 |
| 理由なし | 0.299 | 0.303 | 0.001 |
| （定数） | 0.507 |  | 0.307 |

注：N＝124，決定係数＝0.232，自由度調整済み決定係数＝0.186，F値＝5.020，有意確率＝0.000。

**表4-25　「資格取得」の規定要因に関する重回帰分析結果**

|  | 回帰係数（B） | 標準化回帰係数（ベータ） | 有意確率 |
| --- | --- | --- | --- |
| 性　別 | 0.568 | 0.286 | 0.000 |
| 学　科 | －0.231 | －0.116 | 0.131 |
| 学力不足 | －0.003 | －0.003 | 0.971 |
| 家庭の経済状況 | 0.039 | 0.041 | 0.655 |
| 学歴取得 | －0.118 | －0.119 | 0.164 |
| 早く社会へ出たい | 0.482 | 0.479 | 0.000 |
| 理由なし | 0.212 | 0.216 | 0.008 |
| （定数） | 1.366 |  | 0.002 |

注：N＝124，決定係数＝0.344，自由度調整済み決定係数＝0.304，F値＝8.691，有意確率＝0.000。

することを考えることや，特に大学に進学しない理由はないが，資格取得には関心を示す傾向がみられたのである。

　表4-26は，「早く社会に出て働きたい」を従属変数とし分析した結果である。「早く社会に出て働きたい」は「資格取得」「理由なし」に影響していることがわかった。大学に進学しない理由を「少しでも早く社会に出て働きたい」と考える生徒は，資格取得を目指す傾向が高いように目的意識が明確である。また，「理由はないが4年制大学に興味がないから」のベータがマイナスであることをみると，4年制大学に興味がないわけではないが，早く社会に出て働くために専門学校を選択していることがみてとれる。

　表4-27は，「理由なし」を従属変数とし分析した結果である。「理由なし」は，「学歴取得」「資格取得」「早く社会に出たい」と影響していることが示された。

表4-26 「早く社会に出て働きたい」の規定要因に関する重回帰分析結果

|  | 回帰係数（B） | 標準化回帰係数（ベータ） | 有意確率 |
| --- | --- | --- | --- |
| 性　別 | −0.220 | −0.111 | 0.191 |
| 学　科 | 0.244 | 0.124 | 0.122 |
| 学力不足 | −0.101 | −0.093 | 0.285 |
| 家庭の経済状況 | −0.109 | −0.114 | 0.226 |
| 学歴取得 | 0.159 | 0.161 | 0.069 |
| 資格取得 | 0.510 | 0.514 | 0.000 |
| 理由なし | −0.212 | −0.218 | 0.010 |
| （定数） | 1.965 |  | 0.000 |

注：N＝124，決定係数＝0.296，自由度調整済み決定係数＝0.253，F値＝6.967，有意確率＝0.000。

表4-27 「理由なし」の規定要因に関する重回帰分析結果

|  | 回帰係数（B） | 標準化回帰係数（ベータ） | 有意確率 |
| --- | --- | --- | --- |
| 性　別 | −0.345 | −0.170 | 0.065 |
| 学　科 | 0.117 | 0.058 | 0.508 |
| 学力不足 | −0.050 | −0.045 | 0.636 |
| 家庭の経済状況 | −0.050 | −0.051 | 0.621 |
| 学歴取得 | 0.333 | 0.328 | 0.001 |
| 資格取得 | 0.280 | 0.274 | 0.008 |
| 早く社会に出たい | −0.264 | −0.257 | 0.010 |
| （定数） | 1.697 |  | 0.001 |

注：N＝124，決定係数＝0.168，自由度調整済み決定係数＝0.118，F値＝3.357，有意確率＝0.003。

とくに理由はないが，大学進学をしないと考える生徒は，大卒学歴を必要としないと考える傾向があり，資格取得の志望度が高いことが明らかになった。また，「早く社会に出たい」のベータがマイナスであることをみると，社会に出て働くことに対しては，消極的な傾向があることもわかった。

（2）インタビュー調査の結果

それでは，次に，「なぜ大学進学ではなく専門学校に進学するのですか？」についてのインタビュー調査をみてみたい。結果は次のとおりである。

生徒A（普通科男子：2013年9月14日実施）

　　将来は公務員になりたいと考えています。最初は友達と同じように大学に進学をして大卒で公務員になりたいと思っていましたが，<u>大卒レベル</u>

は相当，難しいと聞き①，まずは専門学校で公務員対策に取り組んでから公務員を目指すことにしました。その友達は，大学に進学するみたいですけど，お互い励まし合って頑張ろうと言っています②。

生徒B（普通科女子：2013年9月14日実施）
　看護師を志望しています。本当は大学に進学したいのですが，看護大学はどの大学も入試が難しいので③，専門学校に絞って勉強することにしました。あと，大学は学費が高すぎるので，親も専門学校で良いんじゃないかと言っています④。とにかく資格を取らないと将来が不安なので確実な方法を選びました。

生徒C（工業科男子：2013年9月19日実施）
　高校を卒業したら就職するつもりで工業高校に入学しました⑤。でも，画像処理や情報系の勉強がしたいと思うようになり，より専門的な知識が得られる専門学校に進学したいと考えました。たしかに大卒の方が良いとは思いますが，大学に合格するための勉強をする自信がありません。高校から推薦で入学できる専門学校に決めました⑥。

生徒D（商業科女子：2013年9月20日実施）
　昔から声優の仕事に就きたいと思っていました。正直，就職が難しいので両親からは反対されていますし，とにかく大学に進学した方が良いと言っています⑦。たしかに将来のことを考えると私自身も不安になりますが，専門学校を卒業したら，とりあえずアルバイトをしながらでも，自分の好きな道に進みたいと考えています⑧。

　詳しくみてみたい。生徒A，生徒Bは当初は大学進学を志望していた。しかし，公務員を志望している生徒Aは，大卒レベルの公務員試験は難しいと考えて，公務員になるためにあえて専門学校へ進学している。また，友達と異なる進路先になることに対しては，それほど抵抗感を抱いておらず，下線部②のように，むしろ励まし合いながら頑張りたいと前向きに捉えていた。生徒Bは，

大学に入学するための試験が難しいことと、学費が高いことを理由に専門学校に変更している。下線部④のように、学費に関しては親も同様の考えをもっており進路を変更することを促しているようにもみえる。そして、この両者は、就職試験をクリアすることや資格を取得するために、より確実な方法を選択していることが特徴的であった。次に、生徒Cをみると、下線部⑤のように高校卒業後は就職をすることを目標に工業高校に進学していたが、高校の学習を通じてより専門的な知識を得たいと考え進学を考えるようになっている。しかし、下線部⑥のように大学入試をクリアすることに自信がないため、推薦枠のある専門学校への進学に決めている。こうした入試に対する不安は生徒Bの下線部③でもみられている。最後に、生徒Dは声優になるために専門学校を志望している。しかし下線部⑦のように声優の就職が厳しいことを理由に親から反対をされており、本人もそのことは十分に理解をしている。しかし、下線部⑧をみるように、専門学校を卒業した後もアルバイトをしながら声優を目指していく決意をしている。この生徒については、親が大学進学に理解を示しているにもかかわらず、あえて自分の強い意志で専門学校への進学を考えているのである。

　以上、専門学校志望者については、学力不足や経済不安を抱えながらも、資格取得を強い志望動機にし、早く社会に出て働きたいという考えをもっていた。しかし一方で、一定数の割合の生徒が4年制大学に対する興味や大卒の学歴への関心をもっているものの、インタビュー調査でもみられたように、大学入試をクリアすることへの不安をもっており、ここでも自身の学力が進路選択の重要な要素になっていることがみてとれた。

（3）資格取得の志望度に関する分析

　それでは最後に、専門学校志望者において、強い志望理由となっていると考えられる「資格取得の志望度」について、大学志望者の結果と合わせながら検討を進めてみたい。「資格取得」については、単純集計結果をみても、大学志望者では約7割の生徒が進学理由にあげており、一方、専門学校志望者でも約8割の生徒が、大学に進学しない理由として、専門学校で資格を取得することをあげていた。ここでは、志望進路や性別、学科によって「資格取得の志望度」

表4-28 「資格取得の志望度」に関するt検定結果（志望進路別，性別，学科別）

| 項　目 | 属　性 | | 平均値 | 平均値の差 | 有意確率 |
|---|---|---|---|---|---|
| 資格を取得したいから | 志望進路 | 大学（n＝172）<br>専門学校（n＝124） | 3.03<br>3.23 | －0.205 | 0.077 |
| | 性　別 | 男子（n＝165）<br>女子（n＝131） | 2.99<br>3.27 | －0.273 | 0.017 |
| | 学　科 | 普通科（n＝160）<br>専門学科（n＝136） | 3.11<br>3.12 | －0.005 | 0.964 |

に対する考えに違いがあるかについてみながら，大学，専門学校のどちらにしても進学を志望するかれらにとって「資格取得」がどのような影響を与えているのか考察する。使用するデータについては，表4-12の質問項目④，表4-20の質問項目④を，「そう思う」4→「そう思わない」1の4段階で数値化。分析方法はt検定をおこなった。

　検定の結果，志望進路や学科では有意な差がみられず，性別において有意な差がみられた（表4-28参照）。一般的に専門学校を志望する生徒や専門学科に所属する生徒の方が資格取得の志望度が高いことが予想されるが[8]，表4-28の結果では有意差がみられていない。そこで，性別が，志望進路及び学科における資格取得の志望度に影響を与えていることが予想される。これらを調べるため，まず，性別と志望進路の2要因の分散分析をおこなった。

　被験者間効果の検定の結果，修正モデルをみると，主効果あるいは交互作用に有意な差があることがみられた（表4-29参照）。詳しくみると，「志望進路」，「性別」においては有意な差がみられていないので，主効果に意味はないといえるが，「志望進路*性別」で有意な差がみられるため，交互作用が生じていることがみてとれる。次に，「志望進路」の水準において性別の有意差があるかどうかを，そして，「性別」の水準において志望進路に有意差があるかどうかについてみていくこととする。

　まず，「志望進路」の水準において性別の有意差をみた結果，専門学校，大学ともに性別の有意差がみられた。志望進路別では，専門学校の場合，男子の方が女子より有意に平均値が高いことがわかり，一方，大学の場合，女子の方が

**表 4-29 被験者間効果の検定**

従属変数：資格取得の志望度

| ソース | タイプⅢ平方和 | 自由度 | 平均平方 | F 値 | 有意確率 |
|---|---|---|---|---|---|
| 修正モデル | 48.749 | 3 | 16.250 | 19.992 | 0.000 |
| Intercept | 2864.062 | 1 | 2864.062 | 3523.587 | 0.000 |
| 志望進路 | 0.910 | 1 | 0.910 | 1.120 | 0.291 |
| 性　別 | 1.486 | 1 | 1.486 | 1.828 | 0.177 |
| 志望進路*性別 | 41.263 | 1 | 41.263 | 50.764 | 0.000 |
| 誤　差 | 237.345 | 292 | 0.813 | | |
| 総　和 | 3158.000 | 296 | | | |
| 修正総和 | 286.095 | 295 | | | |

注：R2乗＝.170（調整済み R2乗＝0.162）。

**表 4-30 ペアごとの比較（志望進路別）**

従属変数：資格取得の志望度

| 志望進路 | (I) 性別 | (J) 性別 | 平均値の差 (I-J) | 標準誤差 | 有意確率 | 差の95%信頼区間 | |
|---|---|---|---|---|---|---|---|
| | | | | | | 下限 | 上限 |
| 専門学校 | 男子 | 女子 | 0.621 | 0.162 | 0.000 | 0.302 | 0.940 |
| 大　学 | 男子 | 女子 | −0.912 | 0.141 | 0.000 | −1.190 | −0.633 |

注：推定周辺平均に基づいた。
　　平均値の差は0.05水準で有意。
　　多重比較の調整：Bonferroni.。

男子より有意に平均値が高いことがわかった（表4-30参照）。続いて，「性別」の水準において志望進路の有意差をみた結果，男子，女子ともに志望進路に有意な差がみられた。性別では，男子の場合，専門学校の方が大学より有意に平均値が高いことがわかり，一方，女子の場合，大学の方が専門学校より有意に平均値が高いことがわかった（表4-31参照）。これらの結果から，専門学校では男子の方が，一方，大学では女子の方が資格取得に対する志望が高いことがわかった。

　さらに，性別と学科別について2要因の分散分析をおこなった。

　被験者間効果の検定の結果，修正モデルをみると，主効果あるいは交互作用に有意な差があることがみられた（表4-32参照）。詳しくみると，「性別」において有意な差がみられ，「学科」については有意な差がみられなかった。また，

第4章　進路多様校生徒の進路意識に関する実証分析

**表4-31　ペアごとの比較（性別）**

従属変数：資格取得の志望度

| 性別 | (I) 志望進路 | (J) 志望進路 | 平均値の差 (I-J) | 標準誤差 | 有意確率 | 差の95%信頼区間 | |
|---|---|---|---|---|---|---|---|
| | | | | | | 下限 | 上限 |
| 男子 | 大学 | 専門学校 | -0.880 | 0.146 | 0.000 | -1.168 | -0.592 |
| 女子 | 大学 | 専門学校 | 0.652 | 0.158 | 0.000 | 0.342 | 0.963 |

注：推定周辺平均に基づいた。
　　平均値の差は0.05水準で有意。
　　多重比較の調整：Bonferroni。

**表4-32　被験者間効果の検定**

従属変数：資格取得の志望度

| ソース | タイプIII平方和 | 自由度 | 平均平方 | F値 | 有意確率 |
|---|---|---|---|---|---|
| 修正モデル | 7.920 | 3 | 2.640 | 2.771 | 0.042 |
| 切片 | 2697.846 | 1 | 2697.846 | 2831.928 | 0.000 |
| 性別 | 4.700 | 1 | 4.700 | 4.933 | 0.027 |
| 学科 | 0.057 | 1 | 0.057 | 0.059 | 0.808 |
| 性別*学科 | 2.245 | 1 | 2.245 | 2.357 | 0.126 |
| 誤差 | 278.175 | 292 | 0.953 | | |
| 総和 | 3158.000 | 296 | | | |
| 修正総和 | 286.095 | 295 | | | |

注：$R^2$乗=0.028（調整済み$R^2$乗=0.018）。

「性別*学科」には有意な差はみられなかった。つまり，ここでは「性別」の主効果のみに有意な差がみられ，交互作用は生じていないことがわかった。

次に，「学科」の水準において性別の有意差があるかどうかを，そして，「性別」の水準において学科別に有意差があるかどうかについてみていくこととする。まず，「学科」の水準において性別の有意差をみた結果，普通科において有意な差がみられ，専門学科では有意な差はみられなかった。学科別では，普通科の場合，女子の方が男子より有意に平均値が高いことがわかった（表4-33参照）。続いて，「性別」の水準において学科別の有意差をみた結果，普通科，専門学科ともに志望進路に有意な差はみられなかった（表4-34参照）。

以上のように，かれらの「資格取得の志望度」に対する意識については，志望進路や学科による違いはみられず性別による違いがみられ，女子に資格取得に対する志望が高い傾向が示されたが，交互作用分析の結果，男子では，大学

表4-33 ペアごとの比較（学科別）

従属変数：資格取得の志望度

| 学科 | (I) 性別 | (J) 性別 | 平均値の差 (I-J) | 標準誤差 | 有意確率 | 差の95%信頼区間 下限 | 差の95%信頼区間 上限 |
|---|---|---|---|---|---|---|---|
| 普通科 | 男子 | 女子 | −0.440 | 0.155 | 0.005 | −0.744 | −0.136 |
| 専門学科 | 女子 | 男子 | 0.080 | 0.176 | 0.648 | −0.266 | 0.427 |

注：推定周辺平均に基づいた。
　　平均値の差は0.05水準で有意。
　　多重比較の調整：Bonferroni.。

表4-34 ペアごとの比較（性別）

従属変数：資格取得の志望度

| 性別 | (I) 学科 | (J) 学科 | 平均値の差 (I-J) | 標準誤差 | 有意確率 | 差の95%信頼区間 下限 | 差の95%信頼区間 上限 |
|---|---|---|---|---|---|---|---|
| 男子 | 普通科 | 専門学科 | −0.208 | 0.152 | 0.173 | −0.508 | 0.092 |
| 女子 | 専門学科 | 普通科 | −0.151 | 0.178 | 0.396 | −0.501 | 0.199 |

注：推定周辺平均に基づいた。
　　多重比較の調整：Bonferroni.。

より専門学校志望者の方が，女子では専門学校より大学志望者の方が資格取得に対する志望が高いことが明らかとなった。また，普通科では女子に資格取得に対する志望が高かったが，専門学科では性別での違いはみられなかった。つまり，全体としては，資格取得に対する意識は高い傾向がみられるなかで，性別が資格取得の志望に関連していることがわかり，「資格取得」が，かれらの進路先を決定する要因のひとつになっていることが明らかとなったのである。

## 4　教員に対するインタビュー調査

続いて，教員に対して実施したインタビュー調査の結果をみてみたい。質問内容は「進学志望者の特徴」についてである。

教員A（普通科男性30代：2013年7月5日実施）
　　大学，専門学校にかかわらず，かれらはどのような資格を目指すかで進路を決める傾向があります①。たとえば教員であれば大学進学を目指さ

なければなりませんし，理美容や調理であれば専門学校となります。あと，重要なことは，どちらにしても推薦入試で入学できるかどうかですね。ただ，気になるのは，昔であれば，教員を目指すのは，国公立大学や学力偏差値の高い大学に進学する必要がありましたが，<u>今では入学し易い大学でも教員を目指せるので，あきらめる必要がないことです</u>②。正直，かれらが教員になる確率は低いと思いますが，それでも進学する理由が必要なのでしょう。そうでもしなければ保護者も納得しませんし，こちらからの一方的な進路変更の指導は，親とのトラブルにつながる可能性があります。これは専門学校でも同じことで，自動車整備士や理美容などの仕事に就くために資格を取りにいく者もいれば，アーティストや漫画家など，どう考えてもそんな仕事に就くのは無理だろうと思うことを理由にする者もいます。しかし，<u>どんな理由であろうとも生徒本人の意思を尊重せざるを得ないのが現状です</u>③。

教員B（工業高校男性40代：2013年7月10日実施）
　進学志望者については，ほとんどが専門学校を志望しています。分野はさまざまです。大学進学者は，やはり工業系の私立大学か，自分が取りたい資格を目指して進学します。<u>あとは，指定校かAO入試があるかどうかが重要ですね</u>④。他には部活動の成績を認められて，その競技を継続することを条件とした推薦入試を利用する者が目立ちます。なかには学力入試では絶対に入学できないような有名大学に進学する者もいますが，それでも保護者によっては，<u>進学より就職を希望することもよくみられます</u>⑤。親としても就職志望で高校に入学させたという考えが強いので，たとえ大学進学の可能性が出てきたも，自分の子どもが大学での勉強についていけるわけがない，大学に行くなら専門学校で資格を取ってほしいといわれる方が多い感じがします。たしかに，<u>私たちも生徒たちの将来を考えると，進学か就職か迷うことが多々あります</u>⑥。しかし，まずは，こちらとしても，有名大学であれば生徒の将来にとってプラス

になる面が多いことを伝えてみますが、親自身が大学に進学していないことが多いので、なかなか理解していただけないのです⑦。

　教員A，Bともに、下線部①のように生徒の進学理由に「資格取得」が重視されていることを指摘していた。下線部②では、これまで教員を志望する場合には、ある程度の学力を必要としていたが、近年では、教員養成学部の増加により、学力不安を抱える生徒が入学し易い大学でも取得を目指すことが可能となってしまい、本当にかれらの学力で教員を目指せるのか危惧している。しかし、保護者としても、進学するには何か具体的な目的がなければ認めないといった考えが強いこともあるため、親とのトラブルにならないよう配慮する必要もあり、下線部③のように、進路変更を促すことに躊躇せざるを得ない状況がうかがえた。また、下線部④のように、普通科、専門学科にかかわらず、そして大学、専門学校のどちらに進学するとしても、指定校やAO入試など学力を問わない入試制度があるかどうかが条件であるとしている。そして、下線部⑤は、たとえ有名大学への進学の道が開かれたとしても、自分の子どもの学力が不安であるために、可能なかぎり就職させたいという保護者の考えについて述べているが、この記述は、保護者の関与が強い状況を表しているだけでなく、下線部⑦のように自身が大学進学をしていないので、大学がどのような場所なのか、大学の学習がどのように進められるのかイメージができないことが理由のひとつであるとしており、親の教育観が子どもの進路選択に影響を与えている側面がみられたと考えられる。こうした状況のなかで、下線部⑥のように、両教員ともに進路指導の難しさを感じている様子がみられた。

## 5　保護者に対するインタビュー調査

　最後に、保護者に対するインタビュー調査の結果をみてみたい。質問項目は「進学先を決定する際に重視すること」についてである。また、対象の2名については、子ども（普通科高校：3年生男子）の進学先が大学、専門学校のどちらか迷っている状況にある。

保護者A（2013年7月21日実施）

　勉強がきらいな自分の息子が大学に行けるなんて考えてもいませんでした①が，せっかくのチャンスでもあるので本当に迷っています。ただ，本人が将来何をしたいのかわからないと言っているのが不安です。何も目的もなく大学に行くぐらいなら専門学校で何か資格を取った方が良いのではと考えてしまいます②が，取りたい資格もないようですし。先生は大学でやりたいことを見つけるのも良いのでは，と言っていましたが，そんな気持ちで大学の勉強についていけないのではと考えてしまいます③。

保護者B（2013年7月21日実施）

　親としては就職をしてほしかった④のですが，どうしてもスポーツトレーナーになりたいと言うので進学になりました。問題なのは，大学にするか，専門学校にするかです。理学療法士はどちらでもなれるみたいですが，4年間と3年間では学費も違いますし⑤，本人もどちらが良いか決められないみたいです。自分たちが大学に行っていないので，子どもにアドバイスもできません⑥。とりあえずお金のことから考えなければならないですし，奨学金も借りないといけませんが，仕組みが良くわかりません。

　両者ともに，資格取得に対する意識をもっていた。保護者Aは，目的もなく大学に進学することに不安を感じており，下線部①，③のように子どもの学力にも不安を抱いている。進路相談の際に，高校の先生からは，目的がなくても大学に進学する意味はあるというような主旨の話はあったものの，理解し難いとの見解であった。また，下線部②の「何か資格を」という言葉にも表れているように，進学させるならば，たとえ専門学校であっても，子どもには何か目的をもってほしいという考えが強い。保護者Bについては，下線部⑥のように，自分自身が大学に進学していないことで，大学教育に対して想像ができない状況にあった。これは，第1節の保護者に対する調査でもみられたことである。

こうした大学教育の意義や価値が見出せないことが，下線部⑤の理学療法士のように，同じ資格が取れるのであれば，わざわざ学費の高い大学に進学することの意味が見当たらないことにつながっていると考えられる。そして，下線部④のように，それまで就職することを前提としていたことで，学費の工面が難しい状況にあることがみてとれたが，そもそも学費捻出方法に対する知識が不足しており，親自身が困惑している様子であった。

### 6 大学・専門学校進学志望者の進路選択行動の特徴

本節で明らかになったことは，次の点である。

1点目は，進路選択の際に重視する項目については，志望進路別，学科別では有意な差はみられず，性別で有意な差がみられたことである。そして大学，専門学校のどちらを志望するとしても，進路選択の際には自身の学力を重視する傾向にあるものの，女子は学力を重視しつつも経済面を男子より重視する傾向が強かった。

2点目は，大学進学志望者については，大学に進学する理由として，将来の仕事に役立つ勉強や，幅広い教養を身につけたいといった学習に積極的な姿勢がみられたなかで，資格取得の志望度の高さも顕著にみられた。また，女子に資格取得を進学理由とする傾向がみられ，学科の違いでは有意な差はみられなかった。そして，資格取得を規定要因とした場合，社会への移行不安が高い生徒ほど資格取得の志望度が高かった。つまり，大学進学志望者は，将来の仕事に役立つ勉強として資格取得を目指すことや，資格を取得することによって将来不安を低減させていることが考えられるのである。

3点目は，専門学校進学志望者については，学力不足であることを理由に大学に進学しない生徒においては，家庭の経済状況が厳しいことがみてとれた。しかし同時に，家庭の経済状況が厳しいと考える生徒は，大卒学歴の取得の必要性を感じていない傾向があることも明らかになった。そして，大学に進学しない理由に資格取得をあげる生徒が多くみられ，ここでは女子に比べて男子においてその傾向が強くみられた。また，早く社会に出て働きたいと考える生徒

ほど，資格取得の志望度も高いことも明らかになった。つまり，専門学校進学志望者が大学に進学しないのは，学力不足や経済的事由もあるが，そもそも大卒学歴に関心をもっていないことや，資格を取得して早く社会に出たいと考えていることが理由としては多かった。

このように，進路多様校生徒が大学，専門学校の，いずれにしても進学を考えるときは，資格取得を前提としている生徒が多く，かれらの進学動機には常に資格取得を意識する傾向が強いことがみてとれた。これはそれぞれの単純集計結果からも明らかであるが，交互作用分析の結果から女子は専門学校より大学志望者にその傾向がみられ，男子は大学より専門学校志望者にその傾向がみられるなど，「資格取得」が志望進路先を決定する要因のひとつであることが明らかとなったのである。

このような結果の背景には，女子の進路選択を取り巻く環境の変化が影響していると考えられる。近年，大学における学部開設の動向として，看護分野，栄養分野，幼児・初等教育分野などの女子志向型の分野の開設ラッシュが続いている[9]。これらは，これまで専門学校が主として担ってきた女子志向型分野において大学化が進展していることで，資格取得の場が必ずしも専門学校だけではなくなっていることを示すものである。つまり，男子においては資格取得の場が，依然として専門学校であるという考えが強いのに対して，女子については，大学，専門学校のどちらにおいても同様の資格の取得が可能となり，大学が専門学校化している状況があるなかでは，大学進学の目的が資格を取得することが前提となっていることが考えられる。いずれにしても，重要なことは，志望進路別，性別にかかわりなく，「資格取得」や「自分のやりたいこと」というように，進学理由が明確である傾向が強いことである。

しかし，こうした生徒の進路決定のメンタリティに対して教員は，職業によっては実際に就ける確率が低いことがわかりながらも，進学の理由を資格取得とする傾向が本人や保護者のなかで強くなっているなかでは，踏み込んだ進路指導ができないのが現状であることを述べていた。そして，その理由のひとつに保護者とのトラブルの可能性についても触れており，進路指導の難しさがう

かがえた。実際に保護者の考えのなかでも，進学するならば何か目的，多くは何かの資格を取得する目的をもったうえで，進学先を決定することが前提となっていたのである。<sup>(10)</sup>

　また，大学進学を志望する者の特徴として，かれらは自身が進学できる入試方法，具体的には学力が問われない試験で進学できることが条件となっている傾向がある。こうした進学意識をもちながら大学進学を志望する者は，大学入学後，資格取得を目指す者については，目標が明確であることで学習に意欲的に取り組むことが期待できるが，一方で目的もなく安易な方法で大学に入学した者は，そもそも学習習慣が身についていないことにより，学習に取り組むきっかけが見当たらないまま惰性的に学生生活を送ってしまう恐れがあることを示唆している。さらに，社会への移行不安を抱く傾向が強い普通科は，前章において居神，遠藤が，就職を先送りするために大学進学をする割合が多いことを指摘していることを考えると，本節の結果はこうした指摘と符合する点があるといえる。この点については，酒井朗（2007）が，「進路多様校で生徒の学力が低いにもかかわらず，親が大学進学を期待することは，安易な大学への進学を促し，『なんとなくの進学』を選択させることとなる。ここには少子化に伴う大学進学の易化という問題も絡んでくる」と述べているように，ある程度の経済力があり，大学進学に否定的でない親の意向があれば，安易な大学進学が成立してしまうのが現状なのである。<sup>(11)</sup>また，こうした「なんとなくの進学」をする傾向は，調査結果をみても，専門学校志望者にもみられ，「無目的な進学」を選択する生徒の問題は，進学志望者共通の問題であると捉えることができる。

　そして，本節の結果で注目すべきことは，専門学校進学志望者への調査結果のなかで，学力不足と考える者と家庭の経済状況を厳しいと感じる者との間にある程度の相関関係があることや，双方が影響し合っていることがみられた点である。このように学力不安を抱える者が大学に進学しない理由として経済的事由をあげる者が一定数いることをあらためて確認することとなったことは，意義のある分析結果といえる。しかし，ここでさらに重要なことは，経済状況が厳しいことを理由とする者と大卒学歴に興味がない者との間に相関関係がみ

られたことである。また,「学歴取得」を従属変数とした規定要因分析の結果をみても,大卒学歴を必要としないと考える者ほど,家庭の経済状況が厳しいと考えている傾向がみられた。これは,学力不安を抱える者は経済的に厳しい状況にあるとはいえ,かれらはそもそも大卒学歴に興味をもたない傾向があることを示しているといえる。加えて,専門学校志望者の大学に進学しない理由のなかで,4年制大学に興味がないわけではないが,早く社会に出たいから専門学校を選択する傾向がみられることは,積極的に専門学校を選択していることを示している。つまり,このような結果は,進路多様校生徒が高校入学後に進路選択を考えるときには,すでに大卒学歴を取得する意義を見出せない状況にあり,大学進学意欲を形成することが難しいことを示唆している。換言すると,かれらが高校入学後に進路選択を決定する際に,経済的事由が大学進学を阻害している直接的な要因であるとする指摘をあらためて否定する結果であるとみることができるのである。

## 第4節　高卒就職志望者の進路意識に関する調査

　本節では,高卒就職者に対して実施したアンケート,インタビュー調査の分析を基に,就職志望者の進路意識についてみていくこととする。
【調査の概要】
　　時期：2013年4月,5月
　　対象：・アンケート調査
　　　　　　普通科1校（生徒53名：男子29名,女子24名）
　　　　　　商業学科1校（生徒61名：男子30名,女子31名）
　　　　　　工業学科1校（生徒33名：男子23名,女子10名）
　　　　　・インタビュー調査
　　　　　　生徒（普通科2名,専門学科3名）
　　　　　　教員（普通科1名,専門学科2名）
　　方法：半構造化面接法（所要時間は生徒1人15分,教員1人20分）

なお，対象となった3校の進路状況は，いずれも就職が50～60％，進学が30～40％，未定・アルバイトが15％程度となっており，直近の3年間は同程度で推移している。

## 1　アンケート調査

はじめに，進路選択における自身の条件「進路選択の際に何を重視しているのか」の質問項目，選択肢は「自身の学力」（学力），「家庭の経済状況」（経済），「就職に有利かどうか」（就職）について，学科別（表4-35参照），性別（表4-36参照）に集計した。詳しくみてみたい。

検定の結果，学科別，性別ともに有意な差はみられなかった。全体として「学力」を重視する割合が高くなり，続いて，普通科では僅かな差で「経済」，「就職」の順になり，専門学科では「就職」「経済」の順となった。また性別では男女ともに「就職」「経済」の順となった。

次に質問「なぜ大学に進学しないのか」についての回答した結果を学科別，性別で示した（表4-37参照）。選択項目は，理由①「学力不足だと考えているから」，理由②「家庭の経済状況が厳しいから」，理由③「もう勉強はしたくないから」，理由④「早く社会に出たいから」，理由⑤「学歴に興味がないから」，理由⑥「とくに理由はないが最初から進学に興味がないから」である。結果は，次のとおりである。有意な差がみられたのは，理由①の学科別，理由②の性別，理由④の学科別，理由⑥の学科別であった。その他については，有意な差はみられなかった。理由別でみると，理由①，理由④は普通科で「そう思う」の割合が専門学科と比べて高い数値を示し，普通科生徒は学力に不安を感じる者や，社会に早く出たいと考える者が目立って多い結果となったことである。そして，理由②については，女子が家庭の経済状況を考えながら進路選択をする傾向が強い結果となった。また，理由⑥については，普通科で「あまりそう思わない」が高い割合を示しているのに対して，一方，専門学科は「ややそう思う」が高い数値を示した。

続いて「大学が無償になれば進学しますか？」についての回答結果である

表4-35　学科別の進路決定の際に重視する事項

| 帰属 | 学力 | 経済 | 就職 | 合計 |
|---|---|---|---|---|
| 普通科 | 52.8%<br>n=28 | 24.5%<br>n=13 | 22.6%<br>n=12 | 100.0%<br>n=53 |
| 専門学科 | 54.3%<br>n=51 | 18.1%<br>n=17 | 27.7%<br>n=26 | 100.0%<br>n=94 |

注：$\chi^2=1.032$, $df=2$, $p>0.05$。

表4-36　性別の進路決定の際に重視する事項

| 帰属 | 学力 | 経済 | 就職 | 合計 |
|---|---|---|---|---|
| 男子 | 61.0%<br>n=50 | 15.9%<br>n=13 | 23.2%<br>n=19 | 100.0%<br>n=82 |
| 女子 | 44.6%<br>n=29 | 26.2%<br>n=17 | 29.2%<br>n=19 | 100.0%<br>n=65 |

注：$\chi^2=4.206$, $df=2$, $p>0.05$。

（表4-38参照）。検定の結果，学科別，性別ともに有意な差はみられなかった。学科別では普通科で「はい」が30％を超えたものの，専門学科では25％程度，性別でみても男女ともに30％以下となり，全体として，たとえ大学が無償となっても大学進学にシフトする生徒は少ないことがわかった。

　最後に，「高校卒業時に就職できなかった場合，あなたはどうしますか」についての回答結果である（表4-39参照）。詳しくみてみたい。検定の結果，学科別では有意な差はみられなかったが，性別では有意な差がみられた。

　全体としては，大学に変更する者は少なく，短期大学・専門学校への変更が多くみられた。性別でみると，女子は短期大学・専門学校が49.2％と非常に高い数値を示した。これに対して男子は短期大学・専門学校と未定が3割を超える数値を示した。また，第2志望進路に大学を選択しなかった者で，第2志望進路を選択した理由を自由記述欄に記入した生徒76名の記述内容をみると，短期大学や専門学校に進学して「資格が取りたい」「アルバイトでも早く社会に出て働きたい」など積極的な理由を記述した生徒が52名（68.4％）となった。一方，「お金がないから進学できない」「何をして良いかわからないからとりあえずアルバイト」といった消極的な理由を記述した者は24名（31.6％）にとどま

表 4-37 質問「大学に進学しない理由」

(単位：%)

| 理由 | 帰属 | そう思う | やや そう思う | あまりそう 思わない | そう 思わない | 検定結果 |
|---|---|---|---|---|---|---|
| ①学力不足だと考えているから | 普通科　(n＝53)<br>専門学科　(n＝94) | 47.2<br>24.5 | 22.6<br>36.2 | 17.0<br>19.1 | 13.2<br>20.2 | $\chi^2=8.358, df=3, p<0.05$ |
|  | 男子　(n＝82)<br>女子　(n＝65) | 29.3<br>36.9 | 37.8<br>23.1 | 17.1<br>20.0 | 15.9<br>20.0 | $\chi^2=3.686, df=3, p>0.05$ |
| ②家庭の経済状況が厳しいから | 普通科　(n＝53)<br>専門学科　(n＝94) | 30.2<br>19.1 | 34.0<br>24.5 | 28.3<br>34.0 | 7.5<br>22.3 | $\chi^2=7.592, df=3, p>0.05$ |
|  | 男子　(n＝82)<br>女子　(n＝65) | 12.2<br>36.9 | 31.7<br>23.1 | 35.4<br>27.7 | 20.7<br>12.3 | $\chi^2=12.735, df=3, p<0.01$ |
| ③もう勉強はしたくないから | 普通科　(n＝53)<br>専門学科　(n＝94) | 34.0<br>19.1 | 34.0<br>43.6 | 26.4<br>25.5 | 5.7<br>11.7 | $\chi^2=5.133, df=3, p>0.05$ |
|  | 男子　(n＝82)<br>女子　(n＝65) | 26.8<br>21.5 | 41.5<br>38.5 | 24.4<br>27.7 | 7.3<br>12.3 | $\chi^2=1.597, df=3, p>0.05$ |
| ④早く社会に出たいから | 普通科　(n＝53)<br>専門学科　(n＝94) | 54.7<br>29.8 | 20.8<br>39.4 | 18.9<br>21.3 | 5.7<br>9.6 | $\chi^2=9.758, df=3, p<0.05$ |
|  | 男子　(n＝82)<br>女子　(n＝65) | 42.7<br>33.8 | 31.7<br>33.8 | 18.3<br>23.1 | 7.3<br>9.2 | $\chi^2=1.350, df=3, p>0.05$ |
| ⑤学歴に興味がないから | 普通科　(n＝53)<br>専門学科　(n＝94) | 32.1<br>27.7 | 26.4<br>23.4 | 30.2<br>33.0 | 11.3<br>16.0 | $\chi^2=.994, df=3, p>0.05$ |
|  | 男子　(n＝82)<br>女子　(n＝65) | 34.1<br>23.1 | 18.3<br>32.3 | 30.5<br>33.8 | 17.1<br>10.8 | $\chi^2=5.563, df=3, p>0.05$ |
| ⑥とくに理由はないが最初から進学に興味がないから | 普通科　(n＝53)<br>専門学科　(n＝94) | 24.5<br>16.0 | 15.1<br>33.0 | 49.1<br>27.7 | 11.3<br>23.4 | $\chi^2=12.377, df=3, p<0.01$ |
|  | 男子　(n＝82)<br>女子　(n＝65) | 23.2<br>13.8 | 22.0<br>32.3 | 36.6<br>33.8 | 18.3<br>20.0 | $\chi^2=3.253, df=3, p>0.05$ |

表 4-38 質問「大学が無償になれば進学しますか？」

|  | 学科別 | | 性別 | |
|---|---|---|---|---|
|  | 普通科 | 専門学科 | 男子 | 女子 |
| は　い | 17人　32.1% | 24人　25.5% | 22人　26.8% | 19人　29.2% |
| いいえ | 33　　62.3 | 66　　70.2 | 55　　67.1 | 44　　67.7 |
| 無回答 | 3　　5.7 | 4　　4.3 | 5　　6.1 | 2　　3.1 |
| 合　計 | 53　　100.0 | 94　　100.0 | 82　　100.0 | 65　　100.0 |

注：学科別　$\chi^2=.979, df=2, p>0.05$，性別　$\chi^2=.772, df=2, p>0.05$。

表4-39 質問「高校卒業時に就職できなかった場合，あなたはどうしますか？」

|  | 学科別 | | 性別 | |
|---|---|---|---|---|
|  | 普通科 | 専門学科 | 男子 | 女子 |
| 大　学 | 8人　15.1% | 12人　12.8% | 13人　15.9% | 6人　9.2% |
| 短期大学・専門学校 | 21　39.6 | 37　39.4 | 27　32.9 | 32　49.2 |
| アルバイト（フリーター） | 9　17.0 | 24　25.5 | 16　19.5 | 17　26.2 |
| 未　定 | 15　28.3 | 21　22.3 | 26　31.7 | 10　15.4 |
| 合　計 | 53　100.0 | 94　100.0 | 82　100.0 | 65　100.0 |

注：学科別　$\chi^2=1.731$，$df=3$，$p>0.05$，性別　$\chi^2=8.289$，$df=3$，$p<0.05$。

った。

## 2　インタビュー調査

次に，生徒へのインタビュー調査を実施した。質問内容は「なぜ大学進学ではなく就職を志望するのですか？」。結果は次のとおりである。

生徒A（普通科男子：2013年5月7日実施）

　　今のところ<u>校内での成績は良いので</u>①，大手製造業への就職を志望しています。大学進学も考えましたが，4年後の就職もどうなるかわかりませんし，<u>とにかく早く働いて親を楽にしてあげたい</u>②と思っています。あと，大手企業には高卒の方が就職しやすいですから，今のうち就職することが一番良いと思います。

生徒B（普通科女子：2013年5月7日実施）

　　進学は全く考えていません。<u>昔から勉強は苦手なので勉強はもういいです</u>③。先生から進路について考えなさいと言われるので，とりあえず就職することを考えていますが，本当は就職するつもりもないのが正直です。というか，何をして良いのかわからないんです。<u>どうせ自分なんかには就職枠がまわってこないので</u>④，就職できないならアルバイトをしながらやりたいことを探すつもりです。

生徒C（商業科男子：2013年5月1日実施）
　　高校入学の時から，高卒で就職することを考えていましたから，進学は考えていません⑤。学費を出すぐらいならお金を稼いだ方が良いと思っていますし，親もそれを希望しています。そのために商業高校で資格をたくさん取るように努力してきました。校内で数名しか合格しなかった難しい資格も取ることができたので，就職難なのは不安ですが，第2志望でも第3志望の会社でも良いので絶対に就職します。

生徒D（商業科女子：2013年5月1日実施）
　　簿記の資格を取ったので，高卒で就職できそうならしておきたいと考えています。もし，就職できなかった場合は，専門学校に進学して保育士の資格を取りたいと思っています⑥。資格を取るのが目的なので，高い学費を出してまで大学には進学しません。

生徒E（工業科男子：2013年5月8日実施）
　　地元の自動車関係の製造業に就職したいと考えています。工業高校は企業との関係も強いので，大手企業からの求人もたくさんありますし⑦。勉強は苦手ですが，とりあえず資格も取ったので就職を目指します。もし希望の企業が無理なら専門学校で自動車整備士の資格をとって，また就職活動をします。大学も良いかと思いますが，4年間もかかるのでなんかもったいない気がします。

　詳しくみてみたい。生徒Aは下線部①のように，成績が良いからこそ就職を志望しており，これは専門学科においても同様のことがいえる。就職志望者が多い高校では成績が良い生徒から順に，一般的に安定した会社，いわゆる大手企業への就職枠を得る傾向がある。(12) また，下線部②のように保護者のことを考えながら就職を志望する様子がみられるように，家庭環境を重視しながら進路選択をしていることがみてとれる。一方，生徒Bは下線部③のように学習に対する意欲が低く，将来の目的意識も低いなかで，強制的に志望進路を定めなけ

ればならないため，暫定的に就職を志望している。しかし，求人数が少ない普通科高校のなかでは，下線部④のように，勉強ができない自分には就職枠がないとすでにあきらめており，卒業後も不安定な身分になることを受け入れてしまっているのである。生徒C，Dは下線部⑤のように，高校入学時より卒業後は就職することを考えているケースである。専門学科へ進学した理由も就職に有利な資格を多く取得したいといったことが動機となっている。そして，生徒Cは就職できない場合でも，とにかく最後まであきらめずに就職活動に取り組む強い意志がみられた。生徒Eは下線部⑦のように高校と企業が良好な関係を築けていることによって就職環境が良いことを自覚しており，こうした環境にいる高卒の段階で就職しておきたいといった考えが強いのである。また，生徒も地元に大手企業が多くあることを認識しており，そのような企業に就職するには高卒の方が有利だという考えをもっていることも特徴のひとつといえる。そして，生徒D，Eは，就職できない場合には，仕事に就くことを目指し，専門学校に進学して資格を取得することを考えていた。

　全体としては，自身の成績，取得した資格の内容を客観的に評価することで，就職意欲を高めていることがみてとれる。また，生徒A，生徒Cは，保護者の考え，家庭の経済状況，学費の捻出に対して，自分なりの考えをもっていたのである。そして，就職が叶わなかった場合の次の志望を大学としない理由として，生徒Dの下線部⑥や，生徒Eは「資格を取りたいから」といった明確な目標をもって進路を考えた。たしかに生徒A，生徒Dは経済的事由が影響していることで，大学進学を断念しているようにみえるが，むしろ生徒Eも含めて，かれらは自分の将来のために積極的な理由で別の方法を選択している印象が強かった。

　次に教員への調査結果である。質問内容は「就職志望者の進路意識の特徴」についてである。

教員A（普通科男性30代：2013年5月10日実施）
　　最近の傾向は，成績が良い生徒が就職を志望します。もともと普通科は

求人が少ないですから，学校としても大手の製造業へは成績も人柄も良い生徒を送り信頼関係を作っておきたいこともあります⑧。進学は年々減っています。本人の希望もありますが，それ以上に保護者の考えが強いみたいですね。どうやら親が大学や専門学校に進学しても良い就職がないなら，高校卒業のタイミングでとにかく就職をしてほしいと考えているようです。本人たちも自分で進路を決めるというよりは親やクラスの仲間に影響を受けやすいところがあります。問題は，とりあえず卒業してアルバイトしながらやりたいことを見つけるといった楽観的な考えをする生徒が増えていることです⑨。困ったことに親もそんな考えなので生徒自身も全く危機感を感じていないので，一度就職試験に失敗すると次の会社まで考える気持ちがなくなってしまい，結果的に未定のまま卒業してしまうケースも残念ながらあります。

教員B（商業高校男性30代：2013年5月14日実施）
　生徒の多くは高校入学の段階で自身の進路をある程度イメージしています⑩。言い換えればだからこそ商業高校に入学したのでしょう。親も同じような考えを持っています。また，就職するために難しい資格取得を目指し学習する生徒が多いので，たとえ奨学金制度が充実していても就職志望が進学志望にかわることは，よほどのことがないかぎり難しいですね。あと，みていて驚くのは，友達のなかに大学や専門学校を志望する生徒がいて，その生徒が進学のよさを語れば語るほど，進学に惹かれるというより，同じように自分の進路を肯定的に周囲に語るんです⑪。自分は就職志望ではずかしい，といったような感じは一切みせませんし，周囲もそのようにはみず，お互いはげまし合っているようです。

教員C（工業高校男性30代：2013年5月20日実施）
　就職環境が厳しいので，大学進学を希望する生徒は，以前に比べて増加しています。しかし，一方で就職志望者はより就職意識が強くなっていることも事実ですし，かれらは資格を取得する等，就職するための準備

を早い段階から始めます。ようするに，進路を変更する生徒は少ないということです。その理由は，家庭環境が厳しい生徒が多くなっているのだと思います。とくに最近目立つのは，一人親の家庭や両親ともいない生徒が多いことです⑫。割合として２割強程度いるのではないでしょうか。そのような生徒は，どれだけ成績が良くても，奨学金を受けることができても，そもそも大学に進学することなんて考えていません。

　教員Ａの下線部⑧をみると，もともと求人数が少ない普通科は，希少な大手企業と強い信頼関係を築きたいため，できるだけ成績の良い生徒を推薦したいという考えがみられる。また，従来の進学層が就職にシフトしている傾向があることを指摘している。そして，自身で進路を決定することが難しい生徒の様子や下線部⑨が示すように，進路未定のまま卒業する状況を受け入れることを，生徒だけでなく保護者自身も容認していることを問題視している。これは，普通科の就職指導の難しさを端的に表しているといえる。

　次に教員Ｂは，下線部⑩のように，高校入学段階から進路に対して生徒自身や保護者が考えているため，ほかへの進路変更が難しいことを指摘している。そして，資格取得を就職するための条件と捉え，それが学習意欲を高める仕掛けのようになっている。また，下線部⑪のように，周囲に進学する者がいるとしても，就職する自身を肯定的に捉えていたのである。教員Ｃは，進学志望者の増加は認めつつ，一方で就職志望者の就職意識が強まっていることを指摘し，その理由に下線部⑫のように家庭の経済的事由や，家庭環境が困難な状況にある生徒が多いことをあげている。このように困難な家庭環境にいる生徒の割合が多いことについては，他の２名の教員も指摘していたことがとても印象的であった。つまり，こうした家庭環境の影響をうけて生徒が就職意識を高めていることは，普通科下位校や専門学科に共通した事柄であることがうかがえる。

　以上，本節では，生徒へのアンケート，インタビュー調査，教員へのインタビュー調査の結果から，就職志望者の実態をみてきた。第５節では，これらの結果を整理し，全体の考察をしていくこととする。

## 3　高卒就職志望者の進路選択行動の特徴

本節で明らかになったことは，次の点である。

1点目は，高卒就職を志望する生徒が進路を考える際には，自身の学力を重視する者が多く，経済的事由については少なかったことである。また，大学が無償となっても進学に変更する者が3割に満たない数値にとどまったことは，かれらにとって，たとえ進学費用の捻出問題をクリアしたとしても，必ずしも直ちに進学にシフトするとはかぎらないことを示しているといえる。これらについては学科の違いや性別でも有意な差はみられなかった。

2点目は，大学に進学しない理由としては学科別，性別で違いがみられたことである。学科別では「学力不足であること」「早く社会に出たい」「進学に興味がない」ことに有意な差がみられ，性別では「家庭の経済状況が厳しいこと」で有意な差がみられた。普通科で学力不足を感じる生徒や，社会に早く出たいと思う生徒が多く，経済的事由を理由にしたのが女子で多かった。

3点目に，高校卒業時に就職できなかった場合，次の進路を考えることとして，学科別では有意な差がみられず，性別で有意な差がみられたことである。全体的には大学進学に変更する者は少なく，短期大学や専門学校に進学する者が多い結果となり，性別でみると，男子においては，女子に比べて大学進学に変更する者や，未定者やアルバイト（フリーター）を希望する者が多い結果となった。

また，調査結果の随所にみられたことは，家庭環境が影響していることである。アンケート調査では大学に進学しない理由に，家庭の経済力を理由とする者が一定数みられ，インタビュー調査でも，生徒自身が保護者の考えや家庭の状況を理解し，そのことを受け入れている様子が如実に語られていた。これまでの研究でも，女子の大学進学には家庭の経済力が男子より影響することや，[13] 今回調査対象となった多様な進路を志望する生徒が多い高校では，杉田らが指摘しているように，一人親家庭の生徒が多いことや，大卒の親をもつ生徒が非常に少ないなど，経済的にも文化的にも家庭環境が進路選択に与える影響が大きいのである。[14] 本節でも，これらと符合する点が確認されており，かれらの進

路形成要因には，家庭環境や経済的事由が影響していることがうかがえる。

そして，進路指導の現場にいる教員は，日常，このような状況を感じながら指導をしているため，冒頭の調査結果で示されたように，就職志望者は不本意な進路決定をしているとの見解を示すことが多いのである。この点について苅谷らは，進路活動をしない生徒の特徴について，親が進学を希望しない場合は，就職を選択する割合が高く，そこには経済的理由から就職せざるを得ない状況が存在していることを指摘している。[15]こうした主張は，家庭の経済状況や親の教育観が，子どもの進路選択に影響することを，あらためて確認する点で重要な指摘であるといえる。

しかし，今回，生徒への調査結果では，経済的事由が影響していることを認識しつつも，実際に進路選択をする段階では，経済的事由よりも自身の学力を重視していた。また，大学が無償になっても大学進学にシフトする者は少数となり，高卒就職志望者は経済的事由から不本意に就職するというより，むしろ進学するよりも就職する方が自分にとって有利な選択であると考えていることが明らかになった。つまり，これらは経済的事由が進路形成に影響する度合いの認識に，生徒と教員間でギャップがあることを示しているといえる。

また，かれらの多くは，就職できない場合は，将来の就職環境を少しでも良くするために資格取得を目指し短期大学や専門学校に進学することを考えていた。こうした意識は，かれらの進路決定プロセスには，常に就職するためにどのような選択をすることが最善なのかといった考えがベースにあることを示唆しており，この点からも，学力不安を抱える者たちは，結果として大学進学をただちに選択肢から除外し，最短で就職する方法を模索していることが明らかになったのである。実際に，本節においても高卒就職環境が安定している状況にあるならば，高卒後，ある程度の規模の企業に就職できるならば，無理して進学するよりは就職したほうがよいと考える傾向がみられ，いわば高卒就職者が「勝ち組」的な印象すら与えている。このような意識が本人，保護者が同調し形成されていることをみると，そもそもかれらに大学に進学するメンタリティが備わっていないことが考えられるのである。

## 第5節　進路多様校生徒の進路選択行動が意味するもの

　本章では進路多様校生徒へのアンケート，インタビュー調査分析を通して，かれらが進路選択の際に抱く意識の特徴についてみてきた。ここであらためて，各節の考察を整理し，全体の総合考察に進むこととしたい。
　はじめに第1節では，2009年，2011年の調査を通じて非大学進学者に接近しながら，大学進学を「回避」するメンタリティが生じる可能性について言及している。ここでは，将来の就職可能性の観点から，無理してでも進学したい大学と，学費を出すまでの価値を見出すことができない大学を精査する思考が明らかとなり，それは本人のみならず，大学全入時代を迎えたことで保護者のなかでも強まっている現状を指摘した。
　第2節では，短期大学・専門学校進学志望者に実施した2011年調査を基に，4年制大学に進学しない進学意識について検証を試みた。その結果，女子においては目標が明確で積極的な理由で大学に進学しない者が多いのに対して，男子は学力への不安や学習意欲がもてないことを理由にする者が多かったことや，学力的に大学入試をクリアする自信がなければ，資格取得を最優先する考えをもつ者の存在を明らかにした。そして，たとえ大学が無償となっても無理して大学に進学するよりは，就職を実現するための付加価値を得る場所が短期大学や専門学校であるため，そちらを優先することを指摘した。
　次に，第3節では，大学，専門学校の進学志望者に実施した2013年調査を基に，それぞれ比較検討しながら，一方で志望進路の違いにかかわらず，進路多様校生徒の進学志望者の特徴について検証した。ここでも第2節同様，資格取得を重視する傾向が強いことや，大学入試を不安視する者がみられ，これは専門学校だけでなく大学進学志望者にも当てはまることであった。また，資格取得に対する考えについては，性別において志望進路による違いがみられ，女子においては専門学校より大学志望者が資格取得の志望度が高いことが明らかとなった。さらに，こうした資格取得に対する考えが強まるなか，保護者におい

ても進学目的を明確にしたいと考える傾向があるため，高校教員としても適切な進路指導ができない状況に困惑していることについて指摘した。そして，専門学校志望者においては，学力不安を抱える生徒は，経済的に厳しい状況にあるとはいえ，大卒学歴に興味をもたない傾向もあることを指摘している。

第4節では，就職志望者に実施した2013年調査を基に，第3節同様，4年制大学に進学しない理由について検証した。ここでは学科別，性別で進学しない理由に違いがみられ，普通科において学力不足を感じる者や，社会に早く出たいと思う者が多く，女子では経済的事由を理由にした者が多いことが明らかになった。そして，第2節同様，大学が無償となっても大学進学に変更する者が少なく，たとえ高卒就職が無理でも短期大学や専門学校に進学する者が多く，進路未定やアルバイトを希望する者も一定数みられる結果となった。

以上の結果をふまえ，総合考察を進めていくこととする。

## 1 進路多様校生徒の進路選択行動の特徴

進路多様校においては，志望進路先，高校の所属学科別，性別の違いにかかわらず，生徒が進路選択の際に重視する事柄として，自身の学力を重視すると答えた者が多かった。そして，進路選択の際に，経済的事由を重視する者が，全体として他の項目より少なかったことは，進路多様校生徒のように学力構造で下位にある生徒は，経済的事由によってやむを得なく進路を変更しているといったこれまでの主張と相反する結果となった。また，大学が無償になったとしても大学進学に変更すると考える者が少数だったことは，この層において大学に進学しない生徒にとっては，経済的事由が進学を妨げる大きな要因ではないと考えられる。

こうした考えは，「大学全入」状況が，社会において定着することによって大学教育に対する不信感が高まることで，より一層強まることとなったと考えられる。つまり，自身の学力に自信がもてない進路多様校生徒からすると，自分が進学できる程度の大学や，自分より成績が低い者がいくような大学への進学は，むしろ人生設計上マイナスになるとの考えが強くなってきているのであ

る。また，学費捻出の面から「進学できる」「進学できない」を考えるのではなく，就職するための方策として進学が「有利なのか」「不利なのか」を吟味し，無理をして進学させてもそれに見合った見返り，すなわち安定した就職が得られるかどうかの点で，費用対効果を図っているといえる。つまり，大卒者に対して厳しい就職環境が常態化した結果，自分たちが進学できる程度の大学には，高額な学費を出してまで進学する意味を見出すことが難しくなり，専門学校への進学や高卒段階で就職を選択することが良いとの考えが強くなっているのである。そして，就職できなかった者の進路変更先が，大学ではなく専門学校となっているのは，雇用に対する不安が募り，職業資格の取得に対する意識が強くなっているからだと考えられる。

　また，短期大学や専門学校を志望する者が大学進学を選択しない理由に，自分がやりたいことが短期大学や専門学校で十分にできると考える者が多かったことも特徴的であった。このような行動については，西田が指摘したように，進路多様校の生徒が大学進学ではなく専門学校を選ぶ理由のひとつに専門学校が大学以上に「専門性」が高いことが理由にあるといえる。これらは，専門学校を志望する生徒特有の進学動機のひとつであるといえ，かれら自身が将来を見据えるなかで，専門性を高めるためには大学より専門学校が有利であると考える傾向がみられ，希望する職業に就くための過程において，大学進学が特別必要なものではないと考えていることを示しているといえる。[16]

　次に，志望進路別の進路意識をみると，短期大学・専門学校を志望する者は，大学入試をクリアすることへの不安を抱きながら，資格取得を目標に積極的な妥協案として，大学から進路変更をするケースが多かった。そして，大学進学志望者は将来の就職を見据えた専門的な学習や教養を身につけることを目指しつつ，専門学校志望者同様，資格取得を大学進学の理由にする割合も多く，たとえ大学進学を目指すとしても，推薦入試やAO入試のような学力試験が課されない方法による進学を考えていた。つまり，進路多様校生徒が大学や短期大学，専門学校のいずれにしても進学する際には，入試の難易度を考慮し，学力的な不安が解消できる方法を探りながら進路先を決定しているのである。そし

て，何よりも資格取得を前提としていることが特徴的であるといえる。第3節においては，全体として，資格取得に対する意識が強いなかで，女子は専門学校より大学志望者に，男子は大学より専門学校志望者に資格取得を志望する傾向がみられた。この結果については，第2章において，近年，女子において大学進学率や進学者数が増加していることや，女子志向型分野の資格取得が可能な学部が増加傾向にあることがみられることからすると，「資格取得」が女子の高学歴化を促進させる要因となっている可能性が示唆される。

こうした状況をふまえつつ，第2節においては，大学に進学しない理由として，「自分のやりたいことが短期大学や専門学校で十分に学べるから」をあげた生徒の割合が，女子が約7割，男子が約4割であることも考えると，専門学校志望者の多くは，「資格取得」を含めて，志望理由が明確であることがあらためて確認できるとともに[17]，とりわけ，女子においては大学，専門学校のいずれしても進学を志望する場合の理由が実学的，現実的であることがより強調される結果となったのである。

そして，第3節において，資格取得の志望度が高い生徒が大卒学歴の必要度が高い結果が得られた点については，専門学校志望者の単純集計において，「大卒の学歴は必要ないから」とは考えていない生徒が65％程度の割合でいた結果と合わせて考えることで，新たな問題を提示することができる。すなわち，こうした結果は，学歴社会といわれる日本における資格取得の効用や，学歴取得と資格取得の関係性の複雑さを示していると考えることができるのである。例えば，このような資格取得の意義について阿形健司（2000）は，資格が学歴社会を打破することは難しいという見解を示しており[18]，片瀬（2013）も，不安定社会において資格が不安を縮減することは幻想にすぎないと述べている[19]。つまり，これまでの研究において，社会における資格の効用の，いわば限界点については，一定の見解が示されているのである。しかしながら，こうした資格の効用の限界がみえているなかでも，本章で明らかにしてきたように，進路多様校生徒においては，大卒学歴の必要性は感じながらも，現実的に自身の将来を少しでも安定したものとするために，資格取得に対する意識は依然として強

化されている傾向があるのである。このような動きが強まっている背景には，やはり若者雇用の不安定さや，選択の責任，選択のリスクを個人が背負う必要がある社会への不安感があることが，本章の各調査結果においても随所でみられた。

続いて，性別でみると，各所で違いがみられたのである。男子は，進学，就職にかかわらず，自身の学力に対する不安感を強く抱いていた。そして進学の場合は，大学，専門学校にかかわらず学習への不安も感じていた。これに対して，女子は，将来の目標を明確に設定しながら自身の進路選択を熟慮している傾向が強かった。そして，経済的事由を考慮することも特徴的であり，女子は[20]男子と比べても，女子特有のライフコース展望を考慮しながら，現実的，実務的な進路選択をしており，たとえ大学進学を志望するとしても，資格取得を目的とする傾向が強いこともみられ，大学，専門学校を同一視していると考えられることも確認できた。そのなかで，女子は，大学，専門学校を分化する視点としては，あくまで入学基準をクリアする学力があるか否か，もし無理なら目的達成のために専門学校を選択する判断をしていたのである。また，同じ資格ならばわざわざ高い学費を払って大学に進学する必要性を見出せないというように，きわめて冷静な判断をしていることがみてとれた。

このように大学，専門学校を分化する視点が性別によって異なる様相をみせはじめているのは，女子については，先述したように，それまで主に専門学校において取得していた看護師，幼稚園教諭，保育士などの資格が，近年，大学教育の場でも取得ができるようになっていることが理由にあると考えられる。つまり，依然として資格取得ならば専門学校へ進学するといった考えが強い男子と，大学と専門学校のどちらにしても資格取得を目指したいという女子のなかでは大学と専門学校を同一視する傾向がみられるように，進路先を検討する視点に違いがあることが明らかとなった。

学科別でみると，進路選択の際に経済的事由とする者の割合は，自身の学力を重視する者と比べて，いずれも少ない割合となり学科による違いはみられなかった。進学志望者については，資格取得に対する考えに違いはみられず，い

ずれも高い割合を示し，資格取得の志望度が高いほど大卒の学歴が必要だと考える傾向があった。しかし，社会への移行不安に関しては専門学科より普通科が高い傾向があり学科による違いがみられた。

　一方で就職志望者については，大学に進学しない理由に違いがみられたほか，普通科は学力不足や社会に早く出たいといった理由が多くみられ，専門学科はそもそも進学に興味がないと考える者が多い結果となったのである。

　そして，就職志望者においては，就職意識の形成の面で差異性がみられたのも特徴的であった。これには進路指導の取り組みの違いが起因していることがみてとれた。専門学科では，高校入学段階から就職を前提とした科目に積極的に取り組むことや，資格取得等の成功体験を経ることで学習意欲も高まり，自身を肯定的に捉えることができている。その結果，自身の成績が上位に位置していたり，資格を取得して自信がもてたりすると，良い企業に就職することを目的とすることが自己の有用感を高めることになり，進学より就職を志望することを強めているのである。一方，普通科では，専門学科同様，成績上位者が就職を前向きに捉えている様子はみられたものの，進学を前提とした普通教育科目が多いことや，就職指導に焦点化しづらい状況のなかで，生徒自身も義務教育段階から学習への否定的な捉え方が継続してしまい，学力への不安が固定化されていると考えられる。こうした観点から調査結果を考察すると，例えば，就職志望者において大学に進学しない理由として「学力不足だと考えているから」や「早く社会に出て働きたいから」と答えた者が多いのは，就職意識が強いからというより，むしろ学習からの逃避というネガティブな進路形成から生じているとも考えられる。とりわけ普通科でも就職志望者が一定数在籍する高校では，進学を回避し就職を志望する生徒は単に学習から逃避するために，妥協的な進路決定をする生徒を産出することが常態化していることが考えられる。つまり，普通科と専門学科では進路指導プロセスが違うため，同じ高卒就職志望者でも異なった進路形成がされていることが考えられる。この点について下村秀雄（2010）は，専門学科では職業に関する授業が多くあるため，実習やインターンシップ科目とうまくあわせてキャリア教育が展開できるのに対して，

普通科の場合，進学校であればキャリア教育を受験勉強と開き直ることができるが，大学のほかに短期大学や専門学校への進学，就職や積極的にフリーターを目指す生徒もいる高校では，どこに焦点をあててキャリア教育をすればよいかわからないと，専門学科より普通科の進路指導の難しさを指摘している[21]。また，橘木俊詔・松浦司（2009）は，こうした普通科目の学問習得に集中するのは，大学への進学を教育の最終目標と考える社会的風潮が原因であるとし，商業，工業，農業などの実業教育を徹底することで，学業意欲の格差問題が是正されるのではないかと述べている[22]。

そして，本田由紀（2005）は，専門学科の生徒が「対人能力」が高いと同時に「進路不安」が低いという特徴をもつことを明らかにし，専門学科のような「職業的な意義が目に見えやすい教育が『対人能力』の向上に寄与しうるという可能性は，追求するに値する」と述べ，「高校教育が『近代型能力』としての『学力』の形成のみに専念していればよい時代が終わりを告げようとしている」と指摘し，「ポスト近代型能力」の重要化ということを直視する必要性を論じている[23]。さらに，本田由紀（2009）は，普通科出身の就労者は，正規，非正規にかかわらず現在の若年労働市場の問題を体現するような働き方をしている度合いが専門学科出身者に比べて大きいことを指摘し，これらは普通科において「職業的意義」ある教育を何ら経験しないままに社会に出てゆくことの問題性としてあらためて認識される必要があるとしている[24]。この点については，就職志望者だけではなく，進学志望者にも当てはまることといえる。つまり，大学，専門学校への進学を志望するとしても，普通科が専門学科より社会への移行不安を抱く傾向があることは，自身の将来のキャリアを具体的に描ききれない状態のまま進路選択をしていることを示しているといえる。実際に，本章の調査結果でも，大学進学志望者において進学する具体的な理由がない者は，社会への移行不安を感じていたり，高卒就職志望者のうち，就職できない場合，大学進学に変更したり，あるいは未定となっている者のなかから，とりあえず大学進学に変更しようと考える者が出たりした場合，こうした将来見通しが立っていない状況で，本意，不本意にかかわらず大学進学を選択することとなる。そ

の結果，例えば進学しやすい大学，すなわち，第3章で示したような厳しい就職環境にある非選抜型大学へ，就職を先送りすることを目的に進学をしてしまい，惰性的に大学生活を送ってしまうことで，就職活動時に学力の高い学生たちとの競争に耐えられないことにより大卒未就職者となる恐れが高くなるのである。

## 2 「大学全入」によって強化される大学進学「回避」のベクトル

　以前に比べ大学入学の門戸が広がる今，かれらの意思によって決定できる進路選択の幅が広がっている。1990年代後半以降，高卒就職率の低迷と大学推薦入試の拡大によって，大学進学率は上昇を続けてきた。それを押し上げていた要因としては，女子の高学歴化や，それまで学力不足によって大学進学を断念していた進路多様校生徒が進学にシフトしたことがあげられる。そして，その進学動機には大学に進学することが将来の就職を有利にする条件であるとの意識が強く働いていたのである。しかし，大学全入時代の到来と長引く若年層の雇用不安を背景に，学力不安を抱える進路多様校生徒は一転して，大学を精査するようになった。その結果，進路多様校生徒は将来の自身の就職環境を良くするための最善の方法として，短期大学・専門学校への進学や就職に回帰しはじめたのである。また，かれらの進路決定プロセスの特徴として，高校入学段階から卒業まで女子は一貫した進路希望を保つことや[25]，男子は学力を考慮する者が多く，女子の高学歴化の影響を受けることにより専門学校へ進学する傾向が強まることが明らかになっている[26]。

　そして，本章の調査でもみられたように，かれらは自身と友人が異なる進路選択をすることについても，互いに劣等感を抱くことなく，それぞれを認め合っている状況も確認されており，自身の進路選択を阻害する要因が少ないことも特徴であるといえる。この点については，高校の同級生の進学率が，大学における就学の有無に大きく影響すると主張する山内の指摘からすると，大学進学が少ない進路多様校においては，当然ながら大学進学に対する意識が薄い生徒が多く，かつ同級生の進路が多様となればなるほど，自身の進路選択が進学，

就職どちらであっても，周囲から一定の理解が得られる文化が形成されていると考えることができる。[27]換言すると，進路多様校においては，大学進学のほか，短期大学や専門学校への進学，就職やフリーターのどの進路選択をしても，自身の進路選択の正当性を担保できる文化があるといえる。つまり，こうした，かれら特有のプロセスで形成される進路選択のベクトルは，大卒就職環境をはじめとする若者の雇用環境の改善がみられない現状を鑑みれば，今後もより強固なものとなると考えられるため，たとえ大学進学という選択が不意に目の前に出現しても，安易に大学進学することが難しい状況になっている。このような動向をふまえれば，大学教育費用をまかなう奨学金等の経済支援や定員充足のための推薦入試の拡大では，大学進学者を大きく増加させる要因にはならないと考えられる。したがって，濱中の専修学校進学が大学進学に替わる二次的な選択の帰結であるとの指摘は，かれらにはあてはまらない。[28]

　また，かれらの進路形成には諸要因が複雑に絡み合い，幼少期から長期間にわたり，「家庭の空気」を読み取りながら徐々に形作られており，その根深さが垣間みえたことも特徴的であった。また，かれらは高校入学段階で自身の学力が進学には適さないことを受け入れ，大学に進学しないことを前向きに捉えている。何より，かれらのこうした進路意識は，家庭の経済状況や親の教育観等の要因が絡み合いながら成育過程でじっくり，ゆっくりと形成されているため，進路を具体化する時期に，たとえ奨学金制度のような経済支援を取得できる可能性が生じたとしても，大学進学にシフトすることは考えづらいのである。

　このような家庭環境が子どもの進路選択に影響を与えることについては，第１章においてすでに議論をしているところであるが，ここで重要な視点となるのが，耳塚が指摘した，現代日本のペアレントクラシー社会化である。[29]親の願望が子どもの進路選択に影響を与える度合いが高まっているとする耳塚の指摘は，進路多様校生徒が抱く進路意識の本質に迫る重要な手掛かりとなる。それは，本章の各調査において指摘してきたかれらの進路選択に対する考え方は，高校入学段階で自身の学力不安を客観的に捉えることを通じて，将来に対する不安や，大学進学によって予見できるリスクを回避するために，主体的な進路

第4章　進路多様校生徒の進路意識に関する実証分析

選択として意識づけされていた。しかし，その主体的にみえる判断には，随所に大学進学を否定的に捉えた親の介入の影響がみられたのも事実であり，かれらが，こうした親の願望を，生育過程のなかで無意識的に自身の進路選択行動に取り込み，投影している側面は否定できないのである。つまり，親の願望を取り込みながら長い年月をかけて形成された大学に進学しない進路意識は，自身の主体的な進路選択として肯定的に捉えられることになるのである。そして，このようなかれらの進路選択行動は，ペアレントクラシー化する現代日本では，機会を均等にするだけでは問題は解決しないとする耳塚の主張を裏づけるものであるといえ，大学入試の軽量化や奨学金政策の強化による大学進学均等化では抜本的な解決方法には至らないと考えられるのである。

　こうした視点からすると，大学進学率の停滞の要因が，大学進学費用の捻出が困難な家庭が増加していることであるとする矢野，濱中らの主張を単純には支持することができない。すなわち，大学進学にシフトさせるために，家庭の経済状況が厳しい生徒が多いとされる高卒就職志望者に対して，高校入学後の進路決定の時期に奨学金等の経済支援をしても，それほど効果は期待できないと考えることができる。したがって，専門学校志望者同様，就職志望者においても小林の奨学金制度が不十分な状態であるために，進学を断念しているといった指摘は，かれらにもあてはまらない。そして，これらが，大学進学者の減少や進学率が停滞し，専門学校進学率や就職率が上昇傾向にある現状を説明する理由として示唆を与えるものであり，これが本書内で得られた知見のひとつである。

　また，このような，かれらの進路選択行動のメカニズムについては吉川の一連の主張を援用すると理解できるとともに，本書の主張は，吉川の「学歴分断線」を境に存在する学歴上昇家族と学歴下降家族とでは，子どもの大学進学に対する考えに違いが生じるといった主張を補強するものであるといえる。それは，第1章において吉川は，現在のような経済不況下では高卒再生家族の生徒が，あえて親と同じ人生を望む側面があると指摘しているが，このような大学進学を回避する行動は，すなわち大学に進学することによって負わされるリス

クを回避する行動であると考えられる。そして，こうした意識は，吉川（2006）が提示する「学歴下降回避説」によって説明することが可能であると考えられる。もちろん，本章の調査において，親の学歴が判明していないことを考えると，吉川の論理を単純に援用することについては慎重にならなければならない。しかし，杉田真衣・西村貴之らの研究によって，進路多様校においては大卒の親をもつ生徒が非常に少ないことが明らかになっていることや，教育をめぐる格差問題において，佐藤が親の社会経済的地位が子どもに再生産されることを指摘していること，また，苅谷（2001）が，「教育の場面でみられるさまざまな格差や不平等は，過去において蓄積された（親世代の）階層差の反映といえる」と同時に，「教育を通じ，教育の結果として生じる職業機会や所得の差は将来（＝次世代）の階層化を占う現象である」と述べているように[30]，教育を通じて世代間の社会経済的地位が維持されることにより，本人の学歴意識が形成されることを考えられる点で，吉川の論理は本研究に一定の示唆を与えることができるといえる。そして，進路多様校生徒の進路形成において家庭の経済状況や教育観が影響していることだけではなく，将来不安が高まる現代社会においては，自身を取り巻く諸環境を肯定的に捉えるメンタリティが強まっている現状を明らかにした本章の結果は，今後，たとえ日本社会において大学進学機会が拡大したとしても，社会経済的地位が維持されることを示すものといえる。

　最後に，経済的事由が進路多様校生徒のような学力不安を抱える者たちの教育機会に影響を与えていることは否定しない点について述べておきたい。本章においても専門学校志望者が大学に進学しない理由として，学力不足や経済的事由をあげる者が6割近くみられるなかで，この2項目において正の相関関係が認められたことや，大学進学を志望せず就職する理由として，家庭の経済力を理由とする者が一定数みられ，家庭の状況を本人，保護者が相互に理解している様子がみられたのは，やはり，経済的事由がかれらの進路選択行動に影響を与えることをあたらめて確認できたといえる。そして，かれらの進路形成過程におけるこうした経済的事由が与える影響は，冒頭で述べたように，大学進学機会の拡大によって，高校の進路決定段階で，大学進学機会格差として突

如注目されることとなるのであるが,重要なことは,かれらの進路意識は幼少期から長い年月をかけて,複雑かつ重層的に形作られているということである。この点は,苅谷剛彦（2001）が明らかにしているように[31],社会階層の格差が学習意欲の格差を生み,相対的に階層の低い子どもたちは,学校での成功から降りることが自己の有用感を高めるはたらきをもつことや,進路多様校生徒の特徴として学力不安の者が主体的に大学進学以外の進路をたどっているならば,高校に入学し卒業後の進路を決定する段階での経済支援はそれほど意味をなさないと考えられるのである。つまり,大学進学を可能にする学力を形成することや,大学教育への価値意識を高めることが,高校入学前,すなわち義務教育段階である程度決定するのであれば,大学進学費用捻出の支援以上に,義務教育段階での学習環境を整備するための経済支援がきわめて重要であると考えられる。

また,本研究の知見は,大学進学率が伸び悩む理由が,経済不況による所得格差の影響が起因しているものであると,短絡的に判断することの不十分さや,大学進学者を増やすためには,単に経済的支援を強化するだけでは根本的な解決にはならないことを示している。そして,高校生が大学進学を選択できない理由として,「経済的事由」が大きな要因であるとする主張の危うさを示唆するものであると考えられる。なぜならば,近年,若干の回復傾向をみせているとはいえ,依然として不安定な経済状況下にある今の日本では「経済的事由」が絶対的な説得力をもってしまう可能性があり,そのような一元的な捉え方は,進路多様校生徒のように多様な進路先や進路意識をもつ生徒の本質を見失う危険性があるからである。

そして,高校生が大学進学をしない理由を「経済的事由」や「家庭の事情」とすることで,周囲の大人や社会の側がある程度,納得してしまうことの危険性も指摘しておかなければならない。そうした見方が固定化することは,非大学進学者に対する社会の眼差しがネガティブになってしまい,大学に進学せずに,専門学校への進学や高卒就職を考える生徒自身も自己肯定をすることが難しくなってしまう恐れがあることも認識しなくてはならない。

以上，本章では，進路多様校生徒への調査分析を通じて，かれらの大学進学「回避」のメンタリティを明らかにした。次章では，これまでの議論と，本章の結果をふまえて，かれらの大学進学回避行動が示唆する事柄について考察してみたい。

**注**
（1）　苅谷剛彦・粒来香・長須正明・稲田雅也「進路未定の構造――高卒進路未定者の析出メカニズムに関する実証的研究」『東京大学大学院教育学研究科紀要』第37巻，1997年，74頁。
（2）　本書において短期大学と専門学校を同質のものとして扱い調査分析することについては第1章で述べている。この点について，市川昭午（2000）は，大学が大衆化することにより大学や短大など同じ種類の間でも多様化が進むなか，生き残りをかけて短大が職業教育機関の色彩を強め専修学校化していることや，一方で専修学校においても厳しい状況に直面するなか，短大に近いレベルの専修学校が生き残る可能性が大きいと指摘している。また，専門学校の単位が大学や短大で認定されている現状について触れている（市川昭午『高等教育の変貌と財政』玉川大学出版部，2000年，99頁）。こうした指摘からも，現在，短大と専門学校が教育面，機能面において接近しあっていると考えることができる。
（3）　旺文社教育情報センター（http://eic.obunsha.co.jp/resource/pdf/exam_info/2012/0712_n.pdf：2012年7月10日アクセス）。
（4）　河合塾（http://www.kawaijuku.jp/news/data/20120614-1.pdf：2012年7月12日アクセス）。
（5）　この点については序章の松本一臣の調査において，学びたい分野があることとの組み合わせで「自分の学力にあっていた」「希望した学校に進学できなかった」など学力に関する項目が選ばれているとの指摘にも符合していると考えられる（松本一臣「高卒者の進路行動と短期大学進学に関する考察」『長崎短期大学研究紀要』第18号，長崎短期大学，2006年，114頁）。
（6）　例えば，片瀬一男・元治恵子の研究でも，保育士や看護師，教員といった「女性向き」の専門職は，結婚・出産によって退職し，子どもが成長したのち再就労するといったライフコース展望をもっていることが多いことを明らかにしている

（片瀬一男・元治恵子「進路意識はどのように変容したのか——ジェンダー・トラックの弛緩？」海野道郎・片瀬一男『〈失われた時代〉の高校生の意識』有斐閣，2008年，109〜113頁）。

（7）　こうした考えが生徒に定着していることについて西田は，専門学校が大学より専門的な学びができると思われることに，仲介業者の入る進路行事が影響しているとし，その理由を「大学・短大からは主に教員が出向することが多く，実務経験者は少ない。彼らの説明で，もっとも具体的なのは入試方法である」のに対して，「一方，専門学校からは教職員が出向くのだが，彼らはその専門学校で教える分野の実務経験者であることが多く，職業とのつながりが現実味を持って語られ，資格の説明が多かった」としている（西田亜希子「進路多様校における進路行事と生徒の意識・行動——仲介業者に注目して」中村高康編著『進路選択の過程と構造——高校入学から卒業までの量的・質的アプローチ』ミネルヴァ書房，2010年，108頁）。

（8）　例えば，進学情報会社リクルートは，高校生の進路先別（大学，短大，専門学校）における志望校検討時の重視項目として，「資格取得に有利であること」を重視する割合が，大学では34.9％であったのに対して，専門学校は54.9％となったことを報じている（リクルート進学総研「進学センサス2013」〔http://souken.shingakunet.com/college_m/2013_RCM181_06.pdf：2014年11月2日アクセス〕）。また，第2章第3節の高校卒業後の進路に関する調査（表2-10）において，「専門学校に進学したい」と考えている割合が，普通科11.3％，職業科28.0％となり，普通科より職業科の生徒の方が専門学校を志望する割合が高い結果となった。

（9）　進学情報会社リクルートは，第2次ベビーブーム世代が18歳を迎えた1992年から20年間にわたって，大学学部・学科のトレンドを分析した結果，バブル経済崩壊後，最近に至るまで長引く不況や就職難を反映し，また女子の社会進出も相まって，資格取得が将来の安定した仕事に直結する教育，保育，看護，医療関係，薬学，栄養などに人気が集まったことを述べている（リクルート進学総研〔http://souken.shingakunet.com/college_m/2013/03/post-d042.html：2014年7月15日アクセス〕）。

　　　また，進学情報会社旺文社によると，近年の大学新増設の特徴が看護系であるとし，1989（平成元）年11大学であった大学数が，1998（平成10）年に63校，

2008（平成20）年に167校，そして2014（平成26）年には228大学にのぼり，この二十数年間で20倍にまで膨れ上がり，いまや全大学の約3分の1の大学が看護系学部・学科の設置に至ったと報じている（旺文社教育情報センター〔http://eic.obunsha.co.jp/resource/pdf/educational_info/2014/0107.pdf：2014年7月25日アクセス〕）。

(10) こうした進学意識の背景にあることについて片瀬は，日本における資格の効果については，これまでの研究によって「象徴的な資格」が多く，所得には貢献しないことをあらためて確認しつつ，最近の学生たちが資格取得を好むのは，将来の不確実性を縮減することを求めていることが理由であると指摘する（片瀬一男『ライフ・イベントの社会学』世界思想社，2013年，65～68頁）。

(11) 酒井朗は，進路多様校生徒をリスクの高い生徒であるとし，かれらの進路意識に影響する要因群を，①政治的要因，②経済的要因，③学校要因，④家庭要因，⑤個人要因の5つに分けることができるとしている。そのなかで，④家庭要因が強く影響していると指摘している（酒井朗『進学支援の教育臨床社会学――職業高校におけるアクションリサーチ』勁草書房，2007年，224～226頁）。一般的に進路多様校研究において，経済的事由が進路選択に与える影響としては，大学に進学しない生徒を説明することが多いが，ここでは大学進学に対してそれほど意思をもたなくても，経済的に進学が可能であれば進学してしまうといった視点で家庭要因を論じていることは注目に値する。

(12) 片山悠樹は，専門学科の職業選抜において，決定職業（学校推薦1社で決定／内定）ごとに成績との関連を検討した結果，5教科（英国数理社）成績や専門科目成績が高い者ほど大企業に決定，内定していることを明らかにしている（片山悠樹「専門高校の職業選抜」中村高康編著『進路選択の過程と構造――高校入学から卒業までの量的・質的アプローチ』ミネルヴァ書房，2010年，132頁）。

(13) 小林雅之『高校生の進路選択の要因分析』東京大学大学経営・政策研究センター，2007年，4頁。

(14) 杉田真衣・西村貴之・宮島基・渡辺大輔「進路多様校における高校生の進路選択の背景にあるもの――都立B高校でのアンケート・インタビューの分析より」『教育科学研究』第20巻，東京都立大学人文学部教育学研究室，2005年，71～92頁。

(15) 苅谷剛彦・濱中義隆・大島真夫・林未央・千葉勝吾「大都市圏高校生の進路意

識と行動——普通科・進路多様校での生徒調査をもとに」『東京大学大学院教育学研究科紀要』第42巻，2002年，54頁．

(16) 原清治は，2000年以降の専門学校ブームの背景のひとつに「大学離れ組の専門学校への志向」を指摘している．これについて原は「大学が大衆化したことによって『大卒インフレ現象』を引き起こし，それが就職に際して大卒のグレーカラー化をもたらしたことが原因である」とし，「そうした現象を見越した学生の中には，肩書きとしての『学歴』よりも実質としての『資格』への志向が強まるのである」と述べている（原清治「高等教育」田中圭治郎編『教育学の基礎』ナカニシヤ出版，2005年，307頁）．本研究の調査でも，こうした指摘と符合する点が確認された．

(17) もちろん，専門学校においての「やりたいこと」が，すべて職業と直結する資格教育とはかぎらないが，ここでは，専門学校志望者の志望理由が，資格取得を含めて明確となっている傾向が強いことを強調しておきたい．また，こうした専門学校教育における資格教育，非資格教育の両方の意義について植上一希（2011）は，専門学校へ進学した学生が，単なる知識や技能の習得にとどまらない多面的な学びを肯定的に捉え，関連分野への就職率が高い資格教育分野への評価が高いことはもとより，関連分野への就職率が高いとはいえない非資格教育分野においても，職業世界に参入した後のキャリア形成の基礎や人間形成的側面での成長を支えるものとして意義づけられると論じている（植上一希『専門学校の教育とキャリア形成——進学・学び・卒業後』大月書店，2011年，280〜281頁）．つまり，たとえ就職と直結しない非資格教育分野に進学するとしても「自分のやりたいこと」を学ぶことによって，学びを肯定的に捉えることができ，結果的に，職業世界に参入した後も，一定の意義を感じることができていると考えられるのである．

(18) 阿形は，資格社会の可能性として，資格は学歴主義を脱却できるのかといった問題意識から，資格と階層について考察した．その結果，職業資格の世界は実に多様であり，資格の効用を一般的に論ずることはできないとしながら，資格を取得するから有利になるのではなく，もともとある階層にとって有利であることを隠蔽するために資格が利用されるという社会的なメカニズムの存在を示唆している（阿形健司「資格社会の可能性——学歴主義は脱却できるのか」近藤博之編

『日本の階層システム3　戦後日本の教育社会』東京大学出版会，2000年，127～148頁）。さらに阿形は，資格の効用を捉えるために，職業資格に関するこれまでの研究を整理し，労働市場全体における職業資格の効用は小さいことを確認している（阿形健司「職業資格の効用をどう捉えるか」独立行政法人労働政策研究・研修機構『日本労働研究雑誌』No.594，2010年，22～26頁）。

(19)　片瀬は「資格社会」が成立していない日本社会，とくにバブル崩壊後の「就職氷河期」を経験した日本社会では，それは幻想にすぎないと論じている（片瀬一男，前掲書，2013年，69頁）。

(20)　林未央は，進路選択における男女差について検証した結果，男子に比べて女子が家計の状況を意識して進路選択をしている可能性があることや，進路決定の理由が，大学，短大，専門学校のどの進路を選択するにしても志望する職業や学問分野と密接に結びついていると論じている（林未央『進路の男女差の実態とその規定要因』東京大学大学経営・政策研究センター，2007年，3～6頁）。本章においても，こうした指摘と符合する点が確認されている。

(21)　下村秀雄「高校でのキャリア教育実践」小泉令三編著『よくわかる生徒指導・キャリア教育』ミネルヴァ書房，2010年，201頁。

(22)　橘木俊詔・松浦司は，その具体策について「高校での普通科教育の比重を下げて，商業科，工業科，情報科，農業科をはじめとした，実業科で学ぶ学生の数を増加させる政策である。このような学校で学んだ生徒の技能レベルが高くなれば，企業での賃金も上昇するだろうし，自営業者として成功する確率も高まるだろう。こういう社会が達成できれば，過剰な数の子どもが大学を目指さなくなるだろう。日本は既に18歳の人口のうち，半数強が大学・短大に進学する時代となっているので，大学生の数は過剰気味なのである。大学進学のために，国語，数学，英語などの勉強で悩む子どもの数を減少させるのである。これこそが学業意欲格差社会の是正につながると期待できる」と述べている。さらに続けて，「もとより，たとえ大学・短大に進学する学生数が，同年代人口の半数を超えてもかまわない，という主張もありうる。国民の平均教育水準の高まること自体に価値があるとみなされるからである。しかも，大学進学への希望は日本人の間では高い。そのような状況を容認するなら，大学での教育内容を高校段階で述べたように，もっと実務に役立つ専攻にもっていく必要がある」と論じている（橘木俊詔・松浦司

『学歴格差の経済学』勁草書房，2009年，168～169頁)。
(23) 本田由紀『多元化する「能力」と日本社会——ハイパー・メリトクラシー化のなかで』NTT出版，2005年，148～149頁。
(24) 本田由紀『教育の職業的意義——若者，学校，社会をつなぐ』筑摩書房，2009年，112～113頁。
(25) 藤原翔「進路多様校における進路希望の変容——学科，性別，成績，階層による進路分化は進むのか」中村高康，前掲書，2010年，68～69頁。
(26) 片瀬一男・元治恵子，前掲書，2008年，103～107頁。
(27) 山内乾史「高等教育就学の規定要因に関する考察——JGSS2009—LCSデータに基づく『全入仮説』と『タレントロス仮説』の検証」『学生の学力と高等教育の質保証Ⅰ』学文社，2012年。
(28) 濱中淳子『なぜ，専修学校進学率は上昇したのか』東京大学大学経営・政策センター，2007年（http://ump.p.u-tokyo.ac.jp/crump/resource/crump_wp_no14.pdf：2012年5月15日アクセス)。
(29) 耳塚寛明「学力格差の社会学」『教育格差の社会学』有斐閣，2014年，13頁。
(30) 苅谷剛彦『階層化日本と教育危機——不平等再生産から意欲格差社会へ』有信堂高文社，2001年，4頁。
(31) 苅谷剛彦，前掲書，2001年，218～219頁。

# 第5章

# 進路多様校生徒の大学進学回避行動が示唆するもの

　本章では，これまでの議論，調査分析の結果を基に，進路多様校生徒の進路形成に大学全入の現象がどのような影響を与えているのかについて整理しながら，かれらの大学進学回避行動が，今後の大学進学行動の動向や，進路多様校生徒の進路問題を捉えるうえで，どのような意味や示唆を与えるのかについて考えてみたい。

## 第1節　リスクの高まりと大学進学圧力の弛緩

### 1　「大学全入」がもたらす能力に対する意識の差異

　これまで日本では高校卒業時の進路選択において，大学へ進学することが人生設計をするうえで，何より効果的な選択との位置づけがなされてきた。それは，経済が安定成長下のなかでは，ある程度の学歴を取得することが，社会階層の上昇をもたらす強い要因になるとの考えがあったからである。これは，個人が教育を受けることにより知識や技術を習得でき，それにより賃金水準が高まるとの考えに基づくものであり，教育への投資により人材が開発されていくことを示す人的資本論に依拠するものであった。そのため，多くの親が子どもの進学に対する根強い期待をもち，家計をやり繰りして無理をしてでも学費を捻出するという親の教育費負担観がきわめて強かったことが，大学進学率の上昇を支えてきたのである。そして，その多くは大学進学機会の拡大により，それまで学力を基準に進学を断念していた普通科の学力下位層の生徒や，長期にわたる経済不況のため進学せざるを得なかった専門学科の生徒などの進路多様校生徒，すなわち，18歳人口が減少期となった1990年代以降に急増した受験市

場における新規開拓層であった。しかし，第4章まで明らかにしたように，回復の兆しがみえない経済不況や雇用不安が続くことで，とくに2000年以降，大学の入学定員充足を支えてきたそれら新規開拓層のなかで，「大学進学が必ずしも最善の選択ではない」という心理が働きはじめたのである。これは，これまで大学への進学動機において大きなウエイトを占めていた人的資本論への不信感が高まっていることが背景にあると考えられる。つまり，大学に進学しても，将来必ずしも経済的に豊かな生活が掴めるとはかぎらないという考えが顕在化してきたのである。さらに，「大学全入」という言葉が世の中に定着したことにより，保護者のなかで大学教育への信頼が弱まり，ある一定の評価や基準を満たしていない大学には「無理して進学させなくてもよいのではないか」といった考えが生じていることも大きい。そして，これは決して消極的な選択ではなく，むしろその方が人生にとってプラスになるのではないかという積極的な理由で大学進学を回避しているのである。

中村高康（2009）は，後期近代における「メリトクラシーの再帰性」の妥当性について「メリトクラシーは，事あるごとに再帰的に振り返って多様な基準から問い直される性質を本来持っていると考えるほうが自然であり，近代化が進行すればするほど，サービス経済化や教育の大衆化や社会の複雑化に伴って単純な学歴や試験結果や資格だけでは能力のインデックスとしてもの足りなくなり，そうした反省の契機はより増えていくことになる」と述べている[1]。つまり，メリトクラシーとは，固定化されるものではなく，社会情勢によって，その意味自体が変化するもので，きわめて不安定さを内包するものであるといえるのである。そうであれば，不安定な現代日本においては，学歴獲得が能力を表す指標としてどれだけの意味をもつのか，そもそも社会的に有効とされる能力とは一体何なのか，判断が難しくなってくる。こうなると，それを決めるためには，社会の側ではなく個人の考えに基づかざるを得ない。また，中村がすでに指摘しているように，現在の日本社会のように，高学歴化が進行した後期近代社会においては，「能力に対する不安は大衆化し，学校や組織で示される能力評価は，つねに自己の能力に対する不安を引き起こしたり，安心をもたら

したりする」といった状況が強まることや，「〈能力不安〉が常態化する」ことで，高校生のなかには，大学進学が自身の将来の安心をもたらす手段となり得るか確信がもてなくなる者が生じてくるのである。つまり，学力の高低にかかわらず多くの者が大学へ進学することが可能となると，単に大学に進学するだけでは自身の能力を評価すること自体が難しくなると考えられる。

　このように能力不安が高まり，若年層の雇用不安が常態化し，とりわけ大学新卒者の就職環境が依然として厳しい状況のなかで進路多様校生徒は，これまでのように安易に大学進学することは，かえって将来の就職の可能性を低下させる恐れがあると不安視しているのである。そして，このような状況と自身の学力を冷静に捉え，将来的に自身の就職が不利になる可能性のある大学への進学は，将来の不安とリスクを招く要因になりかねないといった意識を顕在化させるようになったのである。

　このような不安は，社会的威信の高い大学や，医療系のような就職に直結する資格取得が可能な大学へ進学できるのであれば解消することができる。しかし，そのためには高い学力水準が求められ，最初からその水準に達していないと自身で認識していたり，ある時期にその現実に直面したりすると，入学し易い分野への進路変更は望まず，ただちに大学進学を選択から排除しているのである。しかし一方で，戦後日本社会において根づいた実績主義，能力主義，エリート支配主義といったメリトクラシーへの関心は，とくに上昇志向の高い学力上位層において強くもたらされるものとなっている。そして，こうした上昇志向を支える経済力を有する環境をもつ者は，学校外教育にある程度の資金を費やすことができることによって，少しでも社会的威信の高い大学への進学を目指すメンタリティが強化されていくのである。

　こうしたなかで，苅谷が指摘するような能力格差の拡大は，学歴を獲得することが，すなわち能力の高さであると強く考える層と，業績主義に価値観を置かない者や自身を取り巻く諸条件を再帰的に捉え新たな能力指標に関心をもちはじめた層との間で，メリトクラティックな社会で必要とされる能力に対する意識に差異をもたらすことになったのである(2)。つまり，学力構造の下位にいる

進路多様校の生徒においては，若者を取り巻く雇用環境が見通しの立たない今，単に大学に進学すれば安定が得られると考えることはリスクがあると意識し，自身にとってより安心で安全な進路選択とは何かを再考しているのである。その結果，かれらはあえて大学進学を選択せず，専門学校に進学して資格を取得することや，高卒就職を選択し，いち早く社会に出て仕事の技術を身につけることで，社会で必要な能力を獲得したいと考えはじめたのである。換言すれば，これらは，戦後日本に根づいていた学歴主義を基盤としたメリトクラティックな社会を再帰的に捉え，今後，自身にとって必要な能力指標は学歴を獲得することではないと考えたことにより生じた進路行動であるといえる。

### 2 「(積極的に) 大学に進学しない者」の台頭

本書では，進路多様校生徒へのアンケート調査，インタビュー調査を通して，かれらの進路形成過程の特質と進路意識について検証を進めてきた。その結果，進路多様校において短期大学や専門学校への進学志望者，高卒就職志望者は，大学進学意欲が高まりにくい環境にいるため，たとえ条件的に大学進学の可能性が高まったとしても進学にシフトすることは難しいことが明らかになった。また，かれらの多くは，将来の就職環境を少しでも良くするために資格取得を目指し短期大学や専門学校に進学することを考え，また，高卒時点で就職できるのであれば，確実に就職できる方法を優先している。つまり，これまで大学進学にシフトしていた高校生やその保護者が，リスク社会といわれる現代の日本社会の情勢を客観的に捉え，自身のキャリアにとって有利な選択をしていると考えられ，このような大学進学を回避する生徒のメンタリティは，若者の雇用不安が高まるなかでは，より一層強まることが考えられる。すなわち，不安定な現代日本社会においては無理をして大学に進学することのメリットを見出しにくい状況となり，学力不安を抱える進路多様校生徒のなかでは，結果として大学進学をただちに選択肢から排除し「(積極的に) 大学に進学しない層」となって最短で就職する方法を模索しはじめているのである。

ここまで述べてきたように，大学大衆化は大学入試環境を二極化させ，「大

学全入」は大卒就職機会を二極化させることとなった。そして，このような大学入試，就職環境の変化にともない，大学に向けられる社会のまなざしは，きわめて厳しいものとなった。つまり，大学へ進学することによって高まるリスクに対する懸念である。こうしてリスクが高まり不安社会といわれる現代日本では，先述したように，中村が提示した「メリトクラシーの再帰性」がもたらす能力評価の不安定感が強まることによって，学歴主義への懐疑的な見方が，一定層で生じはじめたのである。その層とは，1990年代後半以降，18歳人口の急減と大学増設により大学入試が易しくなったことで大学進学にシフトした高校生と，それを支えた無理をしながら家計をやり繰りしてまでわが子を大学進学させたいという教育観をもつ親（家庭）である。このような高校生と親たちが，リスク社会に突入した今，将来，自身が抱える可能性があるリスクと真正面から向き合うことにより，自己と社会の関係性を再帰的に捉えたうえで進路問題を熟慮し，大学進学に対して否定的な考えを抱くようになったと考えられる。

　その背景には，無理をして大学進学費用を工面し，希望を抱き大学進学を果たしたものの，今では「徒労感」に溢れる20代，30代の姿が衝撃的に映し出される社会への不安感がある。現代社会において不安定な状況に置かれている，このような若者たちが辿った教育プロセスを，高校生や親たちは冷静に分析し，そこに少しでも自身の将来不安の要因が予見できたときに，高校生はリスクを回避するために「大学に進学しない」という選択肢を前向きに捉え，親たちは進学費用の捻出については「無理はしない」といった考えをもつようになったと考えられる。つまり，かれらは自身が辿るキャリアルートが可視化されたときに，将来に対するリスクを冷静に自己分析した結果，「リスクヘッジ」の手段として「大学に進学しない」選択をする高校生として顕在化しはじめているのである。つまり，これまで，高校生の進路選択において，何よりも大学進学が最善の選択であるといった価値観によってもたらされてきた大学進学圧力が，リスクの高まりとともに弛緩していることを意味すると考えられる。

　このように考えると，大学進学費用の負担問題は，高校生の進路問題の一端

に過ぎなく，重要なことは，将来に対するリスクが高まる現代社会においては，これまでのような「大学に進学する者」と「大学に進学できない者」といった二元論ではなく，「(積極的に)大学に進学しない者」といった新たな価値観が台頭していることを認識することが重要であるといえ，これが本書内の研究で得られたいまひとつの知見である。また，中村高康（2011）は「入学者選抜や採用選抜・昇進などの現実の選抜現象を考えたとき，そこにはメリトクラシーの完成への道程を見る思いやメリトクラシーの幻想性を告発する思いよりは，おおよそメリトクラシー的なのだろうと自分を納得させつつもどこか釈然としない思いを抱く人々が，現代社会では圧倒的に多いのではないか」と述べている[3]。こうした観点からすると，近年の大学進学者の減少や進学率が停滞を示しているのは，メリトクラティックな日本社会において，これまで絶対的に信仰されてきた社会的威信がある地位と年収を得るためには，大学進学を出発点とした業績の積み上げが評価されるという自己暗示から解放されつつある者が顕在化していることが要因であるという，ひとつの帰結を導くことができるものと考えられる。ベックの言葉を借りれば，まさに「システム破壊」によって引き起こされた帰結として生じた再帰的自己決定がもたらす意識の変容といえよう。

## 第2節　進路選択に潜むリスクとその対応策

### 1　高まり続ける能力不安

　1990年代以降，大学進学へシフトした多くの進路多様校生徒の進路意識において，大卒就職の安定性が前提にあったのは間違いないだろう。しかし，バブル経済の崩壊は，大卒就職環境を悪化させるとともに，実態としては同じ大卒学歴といっても学校歴によって就職機会格差を生じさせている。それでもかれらは大学進学を目指し，2000年以降，大学進学率は40％を超え，2009年には50％に達した。こうした動向について本田由紀（2008）は，高等教育機会の拡大がもたらす就業環境の関連性について「高等教育機会が拡大すると，賃金や

第5章　進路多様校生徒の大学進学回避行動が示唆するもの

職務内容の水準が高い仕事に就くうえで，高等教育学歴は必要条件としての性格を強める。すなわち，高等教育学歴を取得しているからといって望ましい仕事に就けるかどうかは保証されないが，高等教育学歴を取得していないことの不利さは大きくなるということである。それゆえ人々は，いっそう高等教育学歴をめぐる競争に参入せざるをえなくなる」と述べている(4)。

　しかし，本書でみてきたように，大学全入時代の到来は高等教育機会の拡大をもたらすことはできたものの，就業機会の拡大と必ずしも一致するものではなかったのである。このような現状については，本田が続けて「個人の教育水準を高めることにより，労働供給側にてこ入れしたとしても，労働需要は産業構造や企業の組織構造など，独自の要因によって規定される部分が大きい。したがって，前者が後者におよぼすことができる範囲は限られている」と指摘しているように(5)，実のところは，長引く経済不況と産業構造の変化に大学教育が追いつくことができず，就職難民となる大卒者が増加する状態が続いている。つまり，高度経済成長期によって加速した全国各地における大学設置のムーブメントは，バブル経済の到来によって，若者の就業機会が勢いよく拡大したことによってさらに強まるとともに，労働需要を満たすために大卒学歴は強力なインパクトを与えた。しかし，バブル経済の崩壊によって労働需要のニーズは大きく変化し，大学は自由化の流れによって乱立するなかで，大学間競争に耐えられない一部の大学では，無目的なまま大学進学を志望する学生を多く取り込み，一方，高校側としても高卒就職環境が縮小することによって，就職先送りの受け皿として大学進学を促すこととなったのである。そして，このような大学進学至上主義の余韻と惰性の結果，第2章，第3章で明らかにしたように，多くの大卒未就職者を産出する構造を生み出すこととなったのである。そして，そこには本田が提唱したハイパー・メリトクラシー論において展開された能力指標としての「ポスト近代型能力」に対する社会的要求が高まることによって，高校生や大学生，若者全体にわたって，社会から必要とされる能力とは一体何なのかがわからないことに対する不安がつきまとってしまうのである。

　このハイパー・メリトクラシー論を唱えた本田自身が，こうした社会全体の

247

動きに懸念を抱いている。本田はハイパー・メリトクラシー論について，自ら批判的な立場をとり，そのポイントとして，①要求水準の高度化という圧力，②属性的格差の顕在化と対処策の不在，③評価の恣意性，④自己責任化と自己否定・自己排除，⑤限度のない没入，の５点をあげている。さらに，本田は，このようなハイパー・メリトクラシーの負の面に若者はすでに気がついており，このような気づきが若者自身の将来に対する軌跡に対する「不安」をもたらしているとし，「何をどうやって選べばいいのか。自分が選んだからといってそれを実現することができるのか。自分がやっていけるのか。必死で耐えてやっていくことに意味があるのか。若者はそういった『不安』に，多かれすくなかれ襲われながら生きている」と指摘する。つまり，進路多様校生徒のように学力不安を抱える高校生は，自身の学力で進学可能な大学へ進学し，このような能力の獲得に果敢にチャレンジすべきかどうかの判断を，進路選択の場面で下さなければならないのである。しかし，かれらが容易に入学できる大学では，厳しい就職活動が待ち受けており，その決断の責任は，結局のところ自己責任論に帰されてしまうことになる。こうした状況を背景に，本研究で明らかとなったように，かれらは進路不安を解消するために，例えば資格取得を前提とした進学意識を形成することによって，社会への移行不安を少しでも低減させようとするのである。

　実際にこうした高校生の進路不安に関する意識については，調査結果からもみえてくる。表５-１，表５-２は，国立教育政策研究所生徒指導・進路指導研究センター（2013）が「自分の将来の生き方や進路について考えるため，ホームルーム活動の時間などで，どのような指導をしてほしかったですか」の質問を生徒，卒業者に実施し，選択項目17項目中，選択した割合が高い上位10項目を抜粋した結果である。これをみると，生徒調査では，「就職後の離職・失業など，将来起こり得る人生上の諸リスクへの対応」が23.1％の３位となり，卒業者調査でも26.1％で６位となっている。しかし，こうしたリスク対応に関する学習を実施している割合について同報告書では，実施していない割合が49.3％となったと報告している。そして，続く第二次報告（2013）では，若者の

第5章　進路多様校生徒の大学進学回避行動が示唆するもの

**表5-1**　進路指導の要望に関する生徒調査

(単位：％)

| | 選　択　項　目 | 割合 |
|---|---|---|
| 1 | 自分の個性や適性（向き・不向き）を考える学習 | 29.9 |
| 2 | 社会人・職業人としての常識やマナー | 26.5 |
| 3 | 就職後の離職・失業など，将来起こり得る人生上の諸リスクへの対応 | 23.1 |
| 4 | 卒業後の進路（進学や就職）選択の考え方や方法 | 19.7 |
| 5 | 上級学校（大学，短期大学，専門学校等）の教育内容や特色 | 18.2 |
| 6 | 近年の若者の雇用・就職・就業の動向 | 17.1 |
| 7 | 学ぶことや働くことの意義や目的 | 16.7 |
| 8 | 産業や職業の種類や内容 | 15.7 |
| 9 | 転職希望者や再就職希望者などへの就職支援の仕組 | 15.0 |
| 10 | 将来の職業選択や役割などの生き方や人生設計 | 14.7 |

出典：国立教育政策研究所生徒指導・進路指導研究センター「キャリア教育・進路指導に関する総合的実態調査　第一次報告書（概要版）──キャリア教育の現状と課題に焦点をあてて」2013年，22頁より作成。

**表5-2**　進路指導の要望に関する卒業生調査

(単位：％)

| | 選　択　項　目 | 割合 |
|---|---|---|
| 1 | 社会人・職業人としての常識やマナー | 40.1 |
| 2 | 自分の個性や適性（向き・不向き）を考える学習 | 39.3 |
| 3 | 卒業後の進路（進学や就職）選択の考え方や方法 | 32.0 |
| 4 | 上級学校（大学，短期大学，専門学校等）の教育内容や特色 | 27.9 |
| 5 | 産業や職業の種類や内容 | 26.8 |
| 6 | 就職後の離職・失業など，将来起こり得る人生上の諸リスクへの対応 | 26.1 |
| 7 | 将来の職業選択や役割などの生き方や人生設計 | 24.3 |
| 8 | 卒業後の進路（進学や就職）に関する情報の入手方法とその利用の仕方 | 21.7 |
| 9 | 学ぶことや働くことの意義や目的 | 21.2 |
| 10 | 卒業後の進路（進学や就職）選択の考え方や方法 | 18.6 |

出典：国立教育政策研究所生徒指導・進路指導研究センター『キャリア教育・進路指導に関する総合的実態調査　第一次報告書（概要版）──キャリア教育の現状と課題に焦点をあてて』2013年，22頁より作成。

早期離職の高さなどの状況を考慮するのであれば、「高校在学時に諸リスクへの対応についての学習機会をより多く設定すべきである」と指摘し、さらに想定していない，学んでいないリスクに直面することも当然起こり得るため，「生徒たちが困難に遭遇した際に相談や支援が得られる手立てを知っておくことが重要となる」と、高校卒業後のリスクに対する対処法についても言及している。[8]

このように，高校生の進路不安が高まるなかでは，生徒自身もリスクに対する意識づけの必要性を感じている。そして，卒業者を含めて自身に離職や失業というリスクがあり得ることを前提に進路選択を考えなくてはならないという自覚があるにもかかわらず，高校現場においては，リスクの観点からの教育体制が整備できていないのが実態なのである。

## 2　資格取得に傾斜するリスク

　このように現在の若者の多くは，社会における能力基準が曖昧になればなるほど，将来，安心して生活を送るためのメルクマールが一体何であるのか不透明な状況に置かれることとなる。そして，こうした不安感が高まることによって，進路多様校生徒のような学力不安をもつ者たちは，以前であればメルクマークであった「大卒学歴」に対して安心感を抱くことができなくなり，かれらは新たなメルクマールとして，容易化した大学への進学よりも，できるだけ早く就職を実現するための方法として，資格を取得するということに大きな意義をもちはじめたのである。このようなかれらの進路意識は，かれらが抱くメリトクラティックな社会における能力の価値基準が，「資格」というきわめて明快なものになったことを端的に表しているのである。

　しかし，こうした資格取得に傾斜する動きが強まることには，一定のリスクをはらんでいることも指摘しておかなければならない。この点については，すでに第4章においても，阿形や片瀬が，労働市場においては資格の効用は決して大きなものではないことや，資格取得が不安定な社会において不確実性を必ずしも縮減するものではないとの指摘をしている。さらに，中西新太郎（2009）は，青年層の高失業率・高離職率やフリーターなどの就業問題への対策が機能しなかった大きな原因に，実効性を備えた労働政策の欠如という問題を指摘し，「キャリアを正当に扱う労働市場と処遇のあり方が整備されていない限り，キャリアが社会的な通用力をもつことはできない。その場合，『資格を持つこと』が仕事と生活の安定にすぐさま役立つかのようなイメージは現実的裏づけをもたず，不安定な就業の現実から脱出できそうな幻想を与えるだけである」と指

摘している。また，高橋俊介（2012）は，21世紀的キャリア環境の特徴として，想定外変化と専門性の細分化深化の2つが同時進行することだとし，現代のキャリア環境を「キャリアショック」の時代であるとし，この時代に自分らしいキャリアを自分で切り開く個人とはどういう人なのかを考えなければならないとしながら，キャリア自律に関する典型的な3つの誤解を指摘する。1番目は，キャリア自律とは企業責任での人材育成の放棄であるという誤解。2番目はキャリア自律とは社員のわがままを聞くことであるという誤解。3番目は，キャリア自律とは今まで企業主導でやってきたキャリアパスによる長期計画的キャリア形成を個人主導で行うという誤解，である。そして，それぞれを要約し整理すると次のようになる。

> 自分自身のやりがいなどの内因的なキャリア評価基準の時代は，それまでのような等級制度やキャリアパスのような共通の物差しで誘導することは不可能であり，個人のキャリアに対する多様性には対応できないこと。そして，目まぐるしく変わる経営環境や会社の戦略と，こうした内容的なキャリア評価基準との接点を，試行錯誤しながらどう見つけていくかがキャリアの自律であり，この能力と習慣を強化することであること。何より，より重要なこととして，想定外変化の時代のキャリアは，企業だろうと個人だろうと，長期計画的にはできなく，絶え間ない変化の中でその都度，自分で切り開き続ける力を持つことがキャリアの自律なのである。

この高橋の主張は，キャリア自律が常に不安定な環境でおこなわれていることをあらためて認識させられるものである。こうしたなか高橋は，21世紀的キャリア環境のような環境変化の激しい時代においては中長期的の具体的なキャリア目標はなくても問題ないとし「今の若者は焦っている人が多く，無駄なく効率的にキャリアをつくろうとする。しかし，そういうキャリアほど想定外変化の時代には脆弱なのだということを理解していない。それは彼ら自身のためにも良くない。回り道がキャリアの柔軟性を高めるのである」と指摘しながら，想定外変化の時代は「専念」という概念は危険だとし，「自分らしい回り道が，その後のキャリアを想定外変化に強い，自分ならではの普遍的強みをもったキ

ャリアにする,そういう時代になってきたと考えるべきである」と主張する[13]。そして,高橋はこのような想定外変化のなかでは「普遍性の高い学び」が重要であるとし,その理由を「違う状況に置かれても,そこでまた成果を再現できるのか。それができれば,状況がどれだけ変わっても何度でも這い上がれるという,より普遍性の高い自己効力感が形成される」とする一方で,「具体的な知識やスキル,資格などの勉強は,キャリアショックによって積み木崩しになる可能性が高い」と指摘する[14]。また,濱中淳子(2013)は,専門学校教育の効用を分析した結果,要資格職に従事した場合に,経済的効用や就業意識が高まることを明らかにし,専門学校への進学を前提にキャリアを描こうとする高校生が少なくないなかで,「専門学校教育や職業教育の限界」という視点が抜け落ちていることについて危惧を抱いている[15]。

　このような高橋,濱中の指摘や先の中西の主張と合わせて考えると,本書内で明らかにした積極的に大学に進学しない者たちが,資格取得を目指して専門学校へ進学したり,専門学科を中心におこなわれる高卒就職で有利になる資格取得を目指したり,専門的教育へ傾斜することによって,将来不安がなくなるといった感覚を醸成し易い風潮に対しては,同時に新たなリスクを生じさせる危険があることについて,慎重な説明が求められるのである[16]。また,第4章の調査分析の結果でも,女子においては,大学,専門学校のどちらに進学するとしても資格取得が強い進学理由となっており,大学と専門学校での学びに対する感覚が同化していることがうかがえた。その背景には,女子特有のライフコース展望を考慮しながら,将来の生活におけるリスクを回避する意識の高さがある。今後,大学教育への期待が,専門学校教育のような資格取得教育に偏重した結果,学生募集の強化が最優先課題となっている多くの大学においては,募集力の強いこうした資格取得系学部に転換しながら,教育内容の専門学校化を強めることは十分に考えられる。まさに,大学教育の意義の再考が迫られている時代にあるといえよう。

## 3 「キャリア・リスク」への対応

　このように，若者雇用を取り巻く環境は依然として厳しく，大学進学がこうした不安を払拭する手段として期待できないと考える進路多様校生徒たちの進路不安は高まる一方である。しかし，リスクが高まる現代社会において，かれらは自分で進路を切り開いていかなくてはならないのも事実である。このように考えると，かれらが，進路不安を少しでも和らげるために，できるだけ専門的な知識を得るために資格取得を重視することも理解しなくてはならない。つまり，将来不安をできるだけ緩和するために，進路多様校生徒が専門学校に進学を目指し，あるいは職業教育に対して期待することは理解しつつも，重要なことは，こうした教育を通じた進路形成には多くのリスクがあることを認識させることと，そのリスクの対処についての仕組みづくりである。

　それでは，どのようにしたら，かれらの進路不安を解消する道筋を作ることができるのであろうか。本田は，若者の「進路選択」という不可避の課題に対しても対処の手掛りとして「柔軟な専門性（flexpeciality）」という概念と，それに基づいた教育面・労働市場面での施策が有効であると主張する。本田は「柔軟な専門性」について次のように述べている[17]。

　　　個々の若者に，まず将来の軌跡の入口として専門的知識やスキル，あるいはそれらを発揮する場を用意する。ただし，その専門性はあくまで入口にすぎず，関連ある隣接分野へと将来的に転換・発展したり，より一般的で普遍的な知識やスキル到達したりするためのベースとして位置づけられる。いわば，成長にともなって脱皮を繰り返していく「柔らかい殻」，それが「柔軟な専門性」である。

　さらに続けて本田は，この「柔軟な専門性」は，「他人に教えたり習得を証明したりすることが可能な知識・スキルを骨格としつつ，それを通じて，より幅広く柔軟な能力や軌跡の見通しを若者に対して提供しうるものである」と述べ，「無責任で過剰な要請や期待を若者にただたたきつけるのではなく，ある程度の確実性をもつ成長の道筋を提示することが，社会や年長世代の責務であろう。『柔軟な専門性』を含む具体的で実質的な方策が，広範にこうじられることを

切望する」と，自ら提唱したハイパー・メリトクラシーが多くの若者に負荷をかけてしまっていることの具体的な対抗策として「柔軟な専門性」に対して関心を高める必要性を論じている[18]。

　また，このような「柔軟な専門性」に関心を寄せることは，「キャリア・リスク」への対策の観点からも重要であるといえる。「キャリア・リスク」とは，仕事生活上で発生するリスクである[19]。明治生命フィナンシュアランス研究所(2003)はこのキャリア・リスクに対処するためには，自律的・自立的キャリア形成が最大のリスク・マネジメントであるとしているが，具体的な要素として，環境変化に適応できる柔軟性を指摘している[20]。そして，赤堀勝彦（2011）は，「この新たなリスクに対処するために，生涯設計におけるリスクマネジメント（risk management）として環境変化に強い自立的なキャリア形成が必要になる。それと共に，会社や国の生活設計のすべてを任すことをせず，精神的，経済的自立をし，自分自身が主体性を持って自立的に計画し，実行するキャリアデザイン（career design）が重要となってきたのである」と述べている[21]。そして，児美川孝一郎（2014）は，これまで政府や文部科学省からのトップダウンでキャリア教育が実施されてきたことの問題点のなかで，「キャリア教育の取り組みが，仕事や職業（ワークキャリア）に偏重し，生涯発達や生涯設計（ライフキャリア）への視点が弱かったこと」を指摘する[22]。さらに児美川は，キャリア教育を「将来への準備教育」と位置づけ，これまでのような職業人への準備に偏重していた内容から，将来生活の様々な領域における役割遂行の準備へと，将来の市民（主権者）への準備としてのシティズンシップ教育と，自律的な生活者への準備としてのライフキャリア教育に拡張していくことが重要であるとする[23]。

　こうした主体性，自律性の欠如については，進路多様校生徒の進路選択の際にも一端がみられる。例えば，本書の第3章においても，進学より就職を選択する理由として，大学での就職活動が学生主体となっていることに対する親の不安感から読み取ることができる。それは，大卒就職が厳しい状況のなかでは，生徒自身や保護者が，主体的な就職活動を求められる大学では，就職を決定するまでの努力をすることが困難であることから，大学へ進学する意義を過小評

価し，高卒就職の特徴でもある「一人一社主義」のような，できるだけ確実に就職できる方法を選択していることが考えられるのである。こうした親の介入の問題について原清治（2009）は，ペアレントクラシー社会に移行し，このような親の富や願望が，子どもの「選択」の随所に影響することによって，「わが子の職業選択に際しても親から受ける影響はますます大きくなり，個人の能力や努力といった部分は影をひそめ，若者が自分たちの将来について考える力を失わせていると考えられる」と論じている。つまり，親が子どもの進路選択に過剰な介入をすることは，子ども自身の進路選択に対する自己決定能力を低下させることにつながる危険性があるのである。さらに，親が子どもの就職に対して不安を抱くあまり，子どもの職業まで決定してしまうことは，仕事への意識が欠落したまま強制的に社会に放り出すことになり，結果的に非正規雇用のような不安定な状態を招く恐れがあるのである。

このような危険を回避するためにも，まずは，かれら自身が主体的に物事を捉え，自身の立ち位置を客観的に認識し，社会参加をしていく道筋を若者自身が作り上げていく力を養うことが重要であるといえる。中條和光（2002）は「学校における進路指導は，上級学校への進学や志望企業への就職をもって終わるようなものではなく，生涯に幾度か訪れる進路選択の機会に対し，自己決定の重要さや厳しさを理解し，自らの責任において選択できる力量を形成することである」と論じている。このような自己決定の重要さを伝えるためにも，「キャリア・リスク」に対する意識を強める進路指導が求められるといえる。

以上のように，進路多様校生徒は，大学大衆化が進展し，大学に進学するだけでは安定した就職機会を得られるとはかぎらなくなると，自身の将来不安の解消のために，専門学校へ進学して資格の取得を目指したり，高卒就職をしたりと，将来，被る可能性がある就職リスクを極力軽減するために，大学進学を回避する行動をとるようになった。しかし，そこには想定外の現代社会においては，新たなリスクが内在しているなど，多くの課題もあることを認識しなくてはならないのである。

次節においては，こうした進路多様校生徒の大学進学回避行動の背景にある

事柄と，それが今後の大学進学行動の動向に対して示唆することについて述べてみたい。

## 第3節　加速する進路選択の多様化

### 1　大学進学意義に対する喪失感の高まり

　これまで教育格差の問題は，家庭の経済力や親の教育観が子どもの進路選択に影響を与えるといった教育不平等の再生産論によって議論されてきたことは，第1章において述べてきたとおりである。そのなかで，これまで教育の格差，教育の不平等問題は，大学進学に対する圧力から生じる大学進学費用の負担問題に集約されがちであったといえ，あくまで経済力の有無が，大学進学機会の格差につながるといった主張が有力な説明論理となっていた。事実，矢野や小林らが主張したように，近年の大学進学率の停滞要因を経済格差の拡大や経済支援の不足とすることについては一定の理解を得ることはできる。しかし，本書では，1990年代前半，バブル経済が破たんしてから今日までの20年以上が経過してきたなかで，成熟社会，低経済成長の社会が当たり前になると，とりわけ多様な進路意識をもつ生徒たちは，自身を取り巻く経済環境を受け入れながら進路選択をする現状を指摘してきた。

　戦後，日本社会においては，大学進学機会を拡大するために私立大学の量的発展を中心とした大学政策を進めてきた。そして，個人はその政策に同調するかのように大学進学を望んできたのである。それは，そうした進路選択が自身にとって有益であるということが前提であったからである。しかし，こうした趨勢は，あたかも個人の意思により決定したかのようにみえても，実は無意識的にその流れに身をまかせてきたようにもみえる。筒井淳也（2006）は，個人は周囲と共同して制度を作り上げているというよりも，既存の制度の持続と広がりのなかに，「投げ込まれ，埋め込まれている」といった方が現実的であるとする。[26]

　こうした指摘からあらためて1990年代以降の20年間を概観すると，2000年代

半ばまで，学歴獲得を目的とした進学要求が受験生側に強く働き，対する受け入れ側の大学においても，受験人口の急減期に突入すると，大学経営のために積極的に学生を確保するなど，双方において，高校生の大学進学行動を加速させる状況が続いたことで，本研究において注目してきた進路多様校の生徒やその保護者は，それまで憧れであった「大学進学」が現実化したことで，無意識的にその流れに身をまかせながら大学進学へ自然にシフトしていったのである。そして，大学進学行動を促進させる奨学金制度をはじめとする各種制度が強固なものであったからこそ，個人は疑うことなくその制度のなかに投げ込まれ，埋め込まれていったとも考えられる。しかし，その制度を成り立たせる条件が，安定した将来であったとすれば，現在のようにリスクが高まり将来不安が高まる現代社会では奨学金政策そのものが無力化することが考えられるのではないだろうか。

　かれらにとっての将来不安とは，就職問題を示すこととなる。これは奨学金の受給について二の足をふむことにもなる大きな事由である。第1章の古田の指摘のとおり，奨学金はあくまで本人負担の借金であり，低所得者層になるほどその負担割合は大きくなる。いずれは返済をしなくてはならないが，それは将来的に安定した雇用に就けることが前提となっている。しかし，実際は，第3章で述べてきたように，進学した大学によって，すでに就職機会格差が生じており，たとえ大学を卒業しても不安定雇用の若者が急増している状況のなかでは，奨学金の返済が困難となる者も急増し社会問題化することとなる。そして，大学全入による大学進学機会の拡大は，結局のところ，学力格差の先送りをすることとなり，必ずしも就職機会の拡大をもたらすわけではない。むしろ，奨学金を利用した安易な大学進学の選択は，将来に多額の借金を負うことにもなりかねないといった考えを抱くことにもつながるのである。つまり，大学に進学したところで，安定した就職機会が得られないばかりか，無理して進学することで大きな負債を抱えてしまう若者の現状を目の当たりにすることにより，大学進学意義に対する喪失感が高まり続けているのである。

　このような現状をふまえれば，学力不安を抱える高校生は，わざわざ高額な

学費を捻出してまで大学に進学する意義を見出すのが難しくなると考えられるのである。さらに，第1章において，これまで大学進学費用を負担する中心的な役割を担ってきた「無理する家計」が，「健気ではない親」へと変化しつつあるとの指摘からもみえてくるように，親のなかでも大学進学に対する不信感が高まっていることがうかがえる。そして，この「健気ではない親」の背景には，自身の老後不安，つまり，親自身の将来不安が影響しているとの指摘は，やはり，現代日本社会においてリスクが高まっていることのひとつの側面を映し出しているともいえる。この点については，吉川が大学進学率の停滞要因として，「注視すべきは，経済決定性の焦点化ではなく，近頃では豊かでない親たちが『教育にお金をかけるのはもったいない』と考えるようになったという，社会の相対下層部分における学歴主義の弛緩のほうであろう」と指摘している。[27]こうした指摘をふまえれば，大学進学意義への喪失感が高まり，かつ大学進学率の上昇を支えてきた親自身の将来不安が高まることによって，大学進学に対する親の教育観が変化し，それが子どもの進路選択に影響を与えていることは間違いないといえる。

### 2 学歴獲得競争からの撤退

これまでの日本社会においては，大学進学を目的とした画一的な教育システムのなかで，熾烈な学歴獲得競争を繰り広げ，そこでの勝者，すなわち大学に進学し学歴を得た者は，社会的地位の高い職業に就き安定した生活を送ることができるとされてきた。つまり，学歴獲得がメリトクラティックな社会における成功の約束手形とされていたのである。そして，大学入学が容易になりはじめた1990年代後半以降，それまで学力不足で大学進学を断念していた進路多様校生徒は，この約束手形を手に入れるために大学進学を目指し，また，親も子どもの進学に対する根強い期待をもち，家計をやり繰りして無理をしてでも学費を捻出したのである。しかし，2000年代に入っても一向に回復の兆しがみえない不安定な経済状況は雇用不安をもたらし，これまで大学進学の強い促進要因となっていた「大学進学＝人生の成功」という図式に疑義を抱くようになる

と，かれらは早々に学歴獲得競争から降りはじめたのである。それは，経済的事由が大きな要因ではない。かれらが大学に進学しないのは，本書で明らかになったように，メリトクラティックな社会を再帰的に捉え，かれらなりに新たな能力指標を設定しはじめていることが要因となっているからである。

そして，このようなかれらの行動は，リスクへの対峙策としてあらたな観点からの考察が必要であることを示唆することとなる。それは，第1章において山田がリスクの普遍化が進展することによって，二極化の負け組はリスクをヘッジすることができないとの指摘があった。しかし，本書でみてきように，家庭の経済状況が厳しく学力水準も決して高いとはいえない進路多様校生徒は，リスク社会といわれる現代における自身の立ち位置を客観的に捉え，リスクの高い学歴獲得競争から積極的に撤退することで，リスクをヘッジしているのである。山田（2013）は，学歴の費用対効果を考える場合，「①学校進学にかかわる費用，②学校卒業によって就ける職業の平均収入，だけではダメで，③その職業に就ける確率（就けないリスク），この三つの次元を考慮しなければならない」と指摘しているが，進路多様校生徒はすでにそうしたリスク回避の視点をもちながら進路選択をしているのである[28]。つまり，現代の高校生の進路選択においては，「リスク」と正面から向き合い，どのように克服していくのかについて熟慮するかれらの意思が反映されていることを考慮しなくてはならないのである。

また，このような意識変化は，苅谷が指摘した1990年代後半以降，大学に押し寄せたレジャーランド志向群が減少していることを示唆するものと考えられる[29]。つまり，矢野が指摘したように，1970年代から1990年代中頃まで，大学入試の高い選抜性や，大学進学費用の高騰によって大学進学意欲を抑えていた新たな進学層は[30]，レジャーランド志向群となって大卒学歴取得による就職機会の拡大等の社会的効用に対する期待をもちながら大学進学にシフトしたものの，リスクの高まる現代社会においては引潮のごとく大学進学から撤退をはじめたのである。こうしたレジャーランド志向群には，何度も繰り返すこととなるが，進路多様校生徒のような新規大学進学層が主たる対象者として含まれていた。

本研究の結果は，これまで大学進学率の上昇要因のひとつでもあった進路多様校生徒の大学進学の動きが鈍化したことを示唆するとともに，かれらは「積極的に大学に進学しない層」となった，いわゆるポスト・レジャーランド志向群として，進路選択の多様化を加速化させる新たなカテゴリーとなり，専門学校や就職へシフトしはじめたと考えられる。そして，こうした進路選択行動の変化は，苅谷が1990年代後半に進路多様校研究の意義として語った「将来の高等教育進学像」のひとつの帰結であると示すことができよう。すなわち，2000年代半ばまで，確かに進路多様校生徒を中心に多くの高校生が大学進学にシフトし，大学進学率の上昇，大学進学者数の増加をもたらした。しかしながら，リスク社会の高まる現代社会においては，厳しい就職状況を強いられることとなり，厳しい状況が続く大卒就職問題がクローズアップされると，苅谷らが指摘していたレジャーランドとしての大学を求め進学を選択する者は影を潜めることとなったである。つまり，苅谷が，進路多様校生徒の進路行動を通すことで描いた将来の高等教育進学像は，現実的な判断をせざるを得ない状況のなかで，自身の将来不安と闘いながら，大学進学を選択する者や，あえて大学進学を回避する者といったように，不安定な社会を必死に生き抜こうとする若者たちへと変貌しつつあるのである。

　ここまで述べてきたように，日本は誰もが大学に進学することを目指していることを前提とし，国家政策として大学の地方分散化政策や，奨学金政策に取り組んできた。しかし，低経済成長期を迎え，上昇志向をもつことによってもたらせる「疲労感」「徒労感」が世の中に蓄積されるようになると，学歴を取得するために必要な経済的，精神的負担に見合った成果を期待することができなくなるのである。これは，第3章において，熊沢が主張したように，機会の平等を呼びかける支配者側に決定権がある，能力や成果の基準に関心をもつことに対する疲労感も含まれると考えることができる。そして，このような感覚が社会的に認知されはじめると，これまで上昇志向の波に背伸びをしてでも乗っていきたいと頑張ってきた，高校生本人やその保護者は，選択の結果責任は個人が負うといったリスクの個人化が強まるなか，学歴取得へのリスクを考慮

したうえで大学進学以外の選択を肯定する意識が高まってきたのである。つまり，このような自身の身の丈に合った生き方を甘受することは，決して自分たちは「負け組」ではないと考えはじめていると捉えることができるのではないだろうか。この点について吉川（2014）は，現代を総格差社会であると主張し，「現代日本人が階層＝格差の複雑に絡み合う形状についてリテラシーを高め，そこでの自分のたち位置を歪みなく把握できるようになってきた」と述べている。このような指摘からすると，こうした高校生の意識の表面化は，高校生の進路選択において，大学に進学しない選択をすることに市民権を与えることにつながる重要な根拠となり得ると考えられる。

そして，このような意識の表面化は，教育をめぐる格差問題においてあらたな動きを予感させる。それは，大学全入が常態化することによって，ブルデューのいう支配階級は，より自身の地位を安定したものにするために，より社会的威信の高い大学への入学を目指し，早期からの学校外教育費の投資から大学進学費用の負担を積極的に捉える一方，これまで無理して学費捻出をしてきた層は，自身の経済的水準に見合った教育投資をしながら，学校から社会に移行するタイミングを計り，積極的な妥協点を探った結果，高卒就職や，資格取得を目指し専門学校への進学を選択しているのである。重要なことは，いずれの進路行動も，大学全入時代の到来によってもたらされた積極的な行動であるということである。つまり，大学進学圧力が弛緩するなかで，学歴獲得競争から撤退する進路多様校生徒は，大学進学以外の進路選択をより肯定的に捉えることとなるため，今後，かれらの進路選択の多様化は，一層加速することが考えられるのである。

## 3　「学歴再生産論」の限界

このような状況をふまえると，本書がここまで明らかにしてきたことは今後，大学進学者の動向を考察するうえでどのような示唆を与えるのだろうか。

大学進学率の停滞要因を親の学歴に依拠した「学歴分断線」が影響しているとする吉川理論は，停滞している現状の大学進学率の動向を説明するには一定

の示唆を与えることとなる。そして，吉川徹（2012）は，こうした一定数の，専門学校進学者や高卒就職者の存在を認めることが日本社会を安定的に支えることにつながると指摘する。また，吉川（2014）は「現代という時代について，そこに生きるわたしたちが肝に銘じておくべきことは，ひとたび成長の熱狂から醒めてしまった以上，この先においては大きくかたちを変えることのない格差状況に向き合い続けなければならないということである」と論じている。この吉川の議論に対しては多くの批判的意見はあるだろう。しかしながら，これまでのような日本的な学歴至上主義が崩れているとすれば，吉川の議論は日本の学歴に対する価値観の転換を示す重要な指摘であることは間違いない。また，決して格差社会を容認しているわけではないが，現代社会を客観的に捉え，そのなかで個々が冷静な視点で物事を捉える必要性を訴える点でもきわめて重要な指摘である。本研究で得られた知見は，こうした吉川の指摘を支持する側面があるだけでなく，経済的負担の解消が大学進学率の上昇，何より大学進学者数の増加につながるといった主張に疑義を呈する意味でも意義があるといえる。

　しかし，今後の大学進学者の動向を計るうえでは，若干の懸念が拭えない。1990年代以降から今日までのこの20年間，進路多様校生徒は大学進学にシフトし大卒学歴を得ることができた。「学歴再生産論」を主張する吉川理論に依拠すると，かれらの子の多くは，大学進学を選択することとなる。つまり，親が大卒である場合，「学歴下降回避説」に基づくならば，子どもは親と同等の学歴を取得するために大学進学を合理的選択プロセスとして支持するはずである。しかし，大学には進学したものの，徒労感に溢れる今日の20代から30代のかれらのなかに，将来果たして子どもの学費を捻出する力がある者たちが一体どれほどいるのだろうか。今の20代，30代の若者世代は，経済成長を期待しづらい世代といってよい。厚生労働省（2013）は，15～39歳の若者世代の現状について，現在の20代，30代の若者は，「経済安定期，バブル期，バブル経済期を迎えた時期が，それぞれ異なるものの，就職する時期や学生時代などにおいては，『失われた20年』の影響を強く受けて成長した層である」としている。そして，将来の収入予測についても，年齢の上昇に応じて賃金が上がる度合いは少なく

なっていることを指摘している。このような時代背景にいるかれらが，大卒学歴を取得したにもかかわらず，安定した職に就けていない，あるいは職に就いてはいるが，所得が伸びないなかで日々の生活に追われながら親世代となり，自身の辿ったキャリアルートを再帰的に捉えたとき，果たして子どもに同じルートを辿らせるだろうか。また，そのような親の姿を見ながら育つ子どもたちが，親と同じキャリアルートを辿ろうとするだろうか。

　確かに本書内の研究でも家庭の経済力や親の教育観（願望）が，生徒自身の進路選択に影響していることは認められたが，それ自体によって本人が大学進学を断念しているというよりも，むしろ，大学進学に対するメリットを見出せないことで，積極的に大学進学以外の進路を選択していた。つまり，これまで大学進学格差問題の論点は，親の学歴や所得，親の教育観がどのように子どもの進路選択に影響を及ぼすかといった点で語られてきたが，リスクが高まる現代社会においては，そこにリスクの普遍化への対峙として，どのような選択をすべきかといった進路意識が表面化してきたのである。そして，このような状況を背景に置きつつ，本書で明らかになった，リスクヘッジとしての大学進学回避の理論に基づくならば，かれらが高校生の子どもをもつ時期となる，少なくともこの先10〜15年後にかけて，大学進学者数は減少傾向をみせる可能性がある。すなわち，吉川の親の学歴を要因とした学歴再生産論では，今後の大学進学率の動向を説明することが難しくなると考えられるのである。まさに，吉川が主張する「再帰的階層意識」に「リスク」が媒介されたとき，新たな再帰のループが発生することを予感させるのである。そして，こうした指摘は，大学進学機会の格差問題においても，これまでの論点のほかに，こうしたリスク論の視点を加えた議論がなされる必要があることを示唆するものであるといえる。

　さらに，現代のように若年層雇用環境が不安定な状況が続くと，親世代より生活レベルが低下することになると山田昌弘は警鐘を鳴らす。山田（2013）は，今の35歳以下の若者世代が経済停滞のツケを一身に背負い，その結果，少子化が起こり，子育て世代の生活不安が加速している現状を指摘する。そして，今

後,子どもが親と同じ年齢になったとき,その社会経済的地位が,かつての親と比較して,世代間の「下降移動」が確実に生じると述べている[37]。こうした下降移動が自身の意志に基づくものであるかどうかは,ここでは断定しかねるところはあるが,いずれにしても,この山田の言及は,教育を通じた階層の固定化,維持,閉鎖性をめぐる議論において,今後は,親学歴の有無を強調する議論では,教育の再生産メカニズムを説明することが困難な状況が生じる可能性を示唆している点で,本研究の結果に重要な示唆を与えるものと考えることができる。

また,「学歴再生産論」は,階層固定化,階層格差論とリンクしつつも,一定の距離があることについて敷島千鶴(2010)は,親子・配偶者の家族データから学歴再生産論を検討した結果,「家族成員の学歴に連関があることを示したが,その傾向が拡大してきているという学歴再生産論の強化,学歴格差の固定化,そして拡大化を支持し得るエビデンスは得られなかった」と論じている[38]。ここで敷島は,家族内の関連性が低くなってきているとすれば,今日の学歴の一層の階層化を進行する主張を支持することはできないとしている。このような主張は,本書において明らかになったように,親自身の将来リスクが高まることによって子どもの教育に対して健気でなくなったり,これまで大学進学費用を捻出していた「無理する家計」が無理をしなくなったりと,子どもの教育費を負担することが親の務めであるといった価値観が薄くなっている現状がある。つまり,大卒学歴をもちながら,不安定な雇用環境のなかで厳しい経済状況にある若者が親世代になったとき,かれらは大学進学を否定的に捉え,かつ自身の将来不安が高まることで,子どもの教育に関心をもつ余裕すらない状況に陥る可能性は十分に考えられるのである。

以上,本章では,ここまでの議論を整理し,進路多様校生徒の大学進学回避行動が示唆する事柄について,かれらはリスクヘッジの手段として大学進学を回避していることを明らかにした。そして,雇用環境が厳しいなかでは,今後もこうした流れが強まることや,学歴再生産論では大学進学者数の動向を説明することができないことを指摘してきたが,もちろん,本書内で主張する「学

歴再生産論の限界説」は現段階では仮説にすぎない。この仮説の検証は，繰り返しになるが，現在の20代，30代が高校生の親世代となる最低でも10年〜15年後の大学進学者数の動向をみながら，継続的な研究の結果を待たなければならない。

　また，人口減少社会においては，大学全入の実態を大学進学率の増減で摑むことが難しくなっていることを認識しなくてはならない。この点については，第2章でも指摘しているが，2014年の大学進学率は上昇をみせながら，進学者の実数は減少しており，私立大学の定員未充足の大学数も増えているのである。つまり，今後の大学進学状況の実態把握には，進学者数の実数にも注目していく必要があるのである。

　これまで戦後日本が歩んだ，人口増加，高度経済成長，大学の量的発展，といった拡大路線はすでに終焉を迎えている。現在は，人口減少，低経済成長，大学の淘汰，統合の時代となっており，社会構造が大きく転換するなかでは，高校生の進路行動も何らかの影響を受けても不思議ではない。こうした状況のなかで，本書内で注目した多様な進路意識をもつ進路多様校生徒の進路選択行動を読み解くことは，上昇気運が続いた20世紀から不安定な社会が前提となった今日の社会において，大学進学が高校生にとってどのような意味をもつことになるのか，われわれに教えてくれる重要な手掛かりとなることは間違いないといえよう。


注
（1）　中村高康「メリトクラシーの再帰性について——後期近代における『教育と選抜』に関する一考察」『大阪大学大学院人間学研究科紀要』第35巻，2009年，213頁。
（2）　苅谷剛彦・粒来香・長須正明・稲田雅也「進路未定の構造——高卒進路未定者の析出メカニズムに関する実証的研究」『東京大学大学院教育学研究紀要』第37巻，1997年，74頁。
（3）　中村高康『大衆化とメリトクラシー——教育選抜をめぐる試験と推薦のパラド

クス』東京大学出版会，2011年，48頁。
(4) 本田由紀『軋む社会——教育・仕事・若者の現在』双風舎，2008年，32頁。
(5) 本田由紀，前掲書，2008年，33頁。
(6) 本田由紀，前掲書，2008年，55～59頁。
(7) 本田由紀，前掲書，2008年，60頁。
(8) 国立教育政策研究所生徒指導・進路指導研究センター『キャリア教育・進路指導に関する総合的実態調査　第二次報告書』2013年，76～77頁。
(9) 中西新太郎「漂流者から航海者へ——ノンエリート青年の〈労働—生活〉経験を読み直す」中森新太郎・高山智樹編『ノンエリート青年の社会空間——働くこと，生きること，「大人になる」ということ』大月書店，2009年，26～27頁。
(10) 高橋は，20世紀までのキャリアデザインの考え方は，いわば工業化社会のパラダイムに沿ったキャリア論がベースとなっていたとする。工業化社会のパラダイムとは，環境を徹底的にコントロールし，予測可能性と管理可能性を高めるという発想であるとし，企業側からすれば人材のキャリア開発といえば，先を見せて誘導していくものであり，社員も自分のキャリアパスがはっきり見えることで社員は安心して目の前の仕事に打ち込むことができ，実際にそのとおり昇進していったとする。こうした20世紀のキャリア開発は，いわゆる静態的発想であったが，21世紀の想定外変化の時代にはもはや通用しなくなっていると指摘する（高橋俊介『21世紀のキャリア論』東洋経済新報社，2012年，3～4頁）。
(11) 高橋俊介，前掲書，2012年，32～34頁。
(12) 高橋俊介，前掲書，2012年，41頁。
(13) 高橋俊介，前掲書，2012年，41～42頁。
(14) 高橋俊介，前掲書，2012年，52頁。
(15) 濱中は要資格職を原則として，参入するときに資格が必要となる職業としている。また，濱中が専門学校への進学を前提にキャリアを描くことや，職業教育の強化を求める声が強まっていること自体はなんら問題ないと考えていることは述べておきたい（濱中淳子『検証・学歴の効用』勁草書房，2013年，152～161頁）。
(16) 進学情報会社学研は，大卒女子の就職問題の現状と課題について女子受験生の志望動機として「女性向きと言われる資格」例えば，薬学部，看護学部，社会福祉系学部に結びつく学部系統を決める傾向があるなかで，安易な資格志向は高校

## 第5章　進路多様校生徒の大学進学回避行動が示唆するもの

段階でリセットをする必要性を指摘する。その一方で，一般企業等の採用に明るい展望があるわけでもない状況のなかでは，社会全体でキャリアラダーがしっかりと整備されていかないと，大卒女子に限らず，希望をもって就職した若者たちが不本意な挫折を経験することになることや，そうした社会の動きを捉えながら，女子高生に対して，あまり資格志向に縛られない，広い視野からの進路指導の実践が大切であると論じている（学研進学情報〔http://www.gakuryoku.gakken.co.jp/pdf/articles/2013/11/p12-15.pdf：2014年7月25日アクセス〕）。

　また，進学情報会社ベネッセコーポレーションが実施した「第2回大学生の学習・生活実態調査」によると，看護学生が増加する一方で，想像以上に学習や臨床実習が大変であることを理由に「ドロップアウト」する学生が問題となっていることが明らかとなり，その背景に，看護職に対する意識の曖昧な学生や，厳しい教育・訓練に対する「覚悟」ができていないことがあると指摘している（ベネッセ教育総合研究所〔http://berd.benesse.jp/koutou/topics/index2.php?id=4031：2014年7月20日アクセス〕）。

(17)　本田由紀，前掲書，2008年，61頁。
(18)　本田由紀，前掲書，2008年，61〜62頁。
(19)　明治生命フィナンシュアランス研究所『生活設計白書（2003年度版）　自分らしく生きる──働く女性のキャリアデザイン』2003年，70頁。
(20)　明治生命フィナンシュアランス研究所，前掲書，2003年，70〜71頁。
(21)　赤堀勝彦「キャリア・リスクの時代における若年層の雇用とキャリア──キャリア教育の充実とキャリア開発の推進を求めて」『神戸学院』第40巻第3・4号，2011年，4頁。
(22)　児美川孝一郎「権利としてのキャリア教育」小池由美子『新しい高校教育をつくる──高校生のためにできること』新日本出版社，2014年，91頁。
(23)　児美川孝一郎，前掲書，2014年，97〜98頁。
(24)　原清治『若年就労問題と学力の比較教育社会学』ミネルヴァ書房，2009年，218頁。
(25)　中條和光「第5章　生徒指導をどう行うか　第3節　進路指導」松田文子・高橋超編『生きる力が育つ生徒指導と進路指導』北大路書房，2002年，228頁。
(26)　筒井淳也『制度と再帰性の社会学』ハーベスト社，2006年，57頁。

(27) 吉川徹『学歴と格差・不平等——成熟する日本型学歴社会』東京大学出版会，2006年，118～119頁。

(28) 山田は，「ここ20年で高まっているのは，教育—職業の接続に関するリスクである」と述べ，「投資という点で高等教育を考えると，1990年までなら教育費用のリターン，つまり，卒業後に就ける職業がもたらす収入の比較でよかった。しかし，1990年代後半以降は，高等教育機関を受けても学校が想定する職業に就けないリスクを考慮しなければならない」と論じている。(山田昌弘『なぜ日本は若者に冷酷なのか』東洋経済新報社，2013年，66～67頁)。

(29) 苅谷剛彦「大学大衆化の大学進学——〈価値多元化社会〉における選抜と大学教育」『教育学研究』第64巻第3号，1997年，80頁。

(30) 矢野は，当時，今後は人口減少によって，経営難に陥る高等教育機関が出てくるという説も有力であるとしながら，大学の合格率は上昇し，大学は志願者「選抜」する時代から，学生を「確保」する時代となるだろうと予想している。また，ここでは，大学は学生を集められなくなる可能性よりも，大学進学率の上昇にともなって学生を確保できる可能性の方が大きいと考えてよいと論じている。矢野自身が，どの程度の進学率上昇を予想していたのかについての具体的数値は示されてはいないが，こうした指摘からみると，当時，社会全体として，大学進学率は，ある程度上昇し続けるだろうという見方が大勢であったことがうかがえる(矢野眞和『高等教育の経済分析と政策』玉川大学出版部，1996年，66～67頁)。

(31) 吉川徹『現代日本の「社会の心」——計量社会意識論』有斐閣，2014年，138頁。

(32) 吉川徹「学歴は世代をつなぐ」吉川徹・中村高康『学歴・競争・人生——10代のいましておくべきこと』日本図書センター，2012年，221頁。

(33) さらに吉川は，格差を理解し直視することは正しい社会であるが，「格差を直視して生きることは，かつての総中流社会を生きるよりもつらい。総中流社会は幻影的だが幸福でいられる社会であったのに対し，総格差社会は覚醒的であるがゆえに幸福ではない社会である。しかもそれは，動かしがたい高原期の膠着状態にある。そのように考えるとき，どちらが望ましい社会なのかしばし考えさせられる。しかし，わたしたちは，自分たちの社会のこの状況に，クールな気持ちで対峙していくほかないのだ」と述べている(吉川徹，前掲書，2014年，138～139頁)。

(34) 厚生労働省の『平成25年版　厚生労働白書』では，少子高齢化が進行し，経済情勢は厳しい状況が続く現代日本のなかで，若者がどのような意識にあるのかについて述べている。そのなかで，現在，15～39歳にいる若者の雇用環境について，完全失業率や非正規雇用の割合が，年齢層別でみても20代，30代で高くなっていることを指摘している。とりわけ，15～24歳までの非正規雇用率は，1991年に9.5％であったのに対して，2010年には30.4％と大幅に上昇しており，所得格差の拡大や生活不安の増大の一因となっているとしている（厚生労働省『平成25年度版　厚生労働省白書――若者の意識を探る』2013年〔http://www.mhlw.go.jp/wp/hakusyo/kousei/13/：2014年4月29日アクセス〕）。

(35) 山田が就職のリスクを考慮する必要があるとしたのは先に述べたが，山田は「高等教育がリスク化し，リスクに挑戦せず，安全な選択肢のみにしがみつく若者が増えている。これは，日本社会にとって，望ましい事態ではないだろう」と述べている（山田昌弘，前掲書，2013年，76頁）。この点については，「リスクを積極的に回避する」生徒を支持する本書の主張とは，若干の見解の相違がみられる。しかし，山田は「専門的高等教育機関の入学定員を絞ったり，卒業を難しくし，お金と時間と努力を大きくつぎ込む前に，職に就くことをあきらめさせることがある程度必要であろう」と述べ，高等教育機関を出て想定する職に就けないリスクの低減や，新卒一括採用が中心の雇用慣行を見直し，例えば「一般企業が，法科大学院修了で司法試験に受からなかった人，大学教師になれなかった博士などを，一般新卒者と差別なく採用するシステムがあれば，多様な能力を身につけた人材が企業世界に入っていくだろう」と指摘し，「今くらい，学校と就職の間をつなぐ新しいシステムが必要となっている時はないのだ」（山田昌弘，前掲書，2013年，77頁）と論じているように，「リスク」を視点に置きつつ，高等教育機関のある程度の適正化や，新卒一括採用のような雇用慣行の見直しといったシステム全体の再構築が必要であるとすることについては，本書の主張と同意する点であるといえる。

(36) 山田昌弘，前掲書，2013年，29頁。

(37) ここで山田は，これまで教育における再生産論において，佐藤俊樹の階層の閉鎖性や，吉川徹の学歴再生産論が示唆していた教育格差の問題点が，今後は，階層の固定化以上のこと，すなわち，子どもは親と同じレベルにさえ到達しないと

いう意味での「階層の下降移動」が始まったと論じている（山田昌弘，前掲書，2013年，29〜30頁）。
(38) 敷島千鶴『学歴再生産論検討——親子・配偶者の類似性から』慶応義塾大学パネルデータ設計・解析センター，ディスカッションペーパー，2010年，11頁（http://www.pdrc.keio.ac.jp/2009-011.pdf：2014年4月28日アクセス）。

# 第6章

## 大学全入時代の行方
──新たな公共の担い手としての大学教育──

　大学入試が学力中心主義から多様な能力による選抜へ変化した今，受験市場において，大学が従来提供してきた教育の価値意識が変わってきている。また，受験市場の成熟によって大学運営は行き詰まりをみせており，社会全体のなかで新たな価値観を必要としている。そして，平成不況といわれた長い経済停滞期は，大学進学の機会を確実に不平等化し経済格差による教育格差が深刻な社会問題となり，全入時代を迎えた大学教育の質的変化や，経済的事由による進学不安が強調されるなか，大学進学を可能とするのは，学力の有無ではなく，進学意欲と経済力の有無が重要な要因となったとされた。しかし，本書が明らかにしたように，不安定社会といわれる今日，大学進学行動を規定する要因が，大学進学に意義を見出せるか，出せないか，といったきわめてシンプルなものになりつつあるなかで，進路多様校生徒のように学力不安を抱える者は，大学進学意義の喪失感が高まり，将来，自身がリスクを被らないために大学進学を回避するようになったのである。また，本書では，進路多様校生徒のなかで，このようなリスクを回避する行動のひとつとして資格取得に傾斜している現状と，こうした意識が強まることで「新たなリスク」が生じていることについても指摘をした。

　本章では，リスクが高まる現代において，高校生の進路選択のリスクや若者の将来不安が高まるなかで，大学教育が果たしてどのような役割を果たすべきなのか。大学教育の必要性を改めて問い直し，とりわけ1980年代以降に，「国土の均衡ある発展」を目指した国策として開設され，現在，厳しい学生募集環境にある地方私立大学の役割について検討してみたい。

1 大学教育の必要性をあらためて問う

　日本社会をみると，科学技術の発展と徹底した合理化によって戦後，高度経済成長を果たした。このような経済成長を支えたのは，日本企業の業務の効率化によって実現した大量生産方式と，大量消費社会という社会構造を基盤にした市場経済であった。そして，これら日本経済の上昇を担った労働力とは，一律に就業前教育を終えた新規学卒者たちであったが，終身雇用と年功賃金制度の枠組みのなかで，合理的でマニュアル化された業務内容を忠実に遂行することのできる能力こそが高い評価とされるようになった。また，企業側は，それを結集することによって組織力を高めることを目指し，その達成のために必要な作業レベルを細分化し，高等教育を経た者を幹部とするなど，大卒，高卒といった学歴に応じて業務内容と対価を設定したのである。

　しかし，バブル経済の到来と崩壊によって，企業はそれまで常態化していた雇用形態や賃金制度を大きく変化させ，若者の新規採用を抑制し，リストラを促進するなど，生存競争を勝ち抜くために個人を切り捨てた。このような能率主義的な仕組みによって，一旦は低迷していた日本経済は，現在は回復傾向にあるとされている。しかし，勝ち組，負け組といった社会構造を生み出し，これらの競争により排除された今日の若者や中高年を取り巻く格差社会や，希望格差を生じさせたという見方が世論にあることは見過ごせない。そして，このような社会不安をどのように解消するのかについては，未だ具体的な政策が確立されていないのである。

　こうした雇用不安が続くなかで，日本の産業構造は変化を遂げることとなり，新たな知識や情報，技術が基盤となる社会，すなわち「知識基盤社会」へと変貌することとなったのである。それは，これまで工業化社会における価値が資本や労働力であったことに対して，21世紀は高付加価値のモノやサービスを提供することを意味することとなる。知識社会の形成において高等教育が果たすべき新たな役割は，知識を必要とする者に対して，どのように知識を習得する機会を提供するかにある。文部科学省の中央教育審議会「高等教育の将来構想（グランドデザイン）」のなかで，高等教育への期待として「知識基盤社会や少子

高齢化，グローバル化の進展により，知の創造・継承と，幅広い教養を身につけ知的生産活動を通じて社会を支える『21世紀型市民』の育成を担う高等教育は一層重要となる」と示している。つまり，今後，個々人が経済活動に参入するための基盤づくりとしても大学の役割は一層強まり，これまで以上に大学進学を促進させていく必要があることがうかがえる。

　しかし，本書でみてきたように，大学全入時代の到来や不安定な大卒就職環境が続くことにより，大学教育に対する社会的評価は著しく低下することとなった。このように大学に進学する意味が見出せない状況が続いているなかで，できるだけ社会的威信の高い大学を目指すことができる者は大学へ進学し，社会的地位の高い職業へ就くことを目指していくが，入学が容易な大学にしか進学できない者は，大学進学を回避し，学歴ではない新たな能力指標として「資格取得」に傾斜し専門学校への進学を目指し，高卒で就職できる者はただちに就職することを目指すといった新たな動きをみせはじめているのである。もちろん，「こうした選択はすべきではない」というつもりは毛頭ない。なぜならば，このような進路意識は，本書内でも述べたように，生育過程において複合的に形成されるため，高校在学時における進路指導によって劇的に変わることは難しいからである。重要なことは，現状においては，一度辿ったキャリアルートからは抜け出すことができなくなる可能性が高いということである。

　これは，知識社会において最も重要な資産といえる「知識」を修得する機会を，18歳時のひとつの進路選択によって，自ら手放さざるを得ない状況に追い込んでいることを意味する。つまり，近い将来のうちに専門的な仕事の能力を修得したいという意欲や，幅広い教養や専門的な知識について学びたいといった意欲が生じても，そのための手段や方法がわからなかったり，たとえその術を知り得たとしても，自分なんかがそのような意欲をもつべきではないと考えたり，結果的に生涯にわたって再チャレンジできない状況から抜け出せなくなることがある。このことは，機会を得られない状況が就業期前の段階で差がみられるだけでなく，就業期においても様々な格差が生じる要因となる可能性をはらむこととなる。この点について山田昌弘（2006）は「第三の平等概念とし

て労働市場での参入の差別がなくなり，機会（チャンス）だけ平等であればよいという考え方をしていない。仕事能力をつける段階で不平等があれば，結果的に労働生産性に不平等が持ち込まれてしまう」と指摘している。

新たな高等教育機関の役割は，この知識社会のなかで平等に知識を供給することにある。1999年2月に提出された経済戦略会議の「日本経済再生への戦略」では，21世紀の日本社会が目指すべき将来について「参入機会の平等が確保され，透明かつ適切なルールの下」で，民間の経済主体がしのぎを削る「健全で創造的な競争社会」の構築としている。つまり，経済社会において機会の平等を目指すのであれば，就業後においても教育の機会を保障する必要があるといえる。そして，山田が「経済改革や家族の変化によって生じた新たな格差を，社会的排除や生涯の機会格差による意欲の減退や，希望の喪失による社会秩序の不安定化に結びつけない対策が必要」と述べているように，社会全体でこの課題に取り組むことの必要性を今一度，確認しなければならない。

## 2　大学の機能分化を再考する

21世紀の高等教育の在り方として文部科学省は，2007年の「我が国の高等教育の将来像」のなかで，各学校種においてそれぞれの位置づけや期待される役割・機能を十分にふまえた教育や研究を展開するとともに，個々の学校が個性・特色を一層明確にし，とくに大学は全体として，①世界的研究・教育拠点，②高度専門職業人養成，③幅広い職業人養成，④総合的教養教育，⑤特定の専門分野（芸術，体育等）の教育・研究，⑥地域の生涯学習機会の拠点，⑦社会貢献機能（地域貢献，産学官連携，国際交流等），以上の各種機能を大学ごとに選択し機能別に分化することが必要となるとしている。これらは18歳人口が約120万人規模で推移するという人口減少期といった新たな社会構造の変化に対して，各大学の教育・研究組織としての経営戦略の明確化を求めるものであるといえる。

そして，文部科学省は，2008年に「学士課程教育の構築に向けて」を答申したが，そこでは，知識基盤社会，学習社会において，「21世紀型市民」を幅広く

育成するという公共的使命を果たし，社会からの信頼に応えていくために，自己点検・評価，第三者評価，情報公開の必要性について示すとともに，大学進学率が50％を超え，トロウのいうユニバーサル・アクセス型の高等教育段階に突入したことで顕在化した学生の質の変化への対応として，入学試験や成績評価の厳格化の必要性について言及している。すなわち，これらは，文部科学省が大学設置基準の厳格化と併せて，大学の質の保証に対する毅然とした態度を表明するものであり，同時に，とりわけ学生募集活動が困難をきわめ，厳しい経営環境に置かれる私立大学の喫緊の課題であるといえる。しかし一方で，本研究で再三指摘したように，日本においては高校段階で学力格差は拡大しており，大学において多様化する学生を受け入れていかなければならない状況は当然ながら消えることはない。だとすれば，文部科学省が示した大学の機能分化しながら役割分担を進めることでは，この問題を解決するには至らないとも考えられ，さらに，強力な機能分化の枠組みが必要ではないだろうか。

　こうした大学の機能分化については，今日の日本のような急激な受験生の減少を経験したアメリカの高等教育政策にみることができる。1960年代に爆発的な学生数の増加に直面したアメリカでは，この対応として500以上の新大学が開学した。しかしその後70年代には高校生が減少し，各大学では学生募集が大きな課題となり，対応に追われた大学はエンロールメント[6]ということをひとつのコンセプトとして，組織機能として発展させる必要性を自覚せざるを得なくなった。このとき，学生数が多いときは教育機会の保障が学生支援の目的であったが，学生の減少とともに低所得階層の学生だけでなく中流層の学生も含むことも目標となったのである。

　しかし，このような1960年代からの社会的な機会均等化の手段としての高等教育の拡大という政策は，しだいに高等教育をひとつの権利とする位置づけを強めたことにより，学力選抜が難しい大学を出現させることとなり[7]，一方で，1980年代中頃からは一部の選抜性の高い私立大学は質的な高度化を明確に目指しはじめるようになったのである[8]。つまり，大学の二極化をより一層強めることとなったのだが，こうした動きは，大学の設置形態の違いはあるにせよ，今

日の日本においてみられる現象と酷似しているといえる。この点について，喜多村和之（2000）は，アメリカでみられるこのような高等教育のユニバーサル化に対して「従来の高等教育機関がそれぞれ新しい状況に再適応しつつ，また独自の質的アイデンティティを発達させつつある，というのが現代アメリカの高等教育であるといえよう。その結果，アメリカの高等教育機関は，エリート型部門，大衆型部門，そしてユニバーサル型部門に分化しつつあるとみることができる」と述べている。このような指摘はきわめて重要である。なぜならば，大学の大衆化，ユニバーサル化を迎えた日本の大学は，全入時代を迎えたことによって，大学生の多様な学力への対応を迫られている。そのなかで，たとえ大学進学率が下降したとしても，それは大学入試が過去のように全体としてハイレベルなものになることを意味しない。当然，選抜性が高い大学はより厳しく，全入状態が続く大学はより多様な学生の受け入れを求められる。つまり，大学進学率による高等教育の段階モデルを説明することが難しい面が生じているのである。だとすれば，喜多村が指摘する，大学の分化，すなわち，エリート型大学，大衆化型大学，ユニバーサル型大学の機能分化は，よりリアリティをもつものと考えられるのである。

　文部科学省は2013年に「第2期教育振興基本計画」を閣議決定した。本計画は2013年から2017年までの5カ年を対象としたもので，ここで「社会を生き抜く力の養成」を基本的方向性に基づく方策のひとつに掲げている。そして，この「社会を生き抜く力の養成」の施策のひとつに，「学生の主体的な学びの確立に向けた大学教育の質的転換」をあげており，「プログラムとしての学士課程教育」の概念の定着や，「大学等の質の保証」「大学評価の改善」など，大学教育の改革の重要性について明記している。これらは，大学教育の社会的価値を高める取り組みを示唆している動きであると指摘できるが，こうした大学教育に期待する一方で文部科学省は，2014年に専修学校の専門課程における職業教育の水準の維持向上を図るために，「職業実践専門課程」として472校を認定している。このような専修学校の高度化，実践化の動きが，今後の高校生の進路選択にどのような影響を与えるかは不透明であるが，厳しい雇用環境が続く

なか充実した職業教育を求める若者，例えば本書内の研究が明らかにした「積極的に大学に進学しない者」にとって，関心をもつに値する制度であるのは間違いない。そして，全入状態の大学とこうした専修学校が学生獲得競争において競合することも容易に想像できる。全入状態の大学としては，教育の質向上は当然のこととして，若者の職業教育の場としての教育システムの構築が急がれるのである。

### 3　新たな公共としての大学教育——地方私立大学の役割

戦後日本において急激な経済成長を支える人材育成と，国土の均等な発展を支えるための若者の地方定住化を目的とした私立大学政策は，一定の成果はあったといえる。その一方で，大学全入時代の到来を招いた大きな要因であったと指摘することもでき，結果的に，大学教育への不信感，すなわち教育の質低下に対する社会的な不安感を高める要因となったことも事実であろう。それでは，最後に，新たな公共性の視点から，主に地方に立地する私立大学の今日的役割について考えてみたい。

さて，日本の国土計画の動向を今一度確認してみると，2008年に国土交通省は，過去五次にわたり出されてきた「全国総合開発計画」に代わる新しい国土計画として「国土形成計画（全国計画）」を策定した[14]。この計画では，人口の減少等を前提として各種の課題にこたえていくことを基本方針とし，国民の価値観の変化，ライフスタイルの多様化にともなう幅広い「公」の役割を積極的に捉え，国土づくりを担う新しい主体の育成につなげるべきであるとしている。そして，その「新たな公」の担い手の確保と，その環境整備を図ることにより「新たな公」を基軸とする地域づくりを進めることを基本方向のひとつとし，そのなかで，地域資源の活用に当たっては，大学，企業，研究機関などとの具体的な連携による地域資源の高付加価値化，ブランド化，他地域との差異化を進めるとしている。つまり，これらは，地方分権，人口減少といった社会構造が大きく変化する現代社会において，私立大学が地域社会において新たな役割を探るためには，「公共性」に対する深い考察が重要であることを示唆してい

る。

　日本私立大学団体連合会は2008年に「私立大学経営倫理綱領」のなかで，大学の公共性について「私立大学を設置する学校法人の経営は，常に大学の使命達成に向けられて行われるものである。すべての収入は，目的事業たる教育研究の遂行に使用されるべきものである。殊にその資産は，いかなる私人にも帰属しないという公共財的性格を持っている」と明記した。そして，重本直利(2009)は，「大学の社会的責任とは社会に対して教育・研究的責任をとるということであり，社会的公共性というものを考えると，どのような形で社会に対して責任を取るのかについて，大学経営者としては考えていかざるをえない」と指摘している。また，山脇直司(2008)は，「教育は他者との関係性のなかで生きる力を育むという点で，科学技術は公開性や公益性とかかわる点で，たとえその組織母体が私立と呼ばれていても公共性と直接かかわるのである」と述べている。つまり，私立大学の使命とは，教育の公共性を保障することであり，そのためにも，第2章において示した2002（平成14）年の答申以降進められている大学の質保証への取り組みを通じて，社会に対する公共的役割を果たすことが求められているのである。

　そのなかで，地方に立地する多くの私立大学が，今後，地域社会において新たな存在意義を創出するためには，大学当局がこのような社会的要請に向き合い，社会的公共性の観点から，大学が有する人的，物的資源を地域社会に積極的に開放することによって，地域の活性化のための仕組みづくりを構築することが大切となる。そして，大学の質保証に対して責任と自覚をもつことにより，将来的に地域における経済活動や社会活動に有益となる人材の育成に真摯に取り組むことが何より重要であるとともに，このような社会的要請への対応こそ，全入状態にある大学に課せられた役割であることはいうまでもない。

　さらに，個別の大学群を強調するならば，1980年代以降，国土の均衡発展を目指すため地方分散化政策によって各地で急増した多くの小規模大学といってもよいだろう。その根拠は，こうした大学群の開設に関係した法令にみることができる。第2章で述べたように，1959年に制定された「首都圏の既成市街地

における工業等の制限に関する法律」（工業等制限法）の制定を契機に都市部における大学設置や学部増加は抑制され，地方に大学設置が拡散することとなった。つまり，大規模工場（多くは大手企業の生産拠点）もまた都市部ではなく地方に立地することになり，その地域の若者を定着させる大きな要因となり，地域社会に根づいていると考えることができる（もちろん，すでに撤退している地域もあるだろう）。本書内においても指摘したように，経済不況や大学教育に対する不信感が高まり，大学進学よりは，たとえ生産工程に従事することが主たる業務であろうとも，こうした大手企業に高卒就職の時点で就職できるのであれば，就職を優先する高校生が多い状況にある。

　しかし，一方で，高卒就職者の離職率も依然として高く，高卒就職者の約5割が新卒3年以内で離職をする現状がある。この点について海野道郎（2008）は，「人間の能力は可塑性が高いものであるし，職業自体も時代とともに変化する」とし，「『自分にぴったり合う』職業の発見に精を出すのは，理に反している」と指摘し，「高校卒業者を職業人として受け入れる社会の側にも考え方と仕組みの変革が必要だ」といった主張と，その問題点について次のように述べている。[18]

　　　高卒就職者の離職率が高いと嘆くのではなく，それが自然・当然なのだという認識のうえに立った制度設計が望まれる。適性に応じた多様なコースを用意する，という方針のもとに，高校教育課程は細分化が進んでいる。しかしこのことは，社会を構成する人々がもつ共通の教養を貧困にするだけでなく，あまりにも早く選択を迫ることによって高校生個々人の可能性を狭めている，ということに気づかなければならない。

　そして，続けて海野は，このように高卒就職段階では自身に適した職に就くことが難しいなかで，高校生自身に早い段階で自分の学歴は決定しているものだと思わせているのであれば，それは現在の学校制度と社会状況であると論じている。[19]

　こうした指摘からすれば，われわれ社会の側が，かれらの再就職を支援することは当然の義務であると考える必要がある。すでに職能訓練については，公

的機関を中心に定着しているようにみえるが，他方で，一般的な教養，あるいは情報リテラシーのような，専門的知識を支える基本知識を養うための機関が必要であると考えられる。そして，こうした知識や技術を必要とする若者とは，高卒就職者だけでなく，仕事に直結する資格の取得や，夢や希望をもって，専門学校へ進学をした多くの若者，すなわち，本研究で取り上げてきた進路多様校生徒が主な対象となり得るのではないだろうか。まさに，地方私立大学は，このような若者の再教育機関として最適であるといえるのである。海老原嗣夫（2012）は，若年層の労働状況の実態について，「終身雇用というと，新卒採用で入った一つの企業に定年まで勤める，という意味合いを強く感じるが，これが実態とは大きく異なる。日本は昔から，若年層の転職が非常に激しい社会だったのだ」と指摘し，終身雇用を「若年時には数回の転職を行うこともあるが，30代までには終のすみかを決め，その後は定年まで一つの会社にとどまること」と表現している[20]。また，本田由紀（2014）は，戦後日本型循環モデルから新たな社会モデルへの転換の必要性を強く主張するなかで，「これからは教育と仕事との間に，教育内容をめぐる対話や，あるいは人々が一度仕事に就いたあとに再び教育に戻って力をつけ直すといったリカレントな流れが，もっと必要になる」と論じている[21]。この点については，第5章で言及したような，学校と就職をつなぐ新たなシステムが必要であり，そのためにも新卒一括採用といった雇用慣行の見直しが必要であるとする山田の主張と符合するといえる。

　こうした指摘は，若者がキャリアアップとして転職することを前向きに捉えることができるだけでなく，離職後の教育の必要性を示す重要なものである。つまり，若者が実社会を経験し，腰を据えて自身の将来について考え，離職や転職のリスクをいかに軽減させることができるのか，そのために必要な学びを提供することが若者の自立を促す仕掛けになると考えられるのである。前述の文部科学省「第2期教育振興基本計画」のなかでも，「社会を生き抜く力」を養うための施策のひとつに「社会的・職業的自立に向けた能力・態度の育成等」をあげており，そのなかで，若者の雇用状況の改善に向けた取り組みとして，「大学・短期大学，高等専門学校，専修学校への社会人の受け入れ状況の改善」

が指摘されている<sup>(22)</sup>。大学が積極的に地域社会の人々を受け入れる仕組みを構築することや，若者の雇用改善を促す有意義な取り組みをすることは，まさに使命のひとつであると理解する必要がある。

　また，地域社会の側からみても，技術革新が恒常化し，社会活動が高度な知識に基盤を置くようになっていくなかで，変化に敏速に対応できない地域社会は衰退を余儀なくされる<sup>(23)</sup>。すなわち，持続可能な社会を構築するためにも，産学官の連携をより一層強めることは不可避であり，とくに地方大学はより地域に根ざすことで存在意義が際立つともいえる。そして，このような地域社会の活性化は次世代を担う若者が自立する仕組みがあって成立することはいうまでもない。

　知識社会といわれる今日，知識を修得する時期に個人差があったとしても，知識を修得する機会に格差が生じない，個人差に左右されない高等教育機会の均衡化こそが，若者の自立を促し，かれら自身が将来に希望を抱くことができる環境づくりの基盤となるだろう。そして，こうした視点こそが，地域社会の活性化の要因として重要な位置を占め，かつて，国土の均衡ある発展を目指し各地に開設され，その役割を終えた多くの大学が，今後，新たに担うべき役割のために重要であるといえよう。

## 注

（1）　文部科学省「知識基盤社会と高等教育」(http://211.120.54.153/b_menu/shingi/chukyo/chukyo4/gijiroku/001/03090201/001.htm：2012年11月1日アクセス）。

（2）　山田昌弘『新平等社会――「希望格差」を超えて』文藝春秋，2006年，82頁。

（3）　「日本経済再生への戦略」経済戦略会議答申（http://www.kantei.go.jp/jp/senryaku/990226tousin-ho.html：2008年11月3日アクセス）。

（4）　山田昌弘，前掲書，2006年，86頁。

（5）　文部科学省「第2章　新時代における高等教育の全体像」『我が国の高等教育の将来像（答申）』(http://www.mext.go.jp/b_menu/shingi/chukyo/chukyo0/toushin/05013101/003.htm：2011年8月30日アクセス）。

（6） 今井健，今井光映は大学エンロールメント・マネジメントについて「エンロールメント・マネジメントは組織的な概念であり，戦略的なプランニングによって組織され，大学調査などによって支えられ，エンロールメント・マネジメントは学生の大学選択，大学入学，在学中のサービス，大学中退阻止，学生の将来などに関わる支援諸活動を総合的に運営することである」と述べている（今井健・今井光映『大学エンロールメントマネジメント・マーケティング——大学 EM の 4C スクェアーパラダイム』中部日本教育文化会，2003年，90頁）。

（7） 喜多村和之はこうした高等教育の拡大政策は，「しだいに高等教育を一つの権利という位置づけを強め，したがってとくに公立大学は入学者について学力による選抜を行いにくい状況に立たされる。そうして入学してくる学生には，基本的な読み書きの能力が疑わしいものが少なくない」状況を生じさせるなかで，「伝統的な意味で質の高い高等教育に固執すること自体が，新しい矛盾を生じさせていたのである。しかしまた他方で，国際的な競争は，グローバルな経済環境で能力を発揮しうるような人材も要求していた。こうした意味で，高等教育の質が課題とならざるをえなかったのである」と述べている（喜多村和之編『高等教育と政策評価』玉川大学出版部，2000年，206頁）。

（8） こうした一部の選抜性の高い私立大学について喜多村は「伝統的な枠組みから抜け出し，みずからのアイデンティティを明確にして，それによって威信を高めるための戦略的な経営を志向する傾向が強まったのであった」と指摘している（喜多村和之，前掲書，2000年，207頁）。

（9） 喜多村和之，前掲書，2000年，208頁。

（10） 現在，政府においては社会の変化に対応した高等教育機関の設立に向けて議論が展開されている。その内容は，経済成長に向けた人材を育成するために職業教育を主としておこなう新たな高等教育機関制度を創設するものであり，平成31（2019）年度からの開始を目指している。2014年10月の有識者会議のなかでは，一部の大学を除いた多くの大学では研究ではなく実践的な職業訓練を行うことが必要であることや，その具体例も示されていた（文部科学省「実践的な職業訓練を行う新たな高等教育機関の在り方について」（審議のまとめ）(http://www.mext.go.jp/b_menu/shingi/chousa/koutou/061/gaiyou/1356314.htm：2015年 5月30日アクセス）。このような議論の背景には，大学教育に対する社会からのニ

ーズが変化していることがあるだけでなく，大学教育の実態が多様化し，従来の質保証が難しくなっていることがあるといえる。つまり，今回の制度変更は高等教育の枠組みを変え実態に即した教育をしていこうとするものであり，本文で支持している喜多村の大衆型，ユニバーサル型といった機能分化論よりも，現場に与えるインパクトはきわめて強い。しかしながら，現行の大学群がどの程度職業訓練校へシフトするのかは不透明な状況であり，こうした大学の機能分化論においては，まだまだ多くの視点や考え方を残しておくことが重要であるといえる。

(11)　文部科学省「教育振興基本計画」(http://www.mext.go.jp/a_menu/keikaku/detail/__icsFiles/afieldfile/2013/06/14/1336379_02_1.pdf：2014年 9 月23日アクセス）。

(12)　この「教育振興基本計画」のなかで「社会を生き抜く力の養成——多様で変化の激しい社会での個人の自立の協働」のために「高等教育段階修了までに身に付ける力とその方策」について次の 3 点をあげている。(1)大学等の教育については，改善のための様々な工夫が進展しているものの，必ずしもすべての大学が社会で求められている役割の変化に対応し学生や国民の期待に応えて十分な成果を出していない，主体的な学びに欠かすことができない学生の学修時間が少ないなど，厳しい評価や調査結果が示されている。(2)予測困難な時代にあって，高等教育段階においては，「生きる力」の基礎に立ち，①「答えのない問題」を発見してその原因について考え，最善解を導くために必要な専門的知識及び汎用能力，②実習や体験活動などをともなう質の高い効果的な教育によって，知的な基礎に裏づけられた技術や技能などを身に付けていくことが求められている。③さらに，グローバル化が進行する産業社会においては，英語や情報活用能力も不可欠なものとなりつつある。(3)このため，各大学等の方針・役割が多様化している点に留意しつつも，「質を伴った学修時間の実質的な増加・確保」を始点として大学教育の質的転換に向けた各大学の自主的かつ積極的な取り組みの促進，大学等の教育の質の保証・向上を図るための条件整備を行うこととする。

(13)　文部科学省「『職業実践専門課程』の創設に向けて〜職業実践的な教育に特化した枠組みの趣旨をいかした先導的施行〜」(http://www.mext.go.jp/a_menu/shougai/senshuu/1339272.htm：2014年 6 月30日アクセス）。

(14)　国土交通省「『国土形成計画』（全国計画)」(http://www.mlit.go.jp/common/

000019219.pdf：2011年8月30日アクセス）。
(15) 私立大学団体連合会「私立大学経営倫理綱領」（http://www.shidai-rengoukai.jp/information/img/001.pdf：2014年10月23日アクセス）。
(16) 重本直利『大学経営序説——市民的公共性と大学経営』晃洋書房，2009年，6頁。
(17) 山脇直司『公共哲学とは何か』筑摩書房，2008年，35頁。
(18) 海野道郎「公正な社会をめざして——『仙台高校生調査』が示唆するもの」海野道郎・片瀬一男『〈失われた時代〉の高校生の意識』有斐閣，2008年，201～202頁。
(19) 海野道郎，前掲書，2008年，202頁。
(20) 海老原嗣夫『雇用の常識　決着版——「本当に見えるウソ」』筑摩書房，2012年，11～12頁。
(21) 本田由紀『社会を結びなおす——教育・仕事・家族の連携へ』（岩波ブックレット899）岩波書店，2014年，46頁。
(22) 主な取り組みのひとつに「社会人の学び直しの機会の充実」を掲げ，具体的に次のように示している「スキルアップ・職種転換などのキャリアアップや再就職（出産等により一度離職した女性の再就職など）などの再チャレンジを目指す社会人の学び直しをはじめ，多様なニーズに対応した教育の機会を充実するなど，大学・大学院・専門学校等の生涯を通じた学びの場としての機能を強化する。このような観点から，イノベーションの創出を支えるプログラムや，就職を円滑な転職等につながる実践的なプログラムを教育機関と産業界等との協働により開発することを通じて，大学・大学院・専門学校等における社会人の受入れ等を推進する」。このように大学や大学院だけでなく専門学校も同様な扱いをしていることがみてとれる。先述のとおり，専門学校教育の強化の動きもみられており，大学自身が専門学校とどのように差別化をしていくのかも重要な視点であると考えられる。
(23) 市川昭午『高等教育の変貌と財政』玉川大学出版部，2000年，164頁。

# 終　章

# 高校生の進路問題を捉える現代的視座
―――格差問題を超えて―――

## 1　各章の整理とまとめ

　本書内の研究では，大学全入時代といわれる今日において，とくに1990年代以降，これまで大学進学率の上昇を支えてきた進路多様校生徒への調査，分析を通して，近年，大学進学率は停滞，大学進学者数が減少傾向にある要因を探るとともに，かれらの進路形成とその意識を明らかにすることをも目的とした。

　ここであらためて各章の整理をするとともに，本書内で明らかになった点について述べてみたい。

　第1章では，はじめに，現代社会を「リスク社会」と捉え，リスクが高まる現代日本において高等教育の大衆化が進むことは，高校生が自身の能力を再帰的に捉えることを生じさせ，学歴取得のリスクに対する意識を高めていることを述べた。次に，1990年代以降の教育をめぐる格差問題と，大学進学費用問題に関する，これまでの日本における議論を整理した。ここでは，教育格差問題が日本経済の長期不況によって生じた経済格差の拡大によって注目されることとなるなかで，こうした経済的要因や親の教育観が子どもの学力や意欲に影響を与えることを問題視する一方で，成熟化する日本社会においては，学力不安を抱える者たちが，将来への展望を冷静に見極めながら進路選択をしはじめていることを指摘した。そして，OECDデータを基に日本の高等教育を取り巻く環境を概観した後，日本の奨学金政策が，これまで大学進学費用の捻出の方策として期待していた層の考え方が変わるなかでは，結果的に低所得者層の効果的な費用調達の方策にはなっていない状況を明らかにした。

　第2章では，日本において大学の量的拡大を担った私立大学政策を概観し，

地方分散化政策によって立地された大学の多くは，地域に若者を定着させることに大きく貢献してきたことを述べつつ，成熟社会の現代においてはその役割を終えていることを指摘した。そして，進路多様校生徒が大学進学にシフトしてきた背景として，こうした大学の量的拡大政策が大学入試状況において地域的，規模的に二極化を生じさせたことや，主に推薦入試の拡大などの大学入試の緩和策によって，全入状況にある大学では推薦入試，AO入試による入学者が増加している現状を明らかにした。最後に，近年の高校生の進路動向の変化をみながら，進路先別，学科別，性別の特徴について述べ，大学進学者の減少や進学率が停滞の様相をみせるなか，専門学校進学率，就職率が上昇していることを指摘した。

　第3章では，大学全入時代の到来が，大学によって就職機会の格差を生じさせている現状について述べつつ，そこには「学校歴」の影響が根強くあることや，大学全入によって企業側も大卒者の学力に疑いをもちはじめているなかでは，学力不安を抱える者が多く進学するような設置年数の浅い，小規模大学では就職状況が厳しく，結果的に大学全入が教育の不平等問題や学力格差を隠蔽する装置になっていることを指摘した。また，実質的に全入状況にある地方私立大学を事例に，こうした大学に入学する学生は，高卒就職を果たせず，容易な入学方法を活用して就職を先送りするために進学しているなど，自身の能力不足をすでに高校時代に経験していることで，厳しい大卒就職を乗り越えることができない状況を受け入れてしまっていることを明らかにした。そして最後に，現代の社会問題でもある大卒無業者を社会に産出し続けている現状は，学生に対する教育システムが構築されないまま，経営維持のために大学教育に耐えられない学生を獲得しつづけてきた，大学教育内部にくすぶる理想と現実のギャップ，いわば大学教育現場のジレンマを放置してきた帰結であると指摘した。

　第4章では，ここまでの議論を背景に置いて，進路多様校生徒に対して実施した調査を基に，大学に進学しない生徒の進路意識について分析をおこなった。その結果，リスクが高まる現代社会においては，これまで進路多様校生徒にお

いて進学の強い動機となっていた人的資本論への不信感が高まることで，進学の価値を見出すことが困難になる傾向がみられたのである。そして，かれらの進路意識は，生育過程のなかで強固に形作られるため，高校入学後の進路選択決定時に，たとえ奨学金政策によって大学進学費用の負担問題がクリアされ大学進学が可能となったとしても，大学進学に変更することは難しいことが明らかとなった。つまり，近年の大学進学率の停滞の大きな要因は，経済的な理由で大学進学を「断念」している生徒が増加していることではなく，「大学進学が必ずしも安定した職が得られるとはかぎらない」という心理の働きで，とくに学力構造で下位にいる生徒やその保護者が冷静かつ客観的に自己分析をおこない，大学進学を「回避」しはじめていることにあると指摘している。そして，こうした大学進学「回避」のメンタリティは，若者の雇用不安が高まるなかでは，より一層強まることを言及している。

　第5章では，不安定な現代日本においては，無理をして大学に進学することのメリットを見出しにくい状況にあるため，進路多様校生徒のなかで「リスクヘッジ」の手段として大学進学をただちに選択肢から除外しはじめていることを指摘した。また，将来不安が高まる現代社会のなかでは，大学に進学しないことを肯定的に捉えることに抵抗がなくなり，「積極的に大学に進学しない者」が台頭することが考えられる。そして，不安定社会において求められる「能力」が不透明ななかでは，学力不安を抱える生徒たちは自身の就職を有利にするために「資格取得」を目指す傾向が強くなっていることを述べ，一方で，こうした動きは，想定外変化の時代においてはきわめて脆弱であり，「キャリア・リスク」への対応が重要であると述べている。最後に，常態化する不安定な若年層雇用環境において現在，大卒無業者，あるいは不安定な職業に就いている若者が親世代になったとき，自身のキャリアルートを再帰的に捉えることで，わが子に安易な大学進学を望まない可能性が生じることによって，「学歴再生産論」では，今後，大学進学率の動向を捉えることが難しくなることを論じている。

　第6章では，知識基盤社会といわれる現代日本における大学教育の必要性を

あらためて問いつつ，大学機能をエリート型部門，大衆化型部門，ユニバーサル型部門に分化させることが重要であると述べている。そして，1980年代以降，国土計画によって地方配置された，今では厳しい募集状況にある私立大学の役割を明確化させること，こうした地方大学が教養教育環境を充実させることにより，進路多様校生徒のように学力不安を抱える者たちが学校から社会へ移行後，自らの教養を高めることができる場として機能することが重要であることを指摘した。

## 2 「リスク」の観点からみえてくる新たな射程

ここまで，現代をリスク社会と捉え，「大学全入」の現象が進路多様校生徒の進路形成や進路意識にどのような影響を与えるのかについて，リスクの観点から考察してきた。そのなかで，かれらが大学に進学しない要因を探りながら，その背景にあるかれら特有のメンタリティについて論じてきた。これらで得られた知見をあらためて整理すると，次のようにまとめることができる。

①リスクが高まる現代社会においては，リスクは個人化，二極化を加速させる。大学全入は高校生の進路選択の幅を広げることとなったが，同時に選択の結果で生じるリスク，すなわち自身が安定した就職機会を得られる可能性に対する責任を個人に帰させることとなった。進路多様校生徒は大学進学の際には推薦入試，AO入試に依存する傾向が強く，一方で全入状態の大学もこうした軽量入試に依存している現状がある。このような入試環境によって，これまで進路多様校生徒の大学進学シフトを加速させることとなったが，進学した大学によって就職機会に格差が生じていることを目の当たりにすると，かれらは大学進学を「回避」し，資格取得を目的とした専門学校進学や，早期に就職できるのであれば，無理して進学せずに高卒就職を目指すようになったのである。また，OECDデータからも明らかになったように，日本は諸外国と比べて学歴別の失業率に差がみられず，進学したところで就業上のメリットが見出しにくい状況でもある。つまり，自身の能力を冷静に捉え，将来のリスクを軽減するために，大学進学以外の進路選択を肯定的に捉えるよ

終　章　高校生の進路問題を捉える現代的視座

うになったと考えることができる。

②リスクヘッジを意識するかれらの進路選択行動は，山田が指摘した「リスクの普遍化」への対応策を具現化したことを示したものであるといえる。1990年代以降，大学全入の現象によって加速した大学進学シフトの動きは，「無理する家計」や「健気な親たち」からすると，リスクの普遍化によって格差が拡大する不安のなかで，「負け組」にならないための方策であったのである。そして，その背景には，大学に進学することによって安定した就職機会を得ることに対する期待があり，大卒学歴の取得が一定の生活水準を保つことにつながると信じていたからこそ，大学進学費用を捻出する努力をしてきたのである。しかし，現実には，大学全入が加速し，大学教育への不信感が高まると，単に大学に進学するだけでは就職することが困難な状況に陥ってしまう可能性があるばかりでなく，結果的に奨学金という借金まで背負うことになりかねない状況がみえてくると，かれらはリスクの普遍化が進展するなかでは，むしろ，大学進学を回避する選択をすることが「負け組」にならない方策となり得ると考えはじめたのである。つまり，かれらが大学に進学しないのは，単純に経済的事由が大きな要因であるとはいえないのである。実際に，本書内の研究の調査結果においても，たとえ経済的支援が得られ大学進学の機会が目の前に現れても，大学進学費用ほどではないにせよ，進学費用の負担が必要となる専門学校へ積極的に進学する生徒の様子が随所で確認できた。こうした状況を背景に置くと，どれだけ奨学金制度を強化し，大学進学費用の負担問題を解決しようとしても，かれらが大学進学にシフトすることは難しいと考えざるを得ないのである。

③「大学全入」の現象は，「能力不安」を高めることとなり，能力に対する意識の差異をもたらすこととなった。学校外教育費を捻出できる者は，より社会的威信の高い大学への進学を目指し，経済的余裕のない者は，できるだけ早期に確実に就職できる方法を模索している。重要なことは，いずれも積極的，肯定的な選択であるということである。このような意識の差異が拡大することによって，進路多様校生徒のなかで学歴獲得競争から撤退する者が増加し，

かれらの進路選択の多様化は加速することとなる。しかし，かれらは確実さを求めるがあまり，想定外への対応力が脆弱な側面がある資格取得に傾斜している現状がある。また，社会における資格の効用についても決して高いとはいえないなかで，不確実性の縮減を求め，資格取得の意識を高めている。しかし，かれらは自身の進路選択に，こうしたリスクが内包していることを理解しているとは言い難く，これらの指摘は高校における進路指導の大きな課題であるといえる。そして，このような，ある意味で偏ったキャリア意識をもつかれらが，一度，仕事に就いて自身の将来を考え離職をしたり，働きながら次の転職を考えたりする際に，離職や転職のリスクをある程度緩和することが求められるなか，今後は，大学教育，とりわけ地方私立大学がかれらに対する再教育プログラムをどのように構築し，提供できるかが重要となる。

以上の点が，本書内で明らかにしてきたことである。

それでは，こうした指摘は，今後の進路多様校生徒の進路研究にどのような示唆を与えるのだろうか。

まずは，本書でも再三強調してきたことでもあるが，かれらが大学に進学しないのは，経済的事由が大きな要因ではないということである。かれらは，義務教育段階で，自身の能力を客観的に捉え，リスク社会において自身の生き方と真摯に向き合った結果，積極的に大学進学をしない選択をしはじめているのである。そして，こうした動きは，高校の進路研究においては，これまでの「大学に進学する者」「大学に進学できない者」といった二元論から，今後は「（積極的に）大学に進学しない者」を含めて多面的な捉え方をしなくてはならないことを示唆している。

もちろん，経済的要因がかれらの学力形成に影響を与えていることは否定しない。重要なことは，かれらに対して高校卒業後の進路を決定する時期に，経済的問題をどれだけ解決しても大きく大学進学にシフトすることはないということである。これまでの教育をめぐる格差問題においては，長期にわたる経済不況と，2000年代に入り加速した「大学全入」の現象を背景に，進学費用の捻

出問題が象徴的な問題となり，知らず知らずのうちに大学進学費用問題に集約されることとなった。その結果，格差是正のための経済支援策として，奨学金政策に対する関心が高まったのである。確かに，大学全入時代の到来は，それまで学力不足によって進学を断念していた一定層の生徒が大学進学へのシフトを果たすことができた点で大きな意義があったといえる。しかし，高卒就職環境の悪化による就職の先送りや，高校の進路指導から漏れてしまった生徒の避難先としての大学進学の増加と，不安定な若年層雇用環境の常態化によって，こうした格差問題が就職機会の格差問題まで先送りされてしまった現状から，われわれは大学進学機会の平等化では格差問題を根本的に解決することは難しいことに気づかなければならない。そして，ここで，高校生の進路研究において経済的問題についての議論を，一旦，切り離して考えることによって，もう一度，格差の根源的な問題として立ち返ることが必要である。すなわち，教育における経済資本の問題を解決するためには，もっと幼少期から義務教育時期に特化した策を講じる必要があるということである。

　また，リスクの個人化が強まるなかでは，個人の再帰的な物事の捉え方は強まるといってよい。こうしたなかで，厳しい雇用環境にある大卒学歴の親が自身の置かれている環境を反省的に捉えることになると，自身の子どもに大学進学を望まない考えが強くなることも十分に考えられ，学歴再生産論では，今後の大学進学者の動向を説明することが困難になるといった仮説を提示できたこともきわめて重要であるといえる。

　こうした指摘は，大学教育全体に警鐘を鳴らすことになる。すなわち，このような状況を打開するためにも，日本の教育システムだけでなく，若者の就労意欲を高める仕組みづくりとして，大学の在り方，大学教育の価値を高めていかないかぎり，潜在的な大学進学者の開拓は困難となり，大学進学者数や進学率は増加や上昇するどころか，むしろ今後も減少，下降へ向かう可能性があるといえる。そして，例えば専修学校の高度化，実践化などは大学教育に脅威を与える可能性を十分にはらんでおり，こうした動きは，全入状態にある多くの大学にとって，あらためてその存在意義を問われるきっかけになり得るといえ

る。また，高大接続の観点からみても，大学側は教育に責任をもち，学力不安を抱える者たちに一定の学力を身につけさせ，厳しい社会において必要とされる能力を養う義務を果たさなければならない。ましてや，「大学全入」の現象が，学力格差の問題を先送りする装置となっている現状を黙認するようなことはあってはならないのである。さらにいえば，大学が若者のリカレント教育機関として明確な立場をとり，教育プログラムを構築していくことが重要となる。そして，そうした意識を高めるためにも，企業側も20代の転職経験や，就業後に大学に進学し学び直した経験をもつ若者を肯定的に捉え，かれらに再チャレンジの機会を与える文化を醸成していく必要がある。

このように，進路多様校研究は，高校生の進路問題の一部に過ぎないが，大学教育問題，若者の就労問題に重要な示唆を与えるとともに，これらの分野と密接に関連づけながら考察する必要があるのである。いずれにしても，リスクが高まる社会においては，若者が自身の能力を高める時間や精神的なゆとりをもてる社会づくりを構築することが，われわれの使命であることを，あらためて認識しなくてはならないだろう。

### 3　本書内で扱った研究の限界と課題

最後に，本書内で扱った研究の限界と残された課題を述べておきたい。

本研究は，進路多様校生徒を対象にしたものであり，高校生の進路選択全体にわたって示唆するものではない。本研究において進学校を対象とした調査は一部に過ぎず，現代における高校生の進路問題の全体像を摑むには不十分であるといわざるを得ない。今後は，進学校と進路多様校との比較を主眼とした研究についても進めていきたい。

また，本研究において分析対象とした調査は，大学進学率が下降しはじめた2009年から2013年までの5年の間に実施したものである。個別の調査対象数は少数ではあるが，大学に進学しない高校生が増えている状況のなかで蓄積された調査結果を基に分析を進めることができたという点では，一定の評価ができるものの，当然ながら大規模調査を基にした分析をすることが必要であると考

終　章　高校生の進路問題を捉える現代的視座

えている。

　そして，進路多様校生徒の進路問題の実態として，進路指導において普通科が専門学科に比べ焦点を絞りづらいといった指摘を裏づける結果を得ることはできたが，具体的な改善策までの言及には至っていない。その具体策としては，橘木や松浦がいうように普通科高校の数を減らし，専門高校を増やすといったことや，普通科でも就職指導を重視しなければならない高校では，例えば専門学科と同レベルの職業に関する授業数を保障するような大胆な教育課程の見直しをするなど，専門学科と同質の運営をすることを政策的に認めていくことも検討に値する。こうした視点からの実証的な検証は今後の重要なテーマとなる。

　何より，本研究のなかでも指摘したが，学力不安を抱える者たちへの経済支援は，高校入学後ではなく義務教育段階までに実施することが必要である。この点については，今後も本研究で注目した進路多様校生徒への調査を通じて，かれらのキャリア観が，高校入学段階までにどのように形成されてきたかについて検証し，経済面だけでなく，どのような支援が有効であるかさらなる検討を進めなければならない。これらの点については，次回の課題としたい。

# 参考文献

（日本語文献）

青幹大・村田治「大学教育と所得格差」『生活経済研究』第25集，2007年。

阿形健司「職業資格の効用をどう捉えるか」独立行政法人労働政策研究・研修機構『日本労働研究雑誌』No.594，2010年。

赤堀勝彦「キャリア・リスクの時代における若年層の雇用とキャリア——キャリア教育の充実とキャリア開発の推進を求めて」『神戸学院』第40巻第3・4号，2011年。

阿部幸夫『教育は格差社会を救えるか』幻冬舎ルネッサンス，2008年。

天野郁夫『近代日本高等教育研究』玉川大学出版部，1989年。

天野郁夫『大学——変革の時代』東京大学出版会，1994年。

天野郁夫『日本の高等教育システム——変革と創造』東京大学出版会，2003年。

天野郁夫『大学改革秩序の崩壊と再編』東京大学出版会，2004年。

荒井一博『教育の経済学——大学進学行動の分析』有斐閣，1995年。

居神浩・三宅義和・遠藤竜馬他『大卒フリーター問題を考える』ミネルヴァ書房，2005年。

石田浩・近藤博之・中尾恵子『現代の階層社会2　階層と移動の構造』東京大学出版会，2011年。

石戸教嗣『リスクとしての教育——システム論的接近』世界思想社，2007年。

市川昭午『大学大衆化の構想』玉川大学出版部，1995年。

市川昭午『高等教育の変貌と財政』玉川大学出版部，2000年。

猪俣歳之「日本における高等教育関連政策の展開——高等教育機関の地方立地に関する政策を中心に」『東北大学大学院教育学研究科研究年報』第54集・第2号，2006年。

今井健・今井光映『大学エンロールメントマネジメント・マーケティング——大学EMの4Cスクェアーパラダイム』中部日本教育文化会，2003年。

岩内亮一・苅谷剛彦・平沢和司『大学から職業へⅡ——就職協定廃止直後の大卒労働市場』（高等教育研究叢書52）広島大学大学教育研究センター，1998年。

岩田龍子『学歴主義の発展構造』日本評論社，1981年。

植上一希『専門学校の教育とキャリア形成——進学・学び・卒業後』大月書店，2011年。

上野敏之・田中宏樹『検証　格差拡大社会』日本経済新聞出版社，2008年。
潮木守一『学歴社会の転換』東京大学出版会，1978年。
潮木守一『大学再生への具体像』東信堂，2006年。
海野道郎・片瀬一男『〈失われた時代〉の高校生の意識』有斐閣，2008年。
海老原嗣夫『雇用の常識　決着版──「本当に見えるウソ」』筑摩書房，2012年。
OECD『世界の教育改革──OECD教育政策分析』明石書店，2009年。
小方直幸『大学から社会へ──人材育成と知の還元』玉川大学出版部，2011年。
小内透『再生産論──バースティン，ブルデュー，ボールズ＝ギンティス，ウィリスの再生産論』東信堂，1995年。
片瀬一男「進路多様校の成立──仙台圏の公立高校における進路状況の変容」『人間情報学研究』第10巻，2005年。
片瀬一男『ライフ・イベントの社会学』世界思想社，2013年。
片山悠樹「『量』と『質』から探る高校生の進路選択」社会調査会『社会と調査』第11号，有斐閣，2013年。
門倉貴史『ワーキングプア──いくら働いても報われない時代が来る』宝島社，2006年。
苅谷剛彦『学校・職業・選抜の社会学』東京大学出版会，1991年。
苅谷剛彦『大衆教育社会のゆくえ──学歴主義と平等神話の戦後史』中央公論新社，1995年。
苅谷剛彦編『大学から職業へ──大学生の就職活動と格差形成に関する調査研究』（高等教育研究叢書31）広島大学大学教育研究センター，1995年。
苅谷剛彦「大学大衆化の大学進学──〈価値多元化社会〉における選抜と大学教育」『教育学研究』第64巻第3号，1997年。
苅谷剛彦『階層化日本と教育危機──不平等再生産から意欲格差社会へ』有信堂高文社，2001年。
苅谷剛彦『学力と階層──教育の綻びをどう修正するか』朝日新聞出版，2008年。
苅谷剛彦・粒来香・長須正明・稲田雅也「進路未定の構造──高卒進路未定者の折出メカニズムに関する実証的研究」『東京大学大学院教育学研究紀要』第37巻，1997年。
苅谷剛彦・濱中義隆・大島真夫・林未央・千葉勝吾「大都市圏高校生の進路意識と行動──普通科・進路多様校での生徒調査をもとに」『東京大学大学院教育学研究科紀要』第42巻，2002年。

苅谷剛彦・本田由紀『大卒就職の社会学――データからみる変化』東京大学出版会，2010年。
苅谷剛彦・山口二郎『格差社会と教育改革』岩波書店，2008年。
川口俊明「教育学における混合研究法の可能性」『教育学研究』第78巻第4号，2011年。
川崎昌平『若者はなぜ正社員になれないのか』筑摩書房，2008年。
川野英二「リスク社会における排除とリスクと連帯」『社会・経済システム』(26)，2005年。
喜多村和之『大学淘汰の時代――消費社会の高等教育』中央公論新社，1990年。
喜多村和之編『高等教育と政策評価』玉川大学出版部，2000年。
喜多村和之『現代大学の変革と政策――歴史的・比較的考察』玉川大学出版部，2001年。
吉川徹『学歴社会のローカル・トラック――地方からの大学進学』世界思想社，2001年。
吉川徹『学歴と格差・不平等――成熟する日本型学歴社会』東京大学出版会，2006年。
吉川徹『学歴分断社会』筑摩書房，2009年。
吉川徹『現代日本の「社会の心」計量社会意識論』有斐閣，2014年。
吉川徹・中村高康『学歴・競争・人生――10代のいましておくべきこと』日本図書センター，2012年。
経済協力開発機構『図表でみる教育――OECD インディケータ (2013年版)』明石書店，2013年。
小池由美子『新しい高校教育をつくる――高校生のためにできること』新日本出版社，2014年。
小杉礼子『フリーターという生き方』勁草書房，2003年。
日下公人『今，日本の大学をどうするか』自由国民社，2003年。
草原克豪『日本の大学制度――歴史と展望』弘文堂，2008年。
熊沢誠『格差社会ニッポンで働くということ――雇用と労働のゆくえをみつめて』岩波書店，2008年。
黒田亘『行為と規範』勁草書房，1992年。
黒羽亮一『新版 戦後大学政策の展開』玉川大学出版部，2001年。
黒羽亮一『大学政策――改革への軌跡』玉川大学出版部，2002年。
河野昌博『現代若者の就業行動――その理論と実践』学文社，2004年。
国土庁計画・整備局四全総研究会『第四次全国総合開発計画――40の解説』時事通信社，

1987年。

国土庁大都市圏整備局『大学の誘致と期待・効果』大蔵省印刷局，1988年。

国土庁大都市圏整備局『大学立地と地域づくりを考える——大学等の立地と地域における期待・効果等に関する調査』大蔵省印刷局，1995年。

小杉礼子「学校と職業社会の接続——増加するフリーター経由の移行」『教育社会学研究』第70集，2002年。

小杉礼子『フリーターとニート』勁草書房，2005年。

小杉礼子・堀有喜衣編『高校・大学の未就職者への支援』勁草書房，2013年。

小谷敏・土井隆義・芳賀学・浅野智彦編『若者の現在——労働』日本図書センター，2009年。

小林哲夫『ニッポンの大学』講談社，2007年。

小林雅之『高校生の進路選択の要因分析』東京大学大学経営・政策研究センター，2007年。

小林雅之『進学格差——深刻化する教育費負担』筑摩書房，2008年。

小林雅之『大学進学の機会——均等化政策の検証』東京大学出版会，2009年。

児美川孝一郎『権利としてのキャリア教育（若者の希望と社会）』明石書店，2007年。

児美川孝一郎『若者はなぜ「就職」できなくなったのか？——生き抜くために知っておくべきこと』日本図書センター，2011年。

近藤博之編『日本の階層システム3　戦後日本の教育社会』東京大学出版会，2000年。

近藤博之「学歴主義と階層流動性」原純輔編『講座・社会変動　第5巻　流動化と社会格差』ミネルヴァ書房，2002年。

斉藤武雄・佐々木英一・田中喜美・依田有弘編『ノンキャリア教育としての職業指導』学文社，2009年。

斎藤友里子・三隅一人編『現代の階層社会3　流動化のなかの社会意識』東京大学出版会，2011年。

酒井朗『進学支援の教育臨床社会学——職業高校におけるアクションリサーチ』勁草書房，2007年。

佐藤進『大学の生き残り戦略——少子化社会と大学改革』社会評論社，2001年。

佐藤俊樹『不平等社会日本——さよなら総中流』中公新書，2000年。

重本直利『大学経営序説——市民的公共性と大学経営』晃洋書房，2009年。

島一則「高度成長期意向の学歴・キャリア・所得——所得関数の変化にみられる日本社会の一断面」『組織科学』33巻第2号, 白桃書房, 1999年.

島一則「日本学生支援機構の奨学金に関わる大学教育投資の経済的効果とコスト——ベネフィット分析——大学生を対象とした貸与事業に注目した試験的推計」『大学財務経営研究』第4号, 国立大学財務・経営センター, 2007年.

城繁幸『若者はなぜ3年で辞めるのか？——年功序列が奪う日本の未来』光文社, 2006年.

城繁幸『3年で辞めた若者はどこへ行ったのか——アウトサイダーの時代』筑摩書房, 2008年.

白石裕『分権・生涯学習時代の教育財政——価値相対主義を越えた教育資源配分システム』京都大学学術出版会, 2000年.

末冨芳「変貌する大学教育費『親負担ルール』と学生経済支援——現状と課題」日本学生支援機構『大学と学生』第62号, 2008年.

杉田真衣・西村貴之・宮島基・渡辺大輔「進路多様校における高校生の進路選択の背景にあるもの——都立B高校でのアンケート・インタビューの分析より」『教育科学研究』第20巻, 東京都立大学人文学部教育学研究室, 2005年.

鈴木雄雅『大学生の常識』新潮社, 2001年.

数土直紀「高学歴化と階層帰属意識の変容」斎藤友里子・三隅一人編『現代の階層社会 3 流動化のなかの社会意識』東京大学出版会, 2011年.

隅谷三喜男『大学でなにを学ぶか』岩波書店, 1981年.

高橋俊介『21世紀のキャリア論』東洋経済新報社, 2012年.

竹内洋『競争の社会学——学歴と昇進』世界思想社, 1981年.

竹内洋『日本のメリトクラシー——構造と心性』東京大学出版会, 1995年.

橘木俊詔『格差社会——何が問題なのか』岩波書店, 2006年.

橘木俊詔・松浦司『学歴格差の経済学』勁草書房, 2009年.

橘木俊詔・八木匡『教育と格差——なぜ人はブランド校を目指すのか』日本評論社, 2009年.

田中圭治郎編『教育学の基礎』ナカニシヤ出版, 2005年.

筒井淳也『制度と再帰性の社会学』ハーベスト社, 2006年.

筒井美紀『高卒労働市場の変貌と高校進路指導・就職斡旋における行動と認識の不一致

──高卒就職を切り拓く』東洋出版社，2006年．
東京高等教育研究所日本科学者会議『大学改革論の国際的展開　ユネスコ高等教育勧告宣言集』青木書店，2002年．
中井浩一『「勝ち組」大学ランキング──どうなる東大一人勝ち』中央公論新社，2002年．
中井浩一『論争・学力崩壊2003』中央公論新社，2003年．
中井浩一『大学入試の戦後史──受験地獄から全入時代へ』中央公論新社，2007年．
中谷巌『資本主義はなぜ自壊したのか──「日本」再生への提言』集英社インターナショナル，2008年．
中西新太郎・高山智樹『ノンエリート青年の社会空間──働くこと，生きること，「大人になる」ということ』大月書店，2009年．
中西眞知子『再帰的近代社会──リフレクシィブに変化するアイデンティティや感性，市場と公共性』ナカニシヤ出版，2007年．
中村高康「メリトクラシーの再帰性について──後期近代における『教育と選抜』に関する一考察」『大阪大学大学院人間学研究科紀要』第35巻，2009年．
中村高康編著『進路選択の過程と構造──高校入学から卒業までの量的・質的アプローチ』ミネルヴァ書房，2010年．
中村高康『大衆化とメリトクラシー──教育選抜をめぐる試験と推薦のパラドクス』東京大学出版会，2011年．
中村高康「大学入学者選抜制度改革と社会の変容──不安の時代における「転機到来」説・再考」『教育学研究』第79巻第2号，2012年．
中村高康「後期近代の理論と教育社会学──A. Giddensのハイ・モダニティ論を中心にして」『教育社会学研究』第94集，2014年．
日本社会教育学会『社会的排除と社会教育』東洋館出版社，2006年．
野村正實『雇用不安』岩波書店，1998年．
古沢由紀子『大学サバイバル──再生への選択』集英社，2001年．
濱中淳子『なぜ，専修学校進学率は上昇したのか』東京大学大学経営・政策センター，2007年．
濱中淳子『検証・学歴の効用』勁草書房，2013年．
原清治『若年就労問題と学力の比較教育社会学』ミネルヴァ書房，2009年．
原清治・山内乾史『「使い捨てられる若者たち」は格差社会の象徴か──低賃金で働き

続ける若者たちの学力と構造』ミネルヴァ書房，2009年．

原純輔編『講座・社会変動第5巻　流動化と社会格差』ミネルヴァ書房，2002年．

原純輔・盛山和夫『社会階層——豊かさの中の不平等』東京大学出版会，1999年．

林未央『進路の男女差の実態とその規定要因』東京大学大学経営・政策研究センター，2007年．

平沢和司・濱中義隆「『失われた世代』の大卒就職」『日本教育社会学会大会発表要旨集録』60，2008年．

平野恵子「企業からみた学力問題——新卒採用における学力要素の検証」独立行政法人労働政策研究・研修機構『日本労働研究雑誌』No. 614，2011年．

深田和範『「文系・大卒・30歳以上」がクビになる——大失業時代を生き抜く発送法』新潮社，2009年．

福島利夫「『日本的経営』の見直しと格差・貧困の諸相」『専修大学社会科学研究所月報』4月・5月・6月合併号，2010年．

藤村正司『大学進学に及ぼす学力・所得・貸与奨学金の効果』東京大学大学経営・政策センター，2007年．

古田和久「奨学金政策と大学教育機会の動向」『教育学研究』第73巻第3号，2006年．

朴澤泰男・白川優治「私立大学における奨学金需給率の規定要因」『教育社会学研究』第78集，2006年．

細井克彦『設置基準改訂と大学改革』つむぎ出版，1994年．

本田由紀『多元化する「能力」と日本社会——ハイパー・メリトクラシー化のなかで』NTT出版，2005年．

本田由紀編『若者の労働と生活世界——彼らはどんな現実を生きているのか』大月書店，2007年．

本田由紀『軋む社会——教育・仕事・若者の現在』双風社，2008年．

本田由紀『教育の職業的意義——若者，学校，社会をつなぐ』筑摩書房，2009年．

本田由紀『社会を結びなおす——教育・仕事・家族の連携へ』（岩波ブックレット899）岩波書店，2014年．

本田由紀・平沢和司『学歴社会・受験競争』日本図書センター，2007年．

本間義人『国土計画の思想——全国総合開発計画の30年』日本経済評論社，1992年．

マーチントロウ（天野郁夫・喜多村和之訳）『高学歴社会の大学——エリートからマス

へ』東京大学出版会，1976年。

松田文子・高橋超編『生きる力が育つ生徒指導と進路指導』北大路書房，2002年。

松谷明彦・藤正巌『人口減少社会の設計――幸福な未来への経済学』中央公論新社，2002年。

松本一臣「高卒者の進路行動と短期大学進学に関する考察」『長崎短期大学研究紀要』第18号，長崎短期大学，2006年。

三浦展『下流社会――新たな階層集団の出現』光文社，2005年。

三浦展『下流社会第2章――なぜ男は女に負けたのか』光文社，2007年。

水月昭道『高学歴ワーキングプア「フリーター生産工場」としての大学院』光文社，2007年。

耳塚寛明『教育格差の社会学』有斐閣，2014年。

宮本孝二『ギデンスの社会理論――その全体像と可能性』八千代出版，2003年。

宮本みち子『若者が《社会的弱者》に転落する』洋泉社，2002年。

明治生命フィナンシュアランス研究所『生活設計白書（2003年度版）自分らしく生きる――働く女性のキャリアデザイン』2003年。

森口朗『戦後教育で失われたもの』新潮社，2005年。

文部省高等教育局企画課内高等教育研究会『大学審議会答申・報告総覧――高等教育の多様な発展を目指して』ぎょうせい，1998年。

矢島正見・耳塚寛明『第二版 変わる若者と職業世界――トランジッションの社会学』学文社，2005年。

安田雪『働きたいのに…高校生就職難の社会構造』勁草書房，2003年。

矢野眞和『高等教育の経済分析と政策』玉川大学出版部，1996年。

矢野眞和「誰が教育費を負担すべきか――教育費の社会学」IDE大学協会『IDE――現代の高等教育』No.492・7月号，2007年。

矢野眞和・濱中淳子「なぜ，大学に進学しないのか――顕在的需要と潜在的需要の決定要因」『教育社会学研究』第79集，2006年。

山内乾史『教育から職業へのトランジション――若者の就労と進路職業選択の教育社会学』東信堂，2008年。

山内乾史『学生の学力と高等教育の質保証Ⅰ』学文社，2012年。

山内乾史・原清治『学力論争とはなんだったのか』ミネルヴァ書房，2005年。

山内乾史・原清治『学歴と就労の比較教育社会学——教育から職業へのトランジションⅡ』学文社, 2010年.

山内乾史・原清治『学生の学力と高等教育の質保証Ⅱ』学文社, 2013年.

山田昌弘『希望格差社会——「負け組」の絶望感が日本社会を引き裂く』筑摩書房, 2004年.

山田昌弘『新平等社会——「希望格差」を超えて』文藝春秋, 2006年.

山田昌弘「リスク社会論の課題」『学術の動向』日本学術協力財団, 2008年.

山田昌弘『なぜ若者は保守化するのか』東洋経済新報社, 2009年.

山田昌弘『なぜ日本は若者に冷酷なのか』東洋経済新報社, 2013年.

山脇直司『公共哲学とは何か』筑摩書房, 2008年.

和田秀樹『学力崩壊「ゆとり教育」が子どもをダメにした』PHP研究所, 1999年.

和田秀樹『新学歴社会と日本』中央公論新社, 2009年.

(外国語文献)

Beck, U., *Risikogesellschaft auf dem Weg in eine andere Moderne*, Suhrkamp Verlag, 1986 (ウルリッヒ・ベック (東廉・伊藤美登里訳)『危険社会』法政大学出版局, 1998年).

Beck, U., Giddens, A., and Lash, S., *Reflexive modernization: politics, tradition and aesthetics in the modern social order*, Polity Press, 1994 (ウルリッヒ・ベック／アンソニー・ギデンス／スコット・ラッシュ (松尾精文・小幡正敏・叶堂隆三訳)『再帰的近代化——近現代の社会秩序における政治, 伝統, 美的原理』而立書房, 1997年).

Becker, G. S., *Human Capital: A Theoretical and Empirical Analysis with Special Reference to Education*, National Bureau of Economic Research, Inc., 1975 (ゲーリー・S. ベッカー (佐野陽子訳)『人的資本——教育を中心とした理論的・経験的分析』東洋経済新聞社, 1976年).

Beman, Publishing Oecd Pnblishing, Higher *Education Management and Policy: Journal of the Programme on Institutional Management in Higher Education-Special Issue: Higher Education and Regional Development*, Vol. 20, No. 2, OECD publishing, 2008.

Bourdieu, P., *La distinction: critique sociale du jugement*, Éditions de Minuit, 1979（ピエール・ブルデュー（石井洋二郎訳）『ディスタンクシオン〔社会的判断力批判〕I』藤原書店, 1990年）.

Bourdieu, P., et Passeron, Jean-Claude, *La reproduction: éléments pour une théorie du système d'enseignement*, Éditions de Minuit, 1970（ピエール・ブルデュー／ジャン＝クロード・パスロン（宮島喬訳）『再生産「教育・社会・文化」』藤原書店, 1991年）.

Creswell, J. W., PlanoClark, V. L., *Designing and conducting mixed methods research*, Sage Publications, 2006（J. W. クレスウェル／V. L. プラノ クラーク（大谷淳子訳）『人間科学のための混合研究法——質的・量的アプローチをつなぐ研究デザイン』北大路書房, 2010年）.

Dore, R. P., *The Diploma Disease: Education, Qualification and Development*, University of California press, 1976（R. P. ドーア（松居弘道訳）『学歴社会——新しい文明病』岩波書店, 1978年）.

Furlong, A., and Cartmel, F., *Young People and Social Change: Individualization and Risk in Late Modernity*, Open University Press, 1997（アンディ・ファーロング／フレッド・カートメル（乾彰夫・西村貴之・平塚眞樹・丸井妙子訳）『若者と社会変容——リスク社会を生きる』大月書店, 2009年）.

Giddens, A., *The Consequences of Modernity*, Polity Press, 1990（アンソニー・ギデンス（松尾精文・小幡正敏訳）『近代とはいかなる時代か？——モダニティの帰結』而立書房, 1993年）.

Giddens, A., *Modernity and Self-Identity: Self and Society in the Late Modern Age*, Stanford University Press, 1991（アンソニー・ギデンス（秋吉美都・安藤太郎・筒井淳也訳）『モダニティと自己アイデンティティ——後期近代における自己と社会』ハーベスト社, 2005年）.

Giddens, A., *The third way: the renewal of social democracy*, Polity Press, 1998.

Giddens, A., *Sociology*, Polity Press, 2001.

Halsey, A. H., Lauder, H., Brown, P., and Wells, A. S., *Education: culture, economy, and society*, Oxford University Press, 1997.

Pempel, T. J., *Patterns of Japanese Policymaking: Experiences from Education,*

Westview Press, 1978 (T. J. ペンペル (橋本鉱市訳)『日本の高等教育政策——決定のメカニズム』玉川大学出版部, 2004年).

Putnam, R. D., *Bowling Alone: The Collapse and Revival of American Community*, Simon & Schuster, 2000 (ロバート・D. パットナム (柴内康文訳)『孤独なボウリング——米国コミュニティの崩壊と再生』柏書房, 2006年).

Reed, W. S., *Financial Responsibilities of Governing Boards*, Wiley, 2001 (ウィリアム・リード (福原賢一訳)『財務からみた大学経営入門』東洋経済新報社, 2003年).

Young, M., *The Rise of The Meritocracy*, Transaction Publishers, 1958 (M. ヤング (窪田鎮夫・山元卯一郎訳)『メリトクラシー』至誠堂, 1982年).

# 初出一覧

【論文等の初出一覧】

序　論　「大学全入」が高校生の進路選択行動にもたらしたものとは何か……書き下ろし

第1章　現代社会における高校生の進路問題

　……原題「リスク社会における高校生の進路意識に関する試論――大学進学費用の負担問題を超えて」『佛教大学大学院紀要教育学研究科篇』第42号，2014年3月

第2章　大学大衆化と高校生の進路選択行動の変化

　第1節……原題「戦後日本の国土計画における私立大学政策の展開過程」『佛教大学教育学部学会紀要』第11号，2012年3月

　第2節……書き下ろし

　第3節……書き下ろし

　第4節……書き下ろし

第3章　大学全入時代における大卒就職問題

　第1節……原題「大学全入時代における大卒就職問題の背景にあるもの――就職機会の大学間格差に注目して」『佛教大学大学院紀要教育学研究科篇』第41号，2013年3月

　第2節……原題「非選抜型大学における就職未決定者のメンタリティに関する研究」『佛教大学教育学部学会紀要』第10号，2011年3月

　第3節……書き下ろし

第4章　進路多様校生徒の進路意識に関する実証分析

　第1節……原題「非大学進学者のメンタリティに関する研究――三重県の分析を中心に」『佛教大学大学院紀要教育学研究科篇』第38号，2010年3月。原題「進路多様校における進路意識に関する研究――誰が，大学に進学しないのか？」『佛教大学大学院紀要教育学研究科篇』第40号，2012年3月

　第2節……原題「短期大学・専門学校志望者の進学意識に関する研究――なぜ4年制大学に進学しないのか」『関西教育学会研究紀要』第13号，2013年6月

　第3節……書き下ろし

　第4節……原題「高卒就職志望者の進路意識に関する研究――なぜ，かれらは大学に

　　　　　進学しないのか」『東海社会学会年報』第6号，2014年6月
　第5節……書き下ろし
第5章　進路多様校生徒の大学進学回避行動が示唆するもの……書き下ろし
第6章　大学全入時代の行方──新たな公共の担い手としての大学教育
　　　　……書き下ろし
終　章　高校生の進路問題を捉える現代的視座──格差問題を超えて……書き下ろし

【学会報告】
- 「大学スポーツ入試の実態」関西教育学会第60回大会　2010年11月（大阪教育大学）
- 「高校生の進路意識に関する実証的研究──奨学金制度が進路選択に与える影響」日本教育実践学会第14回研究大会（佛教大学）
- 「進路多様校における大学進学志望者の進学意識に関する研究」関西教育学会第65回大会　2013年11月（和歌山大学）
- 「進路多様校における進学行動の規定要因に関する研究──大学・専門学校志望者へのアンケート調査を基に」中部教育学会第63回大会　2014年6月（愛知教育大学）

# 参考資料
## ――アンケート用紙――

【第4章第2節】

---

**高校生の進路選択に関するアンケート**

このアンケートは高校生の進路選択に関するアンケート調査のためのものです。ここでお答えいただいたことは統計的に処理されるため個人のプライバシーが侵害されることはありません。皆さまの自由な意見を記入してください。よろしくお願いします。

あてはまる番号に○をしてください

問1　あなたの性別を教えてください　　　　　　　　①男　②女

問2　あなたの学年を教えてください　　　　　　　　①1年生　②2年生　③3年生　④浪人・社会人等

問3　あなたの希望している進路を教えてください　　①4年制大学　②短期大学　③専門学校　④就職
　　　　　　　　　　　　　　　　　　　　　　　　　⑤その他〔　　　　　　　　　　　　　　　　　〕

問4　進路選択の際に最も影響するものは何ですか？（1つだけに○）
　　　　①自身の学力　②家庭の経済状況　③就職に有利かどうか
　　　　④その他〔　　　　　　　　　　　　　　　　　〕

問5　国家資格の取得は進学条件ですか？
　　　　①はい　→　目指す資格を教えてください〔　　　　　　　　　　　　　　　　　〕
　　　　②いいえ

問6　進学の際に利用する入試方法は何ですか？
　　　　①指定校、AO入試　②スポーツ、文化部活動などの特別推薦　③一般推薦入試
　　　　④学力入試　⑤大学入試センター試験利用　⑥その他〔　　　　　　　　　　　　　　〕

問7　4年制大学への進学を考えている方にお聞きします。
　1）進学先を決める際、最も重視することは何ですか？（1つだけに○）
　　　　①伝統や規模　②学びたい学問分野があるかどうか　③資格が取れるかどうか　④奨学金制度があるかどうか
　　　　⑤将来、就職に有利かどうか　⑤その他〔　　　　　　　　　　　　　〕
　2）高校卒業後、すぐに一流企業に就職できるとしたらどうしますか？
　　　　①進学ではなく就職に変更する　②それでも進学する
　　　　それはなぜですか？　理由〔　　　　　　　　　　　　　　　　　〕

問8　短期大学や専門学校へ進学、あるいは就職を考えている方にお聞きします。
　1）なぜ4年制大学に進学しないのですか？（1つだけに○）
　　　　①学力不足だと考えているから　②家庭の経済状況が厳しいから
　　　　③自分がやりたいことが短期大学や専門学校で十分に学べるから
　　　　④就職が厳しいため仕方なく進学するが、4年制大学には興味がない
　　　　⑤とくに理由はないが最初から4年制大学には興味がない
　　　　⑥その他〔　　　　　　　　　　　　　　　　　〕
　2）高校卒業後、すぐに一流4年制大学に進学できるとしたらどうしますか？
　　　　①4年制大学に変更する　②それでも4年制大学には進学しない
　　　　それはなぜですか？　理由〔　　　　　　　　　　　　　　　　　〕
　3）4年制大学が無償化(学費無料)になったら進学しますか？　①はい　②いいえ

問9　その他、進路選択に関する考えや意見について自由に記入してください
　　〔　　　　　　　　　　　　　　　　　　　　　　　　　　　　　　　　〕

以上で、アンケートは終了です。ご協力いただきまして、誠にありがとうございました。

【第4章第3節】

A面（進学志望者）　　　　　　高校生の進路選択に関するアンケート

このアンケートは高校生の進路選択に関するアンケート調査のためのものです。ここでお答えいただいたことは統計的に処理されるため、個人のプライバシーが侵害されることはありません。皆さまの自由な意志に基づき意見を記入してください。よろしくお願いします。

あてはまる番号に〇をしてください

問1　あなたの性別を教えてください　　　　　　　　　①男　②女

問2　あなたの学年を教えてください　　　　　　　　　①1年生　②2年生　③3年生　④浪人・社会人等

問3　あなたの所属科を教えてください　　　　　　　　①普通科　②工業科　③商業科　④農業科
　　　　　　　　　　　　　　　　　　　　　　　　　⑤総合学科　⑥その他（　　　　　　　　　）

問4　あなたの希望進学先を教えてください　　　　　　①大学　②短期大学　③専門学校
　　　　　　　　　　　　　　　　　　　　　　　　　④その他（　　　　　　　　　）

問5　進路選択の際に最も影響するものは何ですか？（1つだけに〇）

　　　　①自身の学力　　②家庭の経済状況　　③就職に有利かどうか
　　　　④その他（　　　　　　　　　　　　　　　）

問6　4年制大学進学希望者にお聞きします

　　1）なぜ4年制大学に進学するのですか？　　　目指す学部・学科　⇒【　　　　　　　　　　　　　　　　】

　　a 将来の仕事に役立つ勉強がしたいから　　　　①そう思う　②ややそう思う　③あまりそう思わない　④そう思わない
　　b 幅広い教養を身につけたいから　　　　　　　①そう思う　②ややそう思う　③あまりそう思わない　④そう思わない
　　c 大卒の学歴が必要だと思うから　　　　　　　①そう思う　②ややそう思う　③あまりそう思わない　④そう思わない
　　d 資格を取得したから　　　　　　　　　　　　①そう思う　②ややそう思う　③あまりそう思わない　④そう思わない
　　e まだ社会にでることが不安だから　　　　　　①そう思う　②ややそう思う　③あまりそう思わない　④そう思わない
　　f とくに理由はないが大学進学した方が良いと思うから　①そう思う　②ややそう思う　③あまりそう思わない　④そう思わない
　　g その他（　　　　　　　　　　　　　　　　　　　　　　　　　　　　　　　　　　　　　　　）

問7　短期大学・専門学校進学希望者にお聞きします

　　1）なぜ4年制大学に進学しないのですか？　　目指す分野　⇒【　　　　　　　　　　　　　　　　】

　　a 学力不足だと考えているから　　　　　　　　①そう思う　②ややそう思う　③あまりそう思わない　④そう思わない
　　b 家庭の経済状況が厳しいから　　　　　　　　①そう思う　②ややそう思う　③あまりそう思わない　④そう思わない
　　c 大卒の学歴は必要ないから　　　　　　　　　①そう思う　②ややそう思う　③あまりそう思わない　④そう思わない
　　d 資格を取得したいから　　　　　　　　　　　①そう思う　②ややそう思う　③あまりそう思わない　④そう思わない
　　e 少しでも早く社会に出て働きたいから　　　　①そう思う　②ややそう思う　③あまりそう思わない　④そう思わない
　　f とくに理由はないが4年制大学に興味がないから　①そう思う　②ややそう思う　③あまりそう思わない　④そう思わない
　　g その他（　　　　　　　　　　　　　　　　　　　　　　　　　　　　　　　　　　　　　　　）

問8　その他、進学する際に頑張ってみたいことや、不安なことについて、自由にお書き下さい。

以上で、アンケートは終了です。ご協力いただきまして、誠にありがとうございました。

参考資料

## 【第4章第4節】

B面（就職志望者）　　　　　　高校生の進路選択に関するアンケート

このアンケートは高校生の進路選択に関するアンケート調査のためのものです。ここでお答えいただいたことは統計的に処理されるため、個人のプライバシーが侵害されることはありません。皆さまの自由な意志に基づき意見を記入してください。よろしくお願いします。

あてはまる番号に〇をしてください

問1　あなたの性別を教えてください　　　　　　　①男　②女

問2　あなたの学年を教えてください　　　　　　　①1年生　②2年生　③3年生　④浪人・社会人等

問3　あなたの所属科を教えてください　　　　　　①普通科　②工業科　③商業科　④農業科
　　　　　　　　　　　　　　　　　　　　　　　　⑤総合学科　⑥その他（　　　　　　　）

問4　あなたの希望職種を教えてください　　　　　①製造業　②販売業　③サービス業　④農林水産業
　　　　　　　　　　　　　　　　　　　　　　　　⑤公務員　⑥その他（　　　　　　　）

問5　進路選択の際に最も影響するものは何ですか？（1つだけに〇）

　　　　①自身の学力　　②家庭の経済状況　　③就職に有利かどうか
　　　　④その他　（　　　　　　　　　　　　　）

問6　進路選択についてお聞きします

　1) なぜ4年制大学に進学しないのですか？

　　a 学力不足だと考えているから　　　　　　　　①そう思う　②ややそう思う　③あまりそう思わない　④そう思わない
　　b 家庭の経済状況が厳しいから　　　　　　　　①そう思う　②ややそう思う　③あまりそう思わない　④そう思わない
　　c もう勉強はしたくないから　　　　　　　　　①そう思う　②ややそう思う　③あまりそう思わない　④そう思わない
　　d 早く社会に出て働きたいから　　　　　　　　①そう思う　②ややそう思う　③あまりそう思わない　④そう思わない
　　e 学歴に興味がないから　　　　　　　　　　　①そう思う　②ややそう思う　③あまりそう思わない　④そう思わない
　　f とくに理由はないが最初から進学に興味がないから　①そう思う　②ややそう思う　③あまりそう思わない　④そう思わない
　　g その他（　　　　　　　　　　　　　　　　　　　　　　　　　　　　　　　）

　2) 高校卒業後、すぐに一流4年制大学に進学できるとしたらどうしますか？

　　　　①4年制大学に変更する　②それでも就職する

　　　　それはなぜですか？　　理由　[　　　　　　　　　　　　　　]

　3) 高校卒業時に就職できなかった場合、あなたはどうしますか？（1つだけに〇）

　　　　①4年制大学に変更する　②短期大学に変更する　③専門学校に変更する　④アルバイト（フリーター）をする
　　　　⑤何もしない　⑥未定

　　　　それはなぜですか？　　理由　[　　　　　　　　　　　　　　]

　4) 4年制大学が無償化(学費無料)になったら進学しますか？　　　①はい　　②いいえ

問7　就職活動をすることに対して頑張りたいことや、不安なことなどについて、自由にお書き下さい

以上で、アンケートは終了です。ご協力いただきまして、誠にありがとうございました。

## あ と が き

　本書は，佛教大学大学院教育学研究科に提出いたしました学位請求論文「大学全入時代における進路多様校生徒の進路形成とその意識に関する実証的研究――なぜ，4年制大学に進学しないのか」（2014年11月提出）を加筆，修正したものであります。これまで私は，高等教育研究（主に私立大学政策），進路多様校生徒を中心とした高校進路研究に取り組んできました。そして，この2つの接点にあるものとして，①高等教育機会の拡大（大学全入時代の到来），②経済格差を起因とした進学格差問題，③若者の雇用問題，のこの3点を主眼に研究に取り組んできました。これらを通して，現代の高校生の進路問題，とりわけ大学進学行動を取り巻く現状を捉えるには，近年の若者雇用環境，なかでも大卒就職環境の変化に注目することが重要であると考えるようになりました。

　こうした研究視点が得られた「非大学進学者のメンタリティに関する研究――三重県の分析を中心に」（佛教大学『佛教大学大学院紀要』（教育学研究科篇）第38号，2010年）の執筆は，この研究をまとめる大きな転機となりました。それは，この研究を通じて，大学全入時代が到来したといわれ，実際に定員割れの大学が50％近くとなっているなか，大学進学ではなく，積極的に専門学校進学や高卒就職を選択する生徒たちと出会ったことにあります。大学入試業務を担当していた私にとって，かれらの進路選択行動は，「高校生は大学に進学することを前提としている」「大学以外の進路を選択しているのは不本意なのだろう」といった考えを覆すものとなりました。その後は，短期大学・専門学校志望者，高卒就職志望者に対する調査を通して，進路多様校生徒の進路意識にあるかれら特有のメンタリティに，できるだけ迫ることを目標として取り組んできました。いま，こうして書き終えてみると，一体，どこまで，その真相に辿り着けたかは，自分自身，未だにわかりません。しかし，このような研究に取り組むことで，高校生の進路研究は，大卒無業者問題や若者の雇用問題と関連づけながら検討することが重要であることや，若者が社会をどのように捉えて

いるのかについてなど，今後の研究テーマの幅を広げることができたのは，研究者としてまだまだ未熟な私にとって，研究意欲をさらにかきたてるものとなりました。

　このような未熟な私が，このたび本書をまとめることができたのは，多くの方々のご支援ご協力を賜ることができたからこそであります。謹んで御礼申し上げます。佛教大学の原清治先生には言葉に尽くしきれない感謝の意を表します。稚拙ながら，本研究が完成に達したのも，ひとえに原清治先生のおかげであります。先生との最初の出会いは，地元の書店で手にした『学力論争とは何だったのか』（ミネルヴァ書房，2005年）を通してのことでした。当時，大学入試業務に日々あたるなかで，いくつかの問題を抱えていた私に，教育学研究の扉を開かせてくれた思い出深い1冊であります。その後，私が一方的に押しかける形で佛教大学大学院教育学研究科修士課程に入学し，原研究室の門をたたき，修士課程，博士課程とご指導をいただくこととなりました。先生からは修士課程入学時より，研究とは何かについて厳しくご指導をいただきました。また，時には励ましてくださったことにより，ここまで研究に取り組むことができました。なかでも，2011年の夏，私が研究の方向性を見失いかけたときに，研究室で，私の研究に対する考えの甘さと，逃げ腰になりつつあった研究姿勢を，先生から厳しく指摘されたことにより，研究活動をすることの責任の重さと意味を痛感することができました。これにより私の問題意識が明確となったことが，本研究完成の大きな原動力となりました。

　そして，佛教大学の篠原正典先生におかれましては，大変ご多用のなか，博士論文の副査をお引き受けいただきました。篠原先生には，中間発表の際に大変有意義なご指摘をいただくとともに，調査分析に関するご指導をいただく機会を頂戴いたしました。深く感謝いたします。神戸大学の山内乾史先生には，このたび大変ご多用のなか，博士論文の副査をお引き受けいただきました。山内先生には，『学歴と就労の比較教育社会学——教育から職業へのトランジションⅡ』（学文社，2010年）発刊の際，私の稚拙な論稿を加えていただきました。研究者として未熟者ながらも，身が引き締まる思いがしたとともに，ここまで

あとがき

研究を続けることができた大きな糧となりました。深く感謝いたします。また，四日市看護医療大学の丸山康人学長にも大変お世話になりました。丸山学長からは，行政学の観点から，戦後の高等教育政策と国土計画の関わりについて，ご指導をいただきました。これにより本論文の分析の幅を広げることができました。感謝の意を表します。

　そして，佛教大学大学院の先生方には修士課程，博士後期課程の講義，研究会を通じて，多くのことを学ばせていただきました。研究会や中間発表会においては，大変貴重なご教示を賜りました。先生方の大変有意義なご助言やご指摘をいただいたことにより，本書の完成度を高めることができました。深く感謝の意を表します。また，修士課程進学後，事あるごとに私の研究活動を助けていただき，研究会を通じて多くの指摘をいただいた，原研究室の方々には深く感謝しております。さらに，本書を出版するにあたり，佛教大学及びミネルヴァ書房編集部日和由希氏にはお力添えをいただきました。ここにあらためて感謝申し上げます。

　最後に，ここまで研究を支えてくれた家族に感謝の意を捧げます。

　なお，本書は平成27年度佛教大学研究叢書の助成を受けました。ここに記して感謝いたします。

2016年1月

長谷川　誠

# 索　引

## あ　行

アイデンティティ　37, 47
新たな公　277
AO入試　4, 19, 97-99, 101-103, 114, 224, 286, 288
エンロールメント　275
親の教育費負担観　6, 241

## か　行

学園計画地ライブラリー　91
格差社会　6
学力偏重　4
学歴獲得競争　47, 258, 259, 261
学歴下降回避説　43, 232, 262
学歴再生産論　22, 261-264, 287, 291
学歴社会　4
学歴の象徴的価値　3
学歴の費用対効果　259
学歴分断線　43, 231, 261
学校外教育費　47, 261
学校歴　20, 131, 133, 140-142, 286
機会の不平等　2
希望格差社会　35
キャリアショック　251, 252
キャリア・リスク　253-255, 287
教育格差問題　38, 65
教育の不平等問題　17, 18, 41, 156-158, 256
教育費負担　6
業績主義　13
競争主義　11
結果の不平等　41
健気で（は）ない親　64, 258
工業（場）等制限法　89, 94, 279

交互作用分析　203, 209
公私協力方式　90
高等教育進学機会　8
高等教育の大衆化　13
高等教育費用の公私負担割合　50, 55, 66
国土形成計画　277
国土の均衡ある発展　81, 93, 114, 271, 281
混合研究法　17

## さ　行

再帰性　18, 31-33
再帰性概念　32, 33, 37
再帰的近代化　31, 32
再帰的自己決定　246
再帰的プロジェクト　32
社会階層　39
社会経済的地位　40, 48, 232, 264
社会を生き抜く力　276, 280
就職機会の大学間格差　133, 138
柔軟な専門性　253, 254
奨学金制度　5, 7, 14, 15, 63, 65, 230, 231
職業実践専門課程　276
私立大学の量的拡大　86, 87, 116
人的資本モデル　35
人的資本論　35, 241, 242, 287
進路多様校　11-17, 20-23, 49, 99, 100, 102, 103, 115, 116, 158, 165, 174, 175, 182, 209, 211, 222-225, 229, 230, 232-234, 241, 244, 248, 250, 253-255, 259-262, 264, 265, 271, 286, 288-290, 292, 293
推薦入学　101, 102
推薦入試　5, 12, 19, 97, 99, 102, 103, 114, 224, 286, 288
正規雇用　10
制度の再帰性　32

全国総合開発計画　81, 88, 89, 91, 94, 114, 277
専門学校　6-8, 14, 20, 106, 107

## た 行

大学教育需要　2, 4
大学受験圧力　4
大学進学　16
大学進学圧力の弛緩　241
大学進学回避行動　21, 234, 241, 255, 264
大学進学機会の格差　45
大学進学機会の平等化　58, 65, 142, 157, 158, 291
大学進学至上主義　247
大学進学者数　8, 9, 14-16
大学進学需要　6
大学進学費用の負担問題　14, 15, 18, 38, 49, 50, 56, 65, 66, 245, 256, 287
大学進学率　5, 8, 9, 12, 14-16
大学進学を「回避」するメンタリティ　175, 222, 234
大学全入　1, 2, 4, 5, 15-17, 81, 157, 223, 229, 241, 244, 257, 261, 290
大学全入時代　15, 16, 19, 22, 229, 271
大学大衆化　4, 18, 81, 94, 116, 244, 255
大学入試の軽量化　4, 5, 15
大学の自由化　93
大卒就職環境　10, 11, 16, 19
大卒就職率　10
短期大学　8, 20
知識基盤社会　55, 272, 274, 287
地方分散化政策　81, 91, 260
定員割れ　2
トロウモデル　82

## な 行

2007年問題　115
日本学生支援機構　56, 57, 63-65

## は 行

ハイパー・メリトクラシー　35, 135, 247, 248, 254
半構造化面接法　163, 169, 175, 184, 211
非正規雇用　10, 11
非選抜型大学　20, 142, 146, 154-156
一人一社主義　105, 255
不安定社会　16
不平等の再生産　39
ペアレントクラシー　42, 230, 231
ペアレントクラシー社会　255
偏差値重視　4
ポスト・レジャーランド志向群　260

## ま 行

無理する家計　6, 56, 258, 264, 289
メリトクラシー　3, 4, 14, 35, 40, 135, 242, 243, 246
　　──の再帰性　37, 242, 245
メリトクラティックな社会　3, 4, 40, 42, 243, 244, 250, 258, 259

## や・ら 行

ユニバーサル・アクセス型　82, 275
リーマンショック　104
リスク　16, 18, 21, 22, 31-37, 64, 158, 226, 230, 231, 241, 243-245, 250, 252, 257-259, 263, 288
　　──の個人化　16, 33, 260, 291
　　──の二極化　35
　　──の普遍化　35, 263, 289
　　学歴取得の──　64
リスク社会　18, 22, 31, 33, 64, 65, 244, 259, 285
リスクヘッジ　21, 245, 263, 264, 287, 289
レジャーランド志向群　259
労働市場　11

◎著者紹介◎

長谷川誠(はせがわ　まこと)

神戸松蔭女子学院大学人間科学部講師
1975年　愛知県生まれ
2015年　佛教大学大学院教育学研究科生涯教育専攻博士後期課
　　　　程修了，博士(教育学)

佛教大学研究叢書 28

大学全入時代における進路意識と進路形成
――なぜ四年制大学に進学しないのか――

2016(平成28)年2月25日発行　　　　　　　定価：本体8,000円(税別)

著　者　長谷川　誠
発行者　佛教大学長　田中典彦
発行所　佛教大学
　　　　〒603-8301　京都市北区紫野北花ノ坊町96
　　　　電話075-491-2141(代表)
制　作
発　売　株式会社 ミネルヴァ書房
　　　　〒607-8494　京都市山科区日ノ岡堤谷町1
　　　　電話075-581-5191(代表)

印　刷　創栄図書印刷株式会社
製　本　新生製本株式会社

Ⓒ Bukkyo University, 2016　ISBN978-4-623-07567-6　C3036

## 『佛教大学研究叢書』の刊行にあたって

二十一世紀をむかえ、高等教育をめぐる課題は様々な様相を呈してきています。科学技術の急速な発展は、社会のグローバル化、情報化を著しく促進し、日本全体が知的基盤の確立に大きく動き出しています。そのような中、高等教育機関である大学に対し、「大学の使命」を明確に社会に発信していくことが求められています。

本学では、こうした状況や課題に対処すべく、本学の建学の理念を高揚し、学術研究の振興に資するため、顕著な業績をあげた本学有縁の研究者に対する助成事業として、平成十五年四月に「佛教大学学術振興資金」の制度を設けました。本『佛教大学研究叢書』の刊行は、「学術賞の贈呈」と並び、学術振興資金制度による事業の大きな柱となっています。

多年にわたる研究の成果は、研究者個人の功績であることは勿論ですが、同時に本学の貴重な知的財産としてこれを蓄積し活用していく必要があります。また、叢書として刊行することにより、研究成果を社会に発信し、二十一世紀の知的基盤社会を豊かに発展させることに貢献するとともに、大学の知を創出していく取り組みとなるよう、今後も継続してまいります。

佛教大学